新时代云南民族地区发展研究丛书

云南跨越式发展

LEAPING DEVELOPMENT
IN YUNNAN

梁双陆 等 著

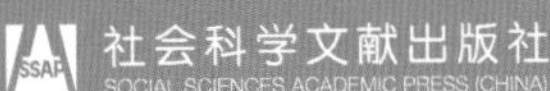
社会科学文献出版社
SOCIAL SCIENCES ACADEMIC PRESS (CHINA)

梁双陆

1970 年 7 月出生，彝族，云南石屏人。经济学博士，云南大学经济学院研究员，博士生导师、博士后合作导师；全国经济地理研究会副会长，云南经济学会副会长，中国区域科学协会空间经济学专业委员会副主任委员兼秘书长。研究方向为世界经济、边疆经济学、国民经济学、创新经济学、云南经济运行分析等。主持完成国家软科学计划重大招标项目 1 项，国家社科基金项目 3 项，云南省社科基金重大项目 2 项，云南省政府决策咨询研究课题 7 项；在公开刊物发表学术论文 70 余篇；出版著作（含合著）有《边疆经济学》《中国西部经济周期研究》《为赶超构建自我发展能力》等 12 部；给各级党委政府提交决策咨询报告 60 余份。学术成果获中国发展研究奖一等奖 1 项，获云南省哲学社会科学优秀成果一等奖 3 项，等等。

“新时代云南民族地区发展研究丛书”

编委会

总 序

党的十九大把习近平新时代中国特色社会主义思想确立为党的指导思想，实现了党的指导思想的与时俱进。作为马克思主义中国化的最新成果，习近平新时代中国特色社会主义思想内涵丰富，涵盖了新时代坚持和发展中国特色社会主义的总目标、总任务、总体布局、战略布局和发展方向等重大问题，是当代中国的马克思主义，是21世纪的马克思主义，开辟了马克思主义发展的新境界。

2017年9月，云南大学成为云南省唯一入选一流大学建设高校，这充分体现了党和国家对云南民族地区高等教育的关心、对云南大学的关爱与期望，同时也体现了近百年来云南大学办学的深厚积淀和云大人的不懈努力。云南拥有面向“两亚”、肩挑“两洋”的独特区位优势，是中国—东盟自由贸易区、大湄公河次区域、孟中印缅经济走廊合作交汇点和“一带一路”建设的重要支点。2015年1月，习近平总书记考察云南时提出，云南要“主动服务和融入国家发展战略，闯出一条跨越式发展的路子来，努力成为我国民族团结进步示范区、生态文明建设排头兵、面向南亚东南亚辐射中心”的发展定位。为进一步深入学习贯彻落实习近平新时代中国特色社会主义思想，更好地服务国家战略需求和云南高质量跨越式发展，云南大学时任校长、现任校党委书记林文勋教授提出组织编写“新时代云南民族地区发展研究丛书”。这主要是基于以下三个方面的考虑。

一是推动新思想学习宣传研究阐释。新时代孕育新思想，新思想指导新实践。党的十八大以来，党和国家事业之所以取得全方位、开创性的历史成就，发生深层次、根本性的历史变革，根本在于以习近平同志为核心的党中央的坚强领导，在于习近平新时代中国特色社会主义思想的科学指导。这套丛书以习近平新时代中国特色社会主义思想在云南民族地区的理论与实践为主线，研究新情况、阐释新观点、总结新经验，着力在讲透、讲清、做实上下功夫，不断推动学习宣传研究阐释习近平新时代中国特色社会主义思想热潮。丛书联系云南实际，既注重整体学习宣传，又注重研究阐释，对于推动新时代中国特色社会主义思想的学习宣传研究阐释，增强边疆民族地区广大党员干部和群众对这一重要思想的政治认同、思想认同、情感认同，用党的创新理论武装头脑、指导实践、推动工作，具有十分重要的作用。

二是支撑学校相关学科建设。在“双一流”建设中，学科建设是重中之重。云南大学以一流学科建设为牵引，通过实施新时代新文科发展计划、新工科发展计划和基础学科振兴计划，统筹推进人才培养、科学研究、队伍建设、社会服务和国际交流，全面提升综合实力、核心竞争力和社会服务能力。丛书以开展习近平新时代中国特色社会主义思想在云南边疆民族地区的理论与实践研究为契机，对云南经济、政治、社会、文化、生态文明和党的建设等方面内容进行深入调查和系统研究，形成理论联系实际、高质量的创新性成果。项目的实施，凝练了学术方向、汇聚了研究队伍、增强了发展活力，对于促进云南大学“双一流”建设，带动马克思主义理论、民族学、政治学、经济学、生态学等具有竞争优势和独具特色的学科建设，起到了重要的推动和支撑作用。

三是持续服务经济社会发展。当今世界面临百年未有之大变局，全球治理体系和国际秩序变革加速推进，实现“两个一百年”奋斗目标和中华民族的伟大复兴，国家和社会对高校提出越来越高的要求。入选“双一流”建设行列客观上进一步明确了云南大学的办学方向与发展目标，赋予了学校新的历史使命。始终植根云岭大地，主动融入和服务国家战略和云南经济社会发展，这是学校的使命和担当。丛书以习近平新时代中国特色社会主义思想为指导，紧密结合云南民族地区经济社会发展的实际，结合新时代云南在推动经济社会发展进程中所进行的一系列实践探索，系统回顾总结了云南民族地区的中国特色社会主义建设进程，特别是对云南如何主动融入和服务国家战略，闯出一条跨越式发展路子，建设民族团结进步示范区、生态文明建设排头兵、面向南亚东南亚辐射中心等进行了理论与实践的总结。这是云南大学服务云南经济社会发展的集中体现，对于努力书写新时代高质量跨越式发展的云南答卷，不断在新时代征程中谱写新的辉煌，无疑大有益处。

丛书的领衔作者，都是云南大学哲学社会科学领域的知名学者，丛书是他们各自研究成果的缩影和精华。当然，由于习近平新时代中国特色社会主义思想博大精深、内容丰富，丛书作者学习和思考尚缺一定的深度、高度和广度，因此，难免有一些不足和缺憾，敬请读者批评指正。

“新时代云南民族地区发展研究丛书”编委会

2020 年 6 月

前　言

习近平总书记在2015年考察云南重要讲话中，明确提出要用全面建成小康社会、全面深化改革、全面依法治国、全面从严治党引领各项工作，希望云南主动服务和融入国家发展战略，闯出一条跨越式发展路子来，努力成为中国民族团结示范区、生态文明建设排头兵、面向南亚东南亚辐射中心，谱写好中国梦的云南篇章。这是以习近平同志为总书记的党中央，着眼于新的时代背景和全国发展大局，为云南发展确立的新坐标、明确的新定位、赋予的新使命。作为集边疆、民族、山区、贫困于一体的省份，云南最根本的任务是发展，解决面临的所有难题要靠发展。当前，云南省全面深化改革正处于攻坚期、全面建成小康社会进入关键期，发展仍然是第一要务，发展是全省各族人民的共同心愿和期待，跨越式发展是时代要求。

西方经济学、发展经济学中已经形成了赶超理论、大推进理论、弯道超车理论等跨越发展理论，但这些理论对云南的适用性和解释力仍然严重不足。传统理论指导下的云南，总是处在发展滞后状态。传统发展模式下的云南，总是面临着比较劣势、短板和阻碍。在习近平新时代中国特色社会主义思想指引下，跨越发展理论具有新理念、新内涵和新规律。本书旨在对习近平新时代中国特色社会主义思想指导下的云南跨越式发展进行理论探索和实践总结，以期对云南推进跨越式发展有指导意义。

新时代的中国正在开创一种新的发展模式，新时代的中国正在将云南放在新的历史方位上。习近平新时代中国特色社会主义思想是云南跨越式发展的指导思想；习近平新发展理念是云南省重塑比较优势、推进跨越式发展的基本理念和意识氛围；习近平全面深化改革重要论述，是云南建立跨越式发展体制基础的根本遵循；习近平全方位开放的重要论述，是云南获得跨越发展市场条件和要素供给的源泉；习近平对云南省三个定位的要求，是云南跨越式发展的主攻方向。转化以上外部环境和条件的内生动力正在形成。党的十八大以来，云南省委、省政府确立的两型三化现代产业体系、全力打造世界一流的绿色“三张牌”、深入推进数字云南建设、建设现代化经济体系等的实践是云南跨越式发展的战略重点，还需要思想体系、人才体系和组织体系进行保障。

目　录

第一章

新发展理念、比较优势重塑与云南跨越式发展

在传统发展理念下，云南面临着区位、人口、资源、环境、发展基础、政策等多方面的制约，难以实现跨越式发展。新发展理念为云南带来了跨越式发展的机会窗口。开放发展理念下的中国开放战略使云南能够把区位劣势转变为区位优势，创新发展理念下的创新驱动战略使云南能够发挥后发优势，绿色发展理念下的生态文明建设使云南能够把非规模劣势转变为多样性优势，协调发展理念下的补民生、乡村、文化等建设短板正在筑牢云南跨越式发展的基础，共享发展理念下的精准扶贫、同步小康和乡村振兴等战略使云南能够把人口劣势转变为人力资本优势。通过比较劣势向比较优势的转换，云南能够实现跨越式发展和实现从后发省份到发达省份的赶超。

第一节　开放发展理念与云南跨越式发展

开放发展理念下，中国的对外开放战略从东部沿海为主、从出口导向型为主、从吸引利用外资为主的偏向性对外开放，转变为全国推动形成陆海内外联动、东西双向互济的高水平全方位对外开放新格局。这种转变对云南是至关重要的。传统开放模式下的云南受地处西南边疆的区位束缚，受周边国家经济不发达、市场规模小的束缚，既是经济地理空间上的边缘区，也是开放政策辐射的边缘区。既难以快速扩大外贸、外资，更难以通过发展市场和要素两头在外的出口加工业来形成聚集经济。中国在开放发展理念下实施的“一带一路”、澜湄命运共同体、中国—东盟命运共同体、孟中印缅经济走廊、中缅经济走廊、中国—中南半岛经济走廊等，使云南

的区位劣势转变成为真正的区位优势，形成了云南跨越式发展的外部环境、政策聚焦，将这种区位优势转变为竞争优势，必须对内联动国内各地，对外辐射南亚东南亚，在不断扩大对外开放中实现跨越。

一　开放发展理念

（一）马克思世界历史发展理论引出“开放”概念

在马克思看来，世界历史的本质是一部人类普遍交往的历史。正是因为人类的普遍交往，才最终促进了世界市场的形成，从而形成真正的世界历史。而在这一过程中，开放的作用功不可没。通过开放，原有的旧的社会分工不断被打破，人类实现了跨区域、跨行业自由流动，在这种情形下，不同地区人类交流的障碍无形中被破除，各个地区与国家的商业、贸易飞速发展，商业往来逐渐趋于繁荣，资本出于逐利性会渐渐跨区域流动，最终带动经济增长，这就是“开放”一词的起源。

（二）源于对中国共产党历代开放发展观念的继承

新中国成立初期，以毛泽东同志为核心的党的第一代中央领导集体，在面临西方经济封锁的大背景下，并未选择完全封闭的政策，而是选择了“一边倒”的发展战略，积极向苏联学习先进的技术以及经验，建立了完整的工业体系。而以邓小平同志为核心的党的第二代中央领导集体则提出了一套完整的开放体系，首先，肯定了对外开放的重要性，认为中国的发展需要通过开放，利用外国的资金和技术。其次，阐释了改革与开放的关系，认为改革与开放二者之间彼此相关、互为支撑、内外相应。最后，揭示了对外开放的基本内容，认为我国的开放应是领域宽、内容广、层次多的全方位对外开放。所谓开放领域宽是指我国既向社会主义国家开放，也向资本主义国家开放，既向发达国家开放，也向发展中国家开放。开放内容广是指在经济、政治、文化、科技等方面与世界各国积极交流。开放层次多是指我国实行渐进式的开放发展，形成开放发展的不同层次。20 世纪末，全球化趋势不断增强，以江泽民同志为核心的党中央领导集体将对外开放作为我国经济社会发展“新的强大动力”，健全完善社会主义市场经济体制，加快实施“走出去”战略，形成了“全方位、多角度、宽领域”的对外开放格局。同时，党中央积极推动复关谈判、入世谈判，使我国最终成功加入 WTO，由此推动我国的对外开放进入新阶段。21 世纪初，以胡锦涛同志为总书记的党中央积极创造更好的条件推动对外开放，统筹国内发展和对外开放，强调更好地利用国际国内两个市场、两种资源，完善开放型经济体系，推动了我国开放发展转入科学轨道。

马克思世界发展历史理论以及中国历代开放发展观念为习近平开放发展理念提供了理论依据以及根本遵循，习近平开放发展理念是对以上两者的不断深化。

（三）开放发展理念提出的时代背景

继续不断提高对外开放水平是开放发展理念提出的时代背景。改革开放 40 多年来，中国取得了更快的增长与发展，拓展了中国的国际发展空间。发达国家的先进技术、人类社会的先进文明成果、先进的管理理念被不断吸收引进，对外开放取得了巨大成就。

但我国对外开放的水平还不高，具体来说，从结构上看，货物贸易发展快，服务贸易发展相对较慢，二者发展不平衡，货物贸易发展规模较大，比重高；而服务贸易发展规模小、比重低。利用外资重数量轻质量、重引进轻消化。利用国际国内两个市场、两种资源的能力还不够强，应对国际经贸摩擦、争取国际经济话语权的能力还比较弱，核心技术受制于人。在这种情形下，开放发展理念应运而生。

（四）开放发展理念的内涵

开放发展理念不能单纯地理解为引导整个国家简单地继续对外扩大开放范围，发展贸易，而是致力于积极拓展国家发展空间，实现内外经济联动，打造多层次的对外开放体系，拓宽发展要素渠道，形成国内国际双循环相互促进的新发展格局。

因此，与以往的发展理念相比，开放发展理念更加注重对外开放的全方位的影响力的打造。具体来说，在对外开放中不仅仅单纯将侧重点放在如何提升某一产业、促进某一产品的发展上，在拓宽开放的领域上更注重对在经济全球化中的话语权、相关领域规则的制定权的塑造，同时更强调培育共享发展平台，将中国的发展成果分享给世界，从而形成兼顾其他各国发展的“人类命运共同体”，从而带动世界共同发展，增强世界影响力。

在注重对外开放全面性的同时，开放发展理念更注重通过对外开放的过程实现中国自身发展能力的提升，通过引进发达地区先进技术、资金、先进管理经验，可以探索出一条最短的符合科学规律与中国国情的跨越式发展道路，通过不断融入世界市场经济体系，参与竞争，可以令市场主体不断变强，为跨越式发展提供不竭动力。

二　开放发展理念与云南跨越式发展之间的关系

（一）有利于云南省充分发挥“后发优势”

将开放发展理念作为思想指引，可以引导云南注重对发达地区成功经验的借鉴，汲取相关失败的教训，少走弯路。在开放的过程中，通过发达国家的产业转移，实现自身的技术进步和产业升级；通过吸收发达地区的资金，完成跨越式发展所需要的物质积累；通过对发达地区技术和管理知识的吸收，可以实现劳动力素质与水平的提升；通过对管理经验的直接借鉴加速形成完善的管理制度，通过开放发展理念的指引，云南省可以解决跨越式发展面临的技术、产业、资金、人才等一系列问题。

（二）统筹新发展理念令跨越式发展更全面

只有坚持开放发展，才能在国际比较和竞争中推进创新、培养人才，使创新发展获得新动能；才能在开拓国际市场中发挥国内国际经济联动效应，使协调发展获得新空间；才能在主动参与全球可持续发展中促进我国生态文明建设，使绿色发展获得新活力；才能在不断扩大同各国互利合作中实现我国更好发展，使共享发展获得新基础，通过推动这些理念的深入推进，云南跨越式发展更具全面性。

（三）为云南新一轮发展和转型提供动力

跨越式发展，包含两个层面，一个层面是“赶”，即发展的速度要快；

另一个层面是“转”，即转变经济发展方式，注重对发展质量的追求。理念先行，只有树立了正确的理念才能促进跨越式发展。在开放发展理念的引导下，云南可以深化对发展规律的认识，在经济全球化的前提下更能发挥出自身的优势，更能把握国际国内发展大势，以新思路、新举措发展更高水平、更高层次的开放型经济；既立足国内，充分发挥我国资源、市场、制度等优势，又更好利用国际国内两个市场、两种资源，以开放促改革、促发展、促创新。

三　以开放发展理念推动云南经济从内向型向开放型跨越

开放视角下的云南跨越式发展，应着重解决两个问题，第一个问题是如何拓宽资源配置的空间，在有效获取跨越式发展所需的资金与技术的同时将自己优势的产品、技术、产业合理转移。第二个问题是如何通过开放实现内外发展的联动，以开放提升云南整体竞争力，提升云南跨越式发展的硬实力。

（一）充分利用国内外两个市场调节资源供需

充分利用国内外两个市场的前提是要紧密结合云南的资源禀赋。云南具有丰富的自然资源、劳动力资源。但资源深度加工能力弱，这就要求云南扬长避短，充分发挥优势。

具体来说，云南不应仅仅是简单出售资源，而应通过国内市场，一方面同东部发达地区的产业链实现有效对接，通过市场机制延伸不同产业链中的上下游产业，有针对性地发展配套性行业，提供优质供给。另一方面，在各省区逐步独立进行资源配置的前提下，通过市场机制最大限度地解决资源供需信息不对称的问题，市场定价下以最公平的价格获取云南所需要的资源。通过国外市场，云南省要将在国内消费市场无法消化的产能转移至相关国家进行合作，满足其因为工业化程度低所产生的相关需求，同时通过国际市场的变化，深入了解相关资源的价值走向，帮助云南更快获取跨越式发展所需的资源。

（二）打造多样化的对外开放平台

开放平台是进行对外开放的媒介，开放平台的发展水平，决定开放的水平，并直接决定云南能否将自身的区位优势转化为发展优势。应破除仅从云南视角出发的狭隘思想，致力于打造让内陆省区市和各类企业依托云南沿边“走出去”的开放平台，让云南成为我国西南地区对外开放的枢纽。

应同时注重宏观开放平台与微观开放平台的建设。在宏观平台的建设上，云南在建设面向南亚东南亚的辐射中心、主动服务和融入“一带一路”建设、积极参与长江经济带建设的基础之上，还应积极参与、推进合作机制建设，深度融入中国—东盟自贸区、孟中印缅次区域、大湄公河次区域合作，依托中越河口—老街、中缅瑞丽—木姐、中老磨憨—磨丁三大跨境经济合作区，拓展与东南亚、南亚、西亚及印度洋沿岸国家和地区的交流合作。在微观开放平台的建设上，融入“一带一路”建设，全力抓好“五通”和会展平台、公共事务平台、“走出去”平台、开放型经济载体建设，成为我国与周边国家发展战略对接的桥梁纽带，用好跨境经济合作区、跨境产业园区等跨境载体，推动以跨境电商平台为代表的虚拟开放平台建设。

（三）不断完善对外开放宏、微观调节机制

在宏观调节层面上，应在现有基础上更注重处理产业转移与产业合作的关系，在政策制定、资金分配上实现基础设施部门、产业部门、投资和建设部门平衡。在对外开放的过程中，云南需要为相关国家或地区提供公共产品，也需要引进先进地区的资金与技术，因此要做好商业与非商业领域的区分。在提供公共产品方面，哪些具有国家或云南自身战略意图？哪些是企业的营商领域？对此要进行严格的区分，前者以政府为主导而后者则应由市场调节，企业主导并自负盈亏。在技术引进方面，要区分涉及公共、准公共、商业性的项目，对涉及公共、准公共的项目给予资金支持，对商业性项目应给予相应的政策支持。

在微观机制上，具体到企业与个人，应注重解决其因为信息不对称所带来的风险问题，应针对不同的地区、不同的行业，加大对风险预警系统的建设，同时加快对外开放所需要的法律、外贸、金融人才的培育，更好地服务对外开放。

（四） 坚持“引进来”与“走出去”相结合

应通过打造两个平台来实现这一目标。首先是打造一批高水平的交易平台，具体来说是要致力于形成一个国内外原材料产销、仓储、采购、跨国交易的国际交易平台，汇集各项资源并可以围绕这一交易平台发展配套产业，促进产业集群化与升级。

其次是要致力于打造一个面向海内外的技术交易以及融资平台，在政策允许的范围内，允许海内外资金自由流动，推进各项技术专利自由交易，为广大的企业、个人提供融资支持以及技术转化渠道。

（五） 不断优化开放环境

在软环境上，要致力于形成较为完善的整合云南资源与对外开放资源的机制，加强同国家外事部门的沟通，加强同海外侨民、华人商会等社团组织的联系，更好地聚合国外资源。在国内，加快建立跨省区定期协作制度，打破行政区域限制，更好地同东部发达地区进行产业互动合作与延伸产业链，更高效地获取云南发展所需的各类资源。借鉴港澳地区、新加坡等发达国家和地区的经验，在一定条件下对公共事业管理进行商业化运作，发展多元化公共服务能力，不断提升优质公共产品的供给能力，让引进的外资、技术、产业、人才“留得住”。

在硬环境上，不断加强交通基础设施建设以及与跨境合作区的基础设施建设，积极发展服务业，加快形成对外开放生产服务体系。加强信息基础设施建设，形成覆盖全省、连接全国的数据共享平台，联通境内与境外的物流信息平台，促进物流、人流、技术流、资金流结合，不断提升对外开放的经济效益。

第二节 创新发展理念与云南跨越式发展

创新发展理念下的中国创新驱动发展战略既强调对传统产业的改造升级，又强调对新产业、新业态、新经济的把握和培育。当前正处于信息技术深度融合传统生产生活的关键时期，新产业、新业态和新经济发展范式正在形成。传统发展方式下的云南，经济基础薄弱，产业聚集度低，企业研发能力弱，资源型工业的技术创新面临瓶颈，必须将发展基础劣势转变为后发优势。创新发展理念要求云南把握好新科技革命与产业变革机遇，超前布局和培育新产业、新业态、新经济，形成先发优势。当前云南省超前谋划布局的数字经济、绿色能源、绿色食品、健康生活目的地等，就是将先发优势转变为竞争优势的跨越式发展布局。

一　创新发展理念

（一）创新发展理念的理论基础

以习近平同志为核心的党中央提出的创新发展理念，是在融合马克思主义政治经济学和西方经济学相关理论的基础上，结合中国的国情与实践情况提出的。其中，马克思主义政治经济学是创新发展理念的根本理论基础。马克思认为新技术的不断应用会极大提升劳动者的工作能力，改进生产工具，加快资本积累，加速科学知识转化为生产力，从而推动经济社会快速发展。新技术的应用也会破除阻碍解放和发展的制度障碍，通过形成一种新的完善的制度来促进生产关系改善。通过不断提升生产力和改善生产关系，最终实现人类社会的巨大进步与发展。马克思主义政治经济学理论决定了创新发展理念的最终目标：改革阻碍发展的落后的生产关系，挖掘新的增长点，培育持续增长动能。

当代西方经济学关于创新的相关研究是创新发展理念的重要理论辅助。当代西方经济学中，最早对创新的理论研究可以追溯到1912年，美国著名经济学家熊彼特在当年出版的《经济发展理论》一书中将创新一词定义为“建立一种新的函数或生产要素组合”，具体表现形式包括开发新产品、使用新的生产方法或者工艺、发现新的市场、发现新的原料或半成品、创建新的组织管理方式等。他把“创新”和因“创新”而使经济过程发生的变化，以及经济体系对“创新”的反映，称为经济发展。20世纪50年代，以索洛为代表的西方经济学家提出了外生增长理论，该理论认为，在不增加要素投入的情况下，技术进步使得生产函数向上移动，经济增长主要是不可预见的外部技术进步导致的。20 世纪 80 年代中期，以保罗·罗默为代表的西方经济学家提出了内生增长理论，该理论认为经济增长可以不依靠外力来实现，内生的技术进步是实现增长的重要条件。20 世纪 90 年代至今，以道格拉斯·诺斯为代表的西方经济学家对演化经济学理论进行了相关延伸，认为技术与制度的不断协同进步是推动经济发展的关键。西方经济学相关理论的提出为创新发展理念提出了具体的不同的创新实现领域与方向，从而推动创新的具体实施。

（二）创新发展理念提出的大背景

1. 我国经济发展已进入新阶段

改革开放 40 多年来，中国依靠人口红利，借助发达国家向发展中国家进行产业转移的浪潮，借助于低端制造业等粗放型发展产业，实现了跨越式增长。但这样的经济增长模式已难以为继，随着“60 后”、“70 后”逐步进入退休年龄，中国的人口红利会逐渐消失，依靠劳动力的优势产业竞争力将不复存在，资源消耗、环境承载力、土地生产要素实现增长的模式难以为继。经济发展的动能会不断枯竭。只有依靠科技创新带动技术进步，才能不断提高生产力，为我国经济发展提供持续动能。

2. 破除社会发展障碍需要新思路、新方法

党的十八大提出，中国的改革已步入“深水区”与“攻坚区”，改革的目的是破除发展道路上的障碍，这些障碍遍布经济、政治、文化、社会、生态文明、党建领域，长期性、复杂性突出。在经济领域，如何更好地发挥市场的作用，划清政府与市场的边界，促进资源优化配置，让市场真正发挥资源配置的作用是改革开放以来中国政府一直努力探索解决的问题，但目前政府既当“裁判员”又当“运动员”的情况依旧存在，所有制歧视使得非公经济特别是私企无法与国企平等参与市场竞争。国企如何做大做强，特别是央企如何更好地推动国民经济的发展也是一个不容回避的问题，在改革过程中，如何破除“既得利益者”的桎梏，加速改革，不仅需要勇气，更需要大局观与智慧。

在这种形势下，创新理念就显得尤为重要。理念创新，首先引领的是思想的创新，思想创新可以更好地去看待已有发展障碍，从而提出新的解

决方法。技术创新，可以在外部促进生产力变革，推动生产力关系改善，极大地改善信息不对称，对市场发挥资源配置作用起到有益的补充作用，从而为破除发展障碍铺平道路。

3. 创新带来发展的新机遇

新工业革命将会为中国带来赶超机遇，而抓住机遇需要依靠创新。当前，以大数据、云计算、物联网、机器人、人工智能、虚拟现实、新材料、生物科技等为代表的新技术蓄势待发，重大颠覆性技术不断涌现，已对传统产业的产品、商业模式和业态产生深刻的影响，并催生出许多新的产业领域。世界主要发达国家纷纷出台新的创新战略和政策，加强对人才、专利、标准等战略性资源的争夺，抓紧布局新兴技术，培育新兴产业[①]。对于我国来说，现在科技和经济实力有了大幅度提升，改革开放40多年已积累了大量的物质财富并储备了大量技术人才，已经具备抓住新一轮工业革命和产业变革机遇的条件，可以实现新一轮的跨越式发展。

（三）创新发展理念的内涵

中国特色社会主义的创新发展理念，是以习近平同志为核心的党中央以马克思主义为指导，基于我国已有的发展经验，立足于我国经济社会发展的阶段变化和出现的新条件、新问题和新实践，顺应当前世界技术、经济发展形势的新要求，博采西方经济学各学派有关创新的各种观点，继承和丰富马克思主义创新思想，提出的更具有全面性、科学性、人民性的创新发展观。

同以往的发展观相比，创新发展理念具有三个特有的内涵。

1. 以科技创新为根本的全面系统性的创新发展

创新发展是以科技创新为核心的全面创新发展。创新，长期以来主要是指科技创新，以及由科技创新驱动的新产业、新业态、新模式等经济领域的活动，创新发展主要是通过创新活动来推动科技进步和经济发展。科技创新发展是国家发展的关键，因此创新发展观念将其作为核心与根本。

---

① 黄群慧：《论中国特色社会主义的创新发展理念》，《光明日报》2017年9月5日。

在大多数的西方经济学关于创新的表述中，创新仅仅是促进技术进步或实现经济增长方式的一种手段或工具，但创新发展理念是一项全面系统性的工程。它与五大理念中的绿色、协调、开放、共享联系紧密，相互协调，在新发展理念中处于引领地位。不仅如此，创新发展理念不仅局限在经济领域，还涵盖了社会、文化、生态等领域，不仅包括技术创新，更将理论、技术、制度、管理创新包含在内，形成了全面系统的新发展理念。

2. 以人民为本的创新发展

这样的内涵是由中国共产党的性质决定的，也符合马克思主义政治经济学的根本立场。创新的目的是促进经济发展，进而促进社会进步，使广大人民群众幸福感、获得感增强，真正做到“一切为了群众”“一切从群众出发”，同时，创新发展理念更强调发挥人民群众的主体作用，发挥群众的主观能动性。

基于这样的内涵，创新发展理念在注重激发创新活力，造就供给，推动新技术、新产业、新业态蓬勃发展，加快实现发展动力转换的同时更注重充分尊重群众的首创精神，着眼于解放和发展生产力，放手支持群众大胆实践、大胆探索、大胆创新，及时发现、总结和推广群众创造的成功经验，把群众的积极性和创业精神引导好、保护好，充分发挥人民群众在改革开放和现代化建设中的主体作用，为改革发展创造一个宽松的环境以及加快创新成果转化，让人民群众共享发展福利。

3. 创新是引领发展的第一动力

把创新作为引领发展的第一动力的核心动力观，是马克思主义政治经济学关于解放和发展社会生产力的思想在中国现有的历史条件下的具体应用和发展。生产力理论是马克思主义理论体系的基石，也是马克思主义政治经济学最基本的内容。社会主义的根本任务是解放和发展生产力，目前我国仍处于并将长期处于社会主义初级阶段，解放和发展生产力仍是建设中国特色社会主义的第一要务。那么，在新的历史条件下，解放和发展生产力的关键在哪里呢？习近平总书记指出：“虽然我国经济总量跃居世界第二，但大而不强、臃肿虚胖体弱问题相当突出，主要体现在创新能力不强，这是我国这个经济大块头的‘阿喀琉斯之踵’。通过创新引领和驱动发展已经成为我国发展的迫切要求。”①

二 创新发展理念与云南跨越式发展的关系

跨越式发展，是指在一定的历史条件下落后者对先行者走过的某个发展阶段的超常规的赶超行为，若要实现对发达地区的赶超，不发达地区不仅要“赶”，更要“转”。“赶”指的是要保持一定的发展速度，这个速度要超过某一地区发展的平均值，对云南而言，就是增长率要超过全国的平均值②；“转”就是要转变发展方式，摒弃粗放、落后的发展方式，通过新途径，实现跨越式发展。从这两个角度出发，创新发展理念对云南的意义有如下两个方面。

（一）创新发展理念是云南跨越式发展的助推器

1. 创新发展理念可以引领产业结构升级推动跨越式发展

产业结构是决定一个地区能否实现跨越式发展的关键。目前来看，云南的产业结构已经发生了深刻的变化，已经由传统的“一二三”产业结构，逐步变为“二三一”产业结构，产业结构整体合理性逐步增强。但在另一方面，云南的产业结构状况在全国仍处于落后水平，尤其是高科技产业、高附加值产业、新兴产业发展滞后，对经济的拉动作用有限。

创新发展理念的提出，为解决这一问题提供了新的思路。在创新发展理念下通过对创新要素的投入，可以影响需求侧促进产业结构升级，具体而言，一是创新要素投入推动的技术进步将降低产业产品的生产成本，推动产品相对价格的降低，进而改变产品的需求数量结构；二是创新要素提升将提升产业产品的性能，推动产品升级换代，进而改变市场产品的需求质量结构；三是创新要素推动某一区域产业结构升级，将通过要素空间溢出效应、产业转移等带动其他区域产业结构升级。

与此同时，创新发展理念注重对创新人才的挖掘，当人才集聚时，知

---

① 《习近平：深入理解新发展理念》，中国共产党新闻网，http：//cpc.people.com.cn/n1/2019/0516/c64094-31088253.html。

② 李晓南：《从发展理论看云南的跨越发展之路》，云南人民出版社，2015，第18~19页。

识溢出效应将会显现，劳动效率将会得到极大的提升，当一个区域内聚集的人才存量达到一定水平时，研发成果量将随之提高，更会带动整个区域创新能力的提升。而在成果转化率不变的状况下，区域创新能力提升，致使区域内企业生产率提高，随着企业生产率提高，人力创新要素需求增加，区域人力资本异质性增强，知识溢出效应增强，技术消化吸收作用增强，技术创新能力提升，企业产出效率提高，区域产业结构升级，人力要素、创新要素被重视的同时，将会形成一系列高附加值产品市场，企业出于对利润的追逐会将大量的人力、技术投入新产品的研发当中，从而促进产业结构转型升级。

2. 创新发展理念加速云南工业化进程

工业化是实现现代化的必经之路，更是实现跨越式发展的基础。工业化进程的减慢，会使跨越式发展所需的各项基础设施配套滞后，所需的物质财富积累速度减慢，最终会造成缺资金、缺人才、缺设施的结果，最终使得不发达地区的发展水平与发达地区的水平逐步拉大，从而无法实现跨越式发展。

在全国已经进入工业化中后期时，云南的工业化水平还处于步入中期的低门槛阶段，工业技术水平较低，过分依赖烟草等支柱产业，初级加工产品占工业产品的比重较大，产业链不完备，附加值低，缺乏具有国际影响力的工业产品，竞争力有限。特别是以往单纯依靠大量要素投入的粗放型工业发展模式已难以为继，各个地区工业结构差距较大，除昆明市工业门类较为齐全，并同时具备相关新兴产业的研发能力之外，其余各地区工业结构较为单一，按照传统的工业发展模式进行发展，无法突破资源存量的限制。创新发展理念的提出，有助于发挥云南已有的资源优势，实现资源的高效利用；有助于加快建立现代工业体系，培育一批具有国际竞争力的工业产业，不断拓宽产业链，实现产品的附加值增值。

3. 创新发展理念凝聚共识

创新是一项系统性的工程，涉及经济、政治、文化的各个方面，而要想推进创新的进行，首要解决的就是思想的统一性，即树立正确的发展理念。我国部分地区已经对粗放型的经济增长方式形成了严重的路径依赖，认为转换经济增长方式成本太高，代价太大，这种理念的存在使相关政策措施落实不到位，造成的结果就是促进创新政策无法落地，科研成果转化率极低，大量高科技的创新企业无法获取发展所需要的资金。创新发展理念的提出，有助于部分地区克服错误的思想观念，将重心集中到解决跨越式发展存在的障碍上来。

（二）创新发展理念是云南跨越式发展的稳定器

1. 创新发展理念有助于避免云南陷入后发优势“学习陷阱”

跨越式发展不仅要求增长速度，还要求增长的可持续性。创新是跨越式增长的动力，更是增长可持续性的保证。但落后地区在学习和模仿发达地区进行创新时，虽然通过学习相关的技术与制度在短时间内可以做到对发达国家的赶超甚至是超越，但是从长期来看，自主创新能力的缺乏会使这种发展不可持续。

在创新发展理念的指导下，我国提出了创新发展战略，更加强调自主创新、原始创新和非对称创新，从而增强可持续创新能力，为跨越式发展提供不竭动力。

目前，云南省的自主创新能力特别是区域科技自主创新能力还不强，根据《中国区域科技创新评价报告（2016～2017）》，云南省综合科技创新指数为 41.35%，位居 31 个省区市的倒数第三；万人研究与试验发展（R&D）人员数 9 人/年，居全国倒数第六；万人发明专利拥有量 1.7 件，居全国倒数第八；万人科技论文数 1.37 篇，居全国倒数第四。自主创新能力的不足使科技推动社会发展作用较弱，在报告中科技促进社会发展指数位居全国倒数第一。

因此，新发展理念的提出恰逢其时，对于云南创新能力特别是自主创新能力不足的现状具有极强的实际意义，新发展理念为云南的创新指明了方向，即提升自主创新能力，从而为云南的跨越式发展提供不竭动力。

2. 创新发展理念有助于避免云南陷入依附性发展的困境

在历史上，发达地区借助技术、资金方面的优势，将不发达地区作为原料的产地，不发达地区通常出口低附加值的初级工业产品来获取利润，价值链的主导权掌握在发达地区手中，主要利润都流向发达地区，不发达地区的利润来源与发达地区市场息息相关。

云南经济主要依靠烟草以及出口资源或低附加值的工业产品和旅游业作为支撑，除旅游业外，缺乏具有竞争力的产品和占据绝对话语权的市场，在利润分配体系中常常处于弱势地位。对其他地区的依附性较强。

因此对云南而言，创新发展理念，通过对工业不断优化升级，以及对创新技术的应用，可以提升不发达地区的产品特别是工业产品的附加值，实现价值链主导权的反转。制度创新可以盘活潜在的需求，发挥市场配置资源的决定作用，形成新的市场，从而摆脱发达地区绝对市场垄断权。

三　以创新发展理念推动云南经济从粗放型向创新型跨越

创新是云南跨越式发展的动力之源。以创新驱动云南跨越式发展需要重视科技创新的核心作用，增强科技成果的转化率，让科技成为推动云南经济社会发展的发动机。需要加大力度提升自我创新能力，摆脱核心技术依赖他人的窘境；需要以一种包容的姿态、开放的理念吸收先进技术进行创新；需要以创新促进产业集群的形成。本部分的思路将围绕以上三个需要展开。

（一）正确发挥政府作用

1. 充分发挥市场决定性作用

充分发挥市场配置科技创新资源的决定性作用，通过市场，而不是单纯地依靠财政投入以及政策扶持来配置创新资源，要通过市场机制将人才、资本、科研机构与企业的实际需求相互对接，打造产学研合作平台。破解科技成果无法转化为生产力的问题。

2. 引导科技大市场的建立

引入互联网与大数据模式，建立线上科技大市场，引入竞拍机制，引导各类企业与产学研主体进行快速对接，将科技成果直接转化为经济效益，间接促进产业化，将企业与产学研机构点对点的交易模式扩大到面对面的交易模式。科技大市场中政府应积极参与，实现在线同步办理产权转移手续，提升运行效率。

3. 以制度建设和政策供给不断加强创新

（1）降低创新的制度性交易成本。继续坚持简政放权，不断提升服务效率，进一步细化省、州市、县政府的权力清单，赋予基层政府更多的自主权、决断权，改变过去基层政府推进部分项目时机械执行上级政策、靠等待而不是自主决断来推进项目的现状。建立动态的企业投资负面清单，根据云南省发展中遇到的实际情况，不断进行动态调整，有效降低准入门槛和创业门槛，为企业创新减少后顾之忧。进一步提升财政支付中鼓励创新的比例，同时进一步减免高科技企业税费，让利科技成果处置收益，让创新可持续转化为跨越式发展的动力。

（2）营造良好的创新生态环境。加大对知识产权的保护力度，激发创新主体积极性。建设多层次的创新资本市场、融资平台，解决创新所需要的资金问题，建立高等教育与职业教育相结合的人才体系为创新提供人才支持。

（3）充分发挥规划引领作用。具体应加强两方面的规划，一方面是引导创新资金流向的规划。云南省要改变以往的单纯依靠财政收入增加投入，应突出导向性，引导资金流向能充分发挥云南自身资源的技术研发，如以滴灌种植为代表的新型农业技术，云南现阶段发展较为缺乏的技术，如涉及区块链相关技术，以及能快速进行经济效益与社会效益转化的技术，如大数据技术。另一方面，建设有特色的高新技术园区，在较为发达的滇中地区，云南省应建设以高端装备、电子元件为代表的高新园区，促进工业化与信息化融合。在生态资源较为丰富的地区，建立具有生态农业特色的高新园区，以高科技农业企业为主。

（二）全面提升自主创新能力

1. 强化企业创新主体地位

建立常态化、多元化的技术创新沟通制度，鼓励更多的企业以及企业家参与研究制定本行业技术标准，真正让企业掌握技术创新的话语权。加快民营科技企业的培育，充分释放民营科技企业面向市场的技术研发潜能，进一步丰富云南省的产学研合作平台。

2. 引进知名院校与云南需要相对接

应该根据每个州市的实际情况引入国内外知名院校、研究院所以合作共建研究院、合作产业园等方式，有效弥补云南省面临的科技资源不足，提升自主创新能力。

3. 以开放带动创新能力提升

落后地区实现自主创新能力提升不能仅通过一次创新来完成，引进吸收模仿的二次创新也是一条重要途径。在对外开放的过程中，云南应结合自身优势，积极同欧美日等发达国家和地区在绿色能源、生物医药、信息通信等重点领域进行合作，积极同浙江、上海等东部省市在互联网、大数据等领域进行合作，积极构建科技合作基地，引进相关先进技术，实现联合创新。鼓励云南企业“走出去”，深入推进企业研发国际化，通过海外并购、参股或成立研发部门直接将外国先进技术引入云南的发展之中。

（三）着力培育创新型产业集群

创新推动跨越式发展，最终是通过技术以及发展方式的改变，作用于产业发展，形成新的投入产出模式以产业的发展最终带动一个地区的跨越式发展。而创新型产业集群具有较强的示范效应，可以将新的生产方式扩散到不同行业中，推动整体产业升级与进步。

云南省目前的产业集群存在较多优势的同时，也存在较多的劣势，突出体现在专业化分工程度低、关联度低、过度依赖园区化、高新产业缺乏。因此，云南省要给予产业集群合理的政策支持，进一步提升产业集群的专业化，以一个完整的产业链而不是简单的企业聚集来推动产业集群形成，同时不断对接各个产业上下游国内外市场，进一步提升产业集群的关联度。同时注意对高科技企业的吸纳整合，形成新的高科技产业集群，不断推动创新型产业集群建设，为云南跨越式发展提供助力。

第三节 绿色发展理念与云南跨越式发展

传统发展模式下的云南，面临多样性、规模小的问题。多样性是云南最典型的自然禀赋特征，这种特性导致传统生产方式下的企业小、散、弱，无法做到规模优势，无法实现规模报酬递增和成本最小化，更加剧了多样性破坏。绿色发展理念下的产业绿色化改造升级和生态文明排头兵建设，直接将云南的非规模劣势转变为多样性优势，按最优产品差异化和效用最大化导向组织生产，推进云南产业的信息化、绿色化、高端化，在多样性优势转变为竞争优势中实现跨越。

一　绿色发展理念

（一）绿色发展理念的理论基础

绿色发展理念的理论基础，主要源于三个方面：第一是我国古代著名的“天人合一”思想，第二是马克思主义自然辩证法，第三是可持续发展理论。

“天人合一”思想是绿色发展理念的起源。中国古人的“天人合一”思想主张顺应自然规律，合理利用自然，是一种人与自然长久共存、永久共处的自然观、哲学观。它不同于后来的西方资本主义文明中的“天人对立观”，趋向征服自然、掠夺自然、控制自然、损害自然、妄图永久地把自然置于人类的统治之下。在这种观念的指引下，中国人自古以来就对自然有敬畏之心，服从自然规律，注重解决人与自然和谐共生的问题。而绿色发展理念上升到哲学层面本质上解决的也是人与自然的关系问题，是对这一理念的延伸。

马克思主义自然辩证法为绿色发展理念指明了方向。马克思主义自然辩证法认为大自然是人类的生命之源、生命之本。马克思从历史唯物观的视角，提出人类历史是自然史的延续。“历史本身是自然史的即自然界生成为人这一过程的一个现实部分”。同时马克思还认为人类必须依赖于自然：“无论是在人那里还是在动物那里，类生活从肉体方面来说就在于人（和动物一样）靠无机界生活，而人和动物相比越有普遍性，人赖以生活的无机界的范围就越广阔。”马克思主义自然辩证法认为人和自然的关系是对立统一的关系。一方面人类能够认识自然、改造自然，在人和自然界的关系中，人类是主体，自然界是客体，人类通过实践发挥能动性来改变自然界。马克思主义自然辩证法认为人类必须尊重和遵循自然规律，才有可能改造自然。恩格斯指出：人类可以通过自然来使自然界为自己的目的服务，来支配自然界，但“我们每走一步都要记住：我们统治自然界，决不像征服者统治异族人那样，决不是像站在自然界之外的人似的”，人类对自然界的全部统治力量，就在于能够认识和正确运用自然规律。马克思认为，人是自然界的一部分，自然界“是人类赖以生长的基础”。在马克思的分析中，经济循环是与物质变换（生态循环）紧密地联系在一起的，而物质变换又与人类和自然之间的新陈代谢相互作用、相互联系。因此，如果人类盲目而不加节制地对待自然，这种“新陈代谢”就会发生断裂。可以说，马克思主义的生态文明观回答了人与自然之间如何进行协调发展的问题。

可持续发展理论为绿色发展理念在当代的应用提供了借鉴。“天人合一”思想提出了人与自然和谐相处这一概念，而马克思主义自然辩证法指出了人与自然和谐相处的规律与实现形式，而可持续发展理论的提出，是在二者的基础之上，进行进一步的细化与具体化。它对人类的活动提出了具体要求，该理论认为发展是人类社会的根本，是人类社会解决一切问题的关键。但发展必须可持续，而实现可持续的前提条件就是必须在生态环境制约下进行发展，不能超过生态环境的制约能力与修复能力，在保护生态环境的前提下，在生态系统平衡的基础上实现高效率、可持续的发展。

（二）绿色发展理念提出的时代背景

改革开放以来，我国经济获得了高速发展，但大量物质财富的积累，伴随而来的是对各类不可再生资源的消耗、对生态环境的破坏，资源承载力已经濒临极限。与此相对应的却是中国的发展已经对高投入、高消耗、高污染的粗放经济发展模式形成了路径依赖，环境污染、生态破坏、资源短缺已经成为可持续发展的重大障碍。

在思想观念上，存在两种错误思想，一种思想是中国的发展可以借鉴发达国家发展经验，先发展再进行污染治理。另一种思想则是生态资源属于一次性的可消耗资源，其本身并不是可循环使用的资源，并且大部分的生态资源无法转化为经济价值，这两种错误的思想，使得人们对生态环境资源对社会发展的意义没有形成正确的认识。为了更好地促进可持续发展，引导人们形成正确的生态观念，绿色发展理念应运而生。

（三）绿色发展理念的内涵

1. 实现人与自然和谐共生

绿色发展的目标是建设人与自然和谐共生的绿色现代化，既要创造更加丰富的物质财富与精神财富满足人们日益增长的美好生活的需要，同时还要生产出更加丰富和优质的生态产品来满足人们日益增长的对优美生态环境的需要。而达成这些生态目标，必须有正确的理念加以指引，绿色发展理念就是这样一种理念。

2. 注重生态文明与社会发展各阶段相互融合

绿色发展是“创新驱动的发展”、“高层次的发展”、“可持续性的发展”、“普惠民生的发展”和“和谐向上的发展”。它的核心，就是把生态文明建设放在突出地位，将生态文明的要求融入经济社会发展过程和各环节，逐步实现经济社会发展与生态文明协同提升。

3. 坚持以人为本

人的自由而全面的发展是马克思主义的最高命题和终极目标，而良好的自然环境是其实现的条件和基础。中国共产党作为马克思主义政党，根本宗旨和价值追求就是“全心全意为人民服务”。老百姓过去“盼温饱”现在“盼环保”，过去“求生存”现在“求生态”。我国在《2012 年中国人权事业的进展》白皮书中首次将生态文明建设写入人权保障，提出要保障和提高公民享有清洁生活环境及良好生态环境的权益。2013 年，习近平在海南考察时强调：“良好生态环境是最公平的公共产品，是最普惠的民生福祉。”这一科学论断从中国共产党作为马克思主义政党的性质出发，明确了“为了谁”的价值追求，阐明了生态环境在改善民生中的重要地位以及保护生态环境、治理环境污染的紧迫性和艰巨性，清醒认识加强生态文明建设的重要性和必要性。由此可见，生态文明的绿色福利不仅包含当代人类生活的适宜性福利，还涉及代际公平的可持续福利，充分体现了生态文明的民生本质。

4. 提升资源利用率促进可持续发展

可持续发展理论关于可持续性有两种不同的认识：一种是弱可持续性的发展理念，认为自然资本和人造资本之间是可以替代的，只要保持自然资本和人造资本的总和不变，向人类社会提供服务流量的能力就可以保持不变；另一种是强可持续性的发展理念，认为有些自然资本是不可替代的，经济增长不能超越资源环境承载力。弱可持续性的发展理念重视人类社会的主观能动性，认为通过技术进步可以克服自然资本减少带来的增长极限；强可持续性的发展理念则强调自然资源和生态环境的极限性和硬约束。实现中国经济的绿色发展，需要综合这两种认识，既重视创新驱动的积极作用，又重视资源环境承载力的硬约束。而绿色发展理念主张在保护环境的同时，通过创新与技术进步，使绿水青山变为金山银山，从而为可持续发展提供不竭动力。

二 绿色发展理念与云南跨越式发展的关系

（一）绿色发展理念有助于化解潜在的“资源诅咒”风险

资源诅咒指的是在世界历史的发展过程中，拥有丰富资源的国家或地区往往不能实现经济的增长，甚至出现经济倒退的情形。而产生这样情形的原因是这些国家或地区往往对丰富的资源过于依赖，资源向其他产业的配置效率会大大降低，良好的工业体系、产业结构就会无法形成，人力资本积累不足，从而导致创新能力不足，因此在世界价值链体系中地位较低，获取利润较少，抗市场风险能力差，随着国际市场的波动，容易陷入经济衰退，极易出现“荷兰病”现象。

当前，云南省的经济结构较为单一，主要支柱产业为烟草行业和资源矿产行业，缺乏有竞争力的工业，极易陷入“资源诅咒”。绿色发展理念倡导循环经济、绿色低碳经济、注重对资源利用的深度挖掘，并通过扶植绿色产业提供新的增长点，这就可以改善云南省发展“吃资源”的现状，减轻对资源产业的依赖，从而改善单一的产业结构，化解潜在的“资源诅咒”风险，从而推动云南跨越式发展。

（二）打破跨越式发展的资源瓶颈

当前粗放式、消耗资源式的经济发展方式不仅对经济增长的贡献持续降低，更消耗了不可再生资源，使跨越式发展缺乏一定的生产要素的支持，出现动力不足。绿色发展理念，旨在让经济增长与环境负荷脱钩，减少对资源特别是不可再生资源的消耗，同时通过技术创新等手段加强资源的循环利用，使资源成为可持续的生产力，为云南跨越式发展提供持续动力。

（三）有利于将生态优势直接转化为经济优势

云南省的许多贫困地区，有着十分丰富的生态资源，如何让生态优势转化为经济优势至关重要。绿色发展理念的提出为解决这一问题提供了新的思路，通过发展绿色经济、扶植绿色产业、培育绿色消费方式、推动绿色技术发展，可以实现云南省内各地区的要素互补，落后地区的生态优势可以直接转化为经济优势，在解决贫困问题的同时，也缩小了区域发展差距，从而提升云南省的经济总量，助力跨越式发展。

（四）有利于解决后发工业化导致的资源环境问题

绿色发展理念，坚持以人为本，注重增加人民群众的福祉，致力于保护生态环境，为人民群众提供满意的环境公共产品，这有利于解决云南省过去为了发展造成的资源环境的破坏问题，间接促成外延发展方式向内涵发展方式的转变。

三　以绿色发展理念推动云南经济从资源型向绿色化跨越

跨越式发展，需要一定的资源作为保障，合理利用资源，就可以为跨越式发展提供不竭动力，过度消耗资源，不仅会使跨越式发展不可持续，而且其带来的如环境污染问题会引发一系列恶果，阻碍跨越式发展。云南通过绿色发展理念实现跨越式发展主要应致力于解决三个问题：第一个问题是如何实现绿色发展方式；第二个问题是如何将云南省独有的生态资源优势转化为发展优势；第三个问题是如何更好地高效利用资源。具体的思路将会围绕解决这三个问题展开。

（一）将绿色发展理念融入产业发展中

1. 以技术升级引领云南第一产业产业化经营

产业化经营的前提是要率先实现规模化、标准化，这就要求改变云南省以往的粗放的、低产出的模式，最直接的路径就是加快农业技术水平的更新速度，用现代的生产工具在全省的大部分地区取代人畜劳动工具，要加速实现农业机械化、电气化，同时加快农业水利化建设。高度重视农作物物种的培育与选择，加强对省内复杂地形土地的平整利用。

在以技术进步提升农业生产效率的基础上，结合云南省内实际有针对性地选择第一产业产业化经营方向，应遵循两个原则，第一个原则是要保证全省粮食安全。第二个原则是充分发挥云南省内地形、气候多样的优势，发展特色农业，加快推进农业信息化建设，致力于打造对省内以及省外农产品供需平台，在市场的指引下有计划地生产、销售特色农产品，实现农业利润的增长。

2. 以可持续节约发展的理念不断推进第二产业转型升级

借助建设国家重要能源基地的契机，不断调整能源结构，增加太阳能、水电在能源结构中的比重。对于煤炭工业，要通过兼并与重组的方式引入有实力的大型集团，从而实现煤炭资源的二次利用。继续积极推进云南先进装备制造业建设，加快提升装备制造业主营业务收入在全国的比重，继续提升行业核心技术能力，同时加快产业配套设施建设，形成完整的产业链。以品牌指导战略引领云南轻工业建设，在以烟草为代表的优势产业中进一步优化调整产品结构，提升行业整体竞争力。做大做强园区经济，探索产业园区加快实现市场化运作以及企业化管理的新途径。

3. 大力发展以现代服务业和生态旅游业为主的第三产业

现代服务业的发展方向应该有两个方面的定位，一个方面应该定位于服务第二产业的生产型服务业，包括加快发展现代物流业以及金融业，目的在于为第二产业升级提供物流、资金、金融支持。另一个方面应大力发展生活型服务业，满足居民的正常需求。生态旅游业的发展有助于云南发挥自身的生态资源景观优势，实现经济的绿色增长。

（二）通过发展循环经济提升资源利用效率

通过发展循环经济，云南省要致力于形成一个良好的生产方式，逐步建立资源循环利用体系，加快城乡回收网络建设，普及垃圾分类知识，推动云南省形成完整的废物回收、加工、销售产业链，并不断细分专业市场，以此实现资源的二次利用。鼓励发展与循环经济有关的技术创新，支持技术应集中在废物回收利用、废物转为可再生能源等领域，并推动技术成果的转化、扩散，不断提升云南资源利用率。

（三） 优化生态布局，保护修复自然生态

严格遵守已划定的生态红线。将重点生态功能区、禁止开发区划入生态保护红线，构成了以青藏高原南缘滇西北高山峡谷区、哀牢山—无量山山地、南部边境热带森林区等生物多样性富集、水源涵养重要区域及金沙江、澜沧江、红河干热河谷地带和东南部喀斯特地带水土保持生态敏感区域为主体的“三屏两带”生态保护红线空间分布格局。正确处理好生产、生活与生态空间的关系。

（四） 培育优质绿色产品促进绿色消费

绿色消费是促进绿色发展的根本途径，是生态资源转变为直接经济效益必不可少的渠道，更是解决跨越式发展与生态环境之间矛盾的有力武器。促进消费，就必然要满足人们对生态产品各种各样的需求，因此要深化绿色产品供给侧结构性改革，提供群众个性化、高质量的生态产品，加快构建云南绿色消费体系，在绿色产品的认证、质检上加快制定一套统一的标准，让群众对产品质量放心。同时应不断丰富绿色产品供给，积极调动广大群众进行绿色消费的积极性。

第四节　协调发展理念与云南跨越式发展

协调发展理念强调发展过程的全面性和整体性，坚持区域协同、城乡一体发展，坚持经济建设与社会建设同步发展、经济建设与国防建设融合发展，坚持物质文明和精神文明并重。非均衡发展、差异化发展模式下的云南在地方政府竞争中处于劣势，协调发展理念下中国正在推进的补民生短板、乡村短板、文化短板等战略举措，能够不断增强云南的自我发展能力，不断夯实跨越式发展的基础。

一 协调发展理念

（一）协调发展理念的理论基础

协调发展理念的理论根基是马克思协调发展理论。协调发展理念，就是中国共产党结合当代发展的实际对该理论不断加深认识并加以应用。

马克思协调发展理论，起源于19世纪40年代，面对当时社会发展出现的阻力与矛盾，马克思从人类发展规律出发，对产生阻力与矛盾的根源进行深入探究，经过长期的深入研究以及大量的实践活动，马克思运用哲学思维从两个方面对协调发展理论进行了阐述。一是社会的整体发展层面，马克思认为生产力与生产关系之间的矛盾、经济基础与上层建筑的矛盾是人类社会的两对根本矛盾，并强调其对于协调发展具有根本作用。二是在社会经济发展层面上，马克思认为只有各个社会生产部门保持一定的比例关系，才能实现经济总量与结构的平衡。马克思将社会总资本再生产分为生产资料生产的第Ⅰ部类与消费资料生产的第Ⅱ部类，在资本主义私有制的前提下，这两部类的分配比例必然失衡，由此导致的周期性资本主义危机是不可克服的，因此实现协调发展就必须解决两部类结构失衡问题。马克思关于以上两方面的一系列论述，建构了马克思协调发展理论的基本框架。

以习近平同志为核心的党中央，从马克思协调发展理念出发，结合我国发展的实际，将对该理念的认识进一步上升为协调发展中的重大关系的认识，着力增强发展的整体性、协调性，使生产力与生产关系相适应，经济基础与上层建筑相互协调，从而更好地推动中国经济社会发展。

（二）协调发展理念提出的时代背景

发展不平衡问题日益突出，是协调发展理念提出的时代背景。当前，我国发展不平衡的问题集中体现在以下方面[①]：区域发展差距过大，特别

---

① 《坚持协调发展（深入学习贯彻习近平同志系列重要讲话精神）——“五大发展理念”解读之二》，人民网，http：//politics. people. com. cn/n1/2015/1221/c1001－27953067. html。

是东南沿海与西部内陆省区市发展差距较大；城乡发展不平衡，城乡居民收入差距拉大；经济发展与社会发展不同步，社会发展滞后于经济发展，关系到百姓获得感、幸福感的民生问题较为突出；物质文明与精神文明不匹配。

这些发展不平衡的问题，是我国经济社会实现发展的短板，如果不加以解决，我国无法实现由中等收入国家迈向高收入国家，发展会面临长期停滞不前甚至是倒退的风险，从而落入“中等收入陷阱”。与此同时，在发展不平衡的问题无法解决的前提下，大量短板问题的存在使得全面建成小康社会无法全面实现，经济社会发展不同步，城乡居民收入差距过大等问题的存在也无法实现全体人民的小康。

在这样的大背景下，长期以来盲目追求经济增长速度的观念已经不适宜目前的发展现状，如何提升发展的质量与结构成了一个值得关注的问题，而协调发展理念的提出，本质上就是为解答这一问题提供新思路，它关注发展的全面性与整体性，将协调发展与中国特色社会主义“五位一体”的总体布局、与“四个全面”统一起来，以协调发展引领民族复兴并促进“中国梦”的实现。

（三）协调发展理念的内涵

协调发展理念本质上是在遵循人类社会发展规律的前提下，从整体观念出发，对中国经济社会发展所涉及的一系列复杂关系进行梳理、重新组合，从而形成一个均衡的可持续发展结构而创造出的一种新的思维方式，因此，协调发展理念具有如下内涵。

1. 兼顾全面性与整体性

协调发展理念不是针对某一个领域内的问题提出的，它是将发展看作一个整体，以一种系统的、联系的、多视角的方法分析我国的发展过程，在大局意识的指引下，跳出各类局部、个人、地区利益的束缚，将发展所涉及的各个领域都纳入思考的范畴，使发展的各个要素可以更好地相互配合运转，从而推动发展机器不断前行。

2. 注重发展的平衡性

协调发展理念，立足于中国社会主义初级阶段的基本国情，注重对发展平衡性的关注，尤其是对影响发展的短板问题、复杂社会关系的关注，针对影响我国的区域发展不平衡、经济社会发展不平衡等问题，打破以往对于单一发展模式的路径依赖或对某个领域的过度倾斜，充分发挥整体发展效能。

3. **致力于形成发展的合力**

在我国的发展过程中，各种各样的社会关系不断交织，短板问题不断涌现，通常的思维倾向于直接改革不合理的生产关系，直接解决短板问题。而协调发展理念，以一种全新的思维角度来看待这些社会关系与短板问题，注重统筹谋划，注重对资源的优化配置，充分挖掘各个领域的潜能，针对短板问题与薄弱环节，努力探索劣势变为优势的机制与途径，从而在提升短板的同时，间接促进其他领域的发展，破除发展的其他障碍，汇聚成推动发展的合力。

4. **体现可持续发展的要求**

可持续发展，最通俗的理解是发展既可以满足当代人的需要，又不影响后代的发展模式。要实现可持续发展，就必须提高资源的利用效率，形成高效可循环的发展模式。遵循协调发展理念，可以减少各个发展要素之间的磨合成本，构建一个高速运转的发展系统，从而推动资源加速优化配置，减轻对资源的不断消耗，实现资源快速循环利用，加速物质成果的不断积累，为可持续发展打下坚实的基础。

二　协调发展理念与云南跨越式发展的关系

（一）为解决发展不平衡问题提供思路

当前云南发展不平衡的问题主要体现在三个方面：区域经济差距过大造成的区域发展不平衡、以社会保障与社会福利问题为代表的经济社会发展不平衡、过度依赖传统资源型产业所带来的产业结构不平衡。

这些问题是云南跨越式发展的重大阻碍，具体来说区域经济差距过大使滇中地区集中了云南省大部分的资源、资金、人才，由此带来的集聚效应使滇中地区在经济总量、经济增长速度上远远高于其他地区。滇东北、滇西北以及云南的边境、民族聚集区、贫困州市落后的状况得不到改善，而由此带来的城乡居民收入差距以及边境与内陆、少数民族与汉族地区的发展差距会使人民群众的物质需求无法得到满足，影响跨越式发展的质量。

而受制于各地发展水平以及社会保障制度的不同，云南省的社会保险虽然已经实现了制度全覆盖，但并未实现人员的全覆盖，特别是养老保险，与90%的覆盖率还有较大差距，并且依旧存在社保增值能力差、缴纳率低等问题。此外在教育、培训、医疗、就业等方面的不平衡导致看病难、看病贵、择校难等问题，这些也应受到重视。良性的社会结构上的财富公平正义分配格局有待形成。这些问题的存在极大地影响了人民群众的获得感与满足感，影响了跨越式发展的质量。

目前云南的经济支柱依然为烟草、能源、有色金属等产业，生物制药、智能制造、电子商务等新产业、新业态虽然发展比较快，但其市场份额还比较低，竞争力弱，深加工产品少，高端产业处于稀缺阶段，这样不均衡的产业结构使发展的动力来源有限，容易陷入资源消耗推动经济增长的模式，最终造成跨越式发展的可持续性不足。

协调发展理念的提出对上述问题的解决有着极强的现实意义，它以一种系统性的眼光去看待区域发展不平衡问题，在强调统筹规划的思路下，主张结合区域发展的实际，发挥落后地区自身发展要素优势，融入发达区域的产业链中，实现资源的高效利用，挖掘薄弱环节的潜力，从而提升落后地区发展水平，实现经济总量的增加，从而推动云南省跨越式发展。同时，协调发展理念特别关注社会发展与经济发展相互协调，在这样的理念指引下，有助于云南省改革收入分配制度、社会保障与福利制度，增强人民群众的幸福感，提升跨越式发展的质量。与此同时，协调发展理念主张打造一个均衡的、高效的发展结构，这样的结构有助于促进云南跨越式发展可持续。

（二）为解决云南发展不充分问题提供思路

实现跨越式发展，在实现平衡发展的同时，更要注重充分发展，补齐可能会影响跨越式发展的空白领域。当前，云南省面临的发展不充分问题可以归纳为以下三个方面。

第一，市场竞争不充分。具体体现在市场准入的门槛较高，国企享受了大量的政策性支持，市场机制竞争缺乏，中小企业无法同国企开展平等竞争，地方政府出于地区利益的考量，依旧对一些夕阳产业、落后产能的企业给予支持，使得市场上许多“僵尸企业”无法被市场竞争淘汰，从而影响市场活力。

第二，有效供给不充分。伴随着云南城乡居民收入的不断增加，云南居民的消费水平与消费结构正在不断升级，然而在供给侧结构性改革没有完成之前，云南的产品供给能力还无法满足居民个性化、多样化的需求，尤其是在优质精神文化产品的供给方面。

第三，非经济领域发展不充分。长期以来，经济建设“中心论”的思想使得文化、政治、社会、生态领域存在的一些问题，没有得到很好解决。

协调发展理念的提出，首先在发展理念上，重视了各个领域，在注重发展经济的同时，将文化、政治等其他领域纳入跨越式发展的关注范围，打破了云南部分地区以经济为唯一指标的狭隘观念，为跨越式发展提供了正确的思想指引。在协调发展理念的指引下，发展的潜力会逐步被挖掘，阻碍发展潜力的机制将会被破除，从这个意义上讲，造成市场竞争不充分、有效供给不充分，阻碍释放跨越式发展动力的机制将会被改革或破除，从而释放发展潜力。

三 以协调发展理念推动云南经济从非均衡向协调型跨越

实现云南的跨越式发展，就必须解决云南发展的不平衡、不充分的问题。而解决这一问题就必然要将经济建设作为重中之重，致力于缩小云南各州市之间的经济差距，并在此基础上不断推进城乡一体化、公共服务均等化，充分发挥空间集聚效应，推动云南跨越式发展，具体的发展思路如下。

（一）不断优化空间组织布局

1. 以滇中城市群为重点推动“都市区”经济发展

根据黄勇、潘奕刚等的研究[①]，城市群是由若干个“都市区”组成的，

---

① 黄勇、潘奕刚等：《协调发展——浙江的探索与实践》，中国社会科学出版社，2018，第100页。

相较于城市群而言，“都市区”这一概念更强调城市之间的经济联系以及便利的通勤度。从云南跨越式发展的视角来看，“都市区”经济的发展，可以为云南省较为发达的城市拓宽城市空间以及为延伸城市功能提供载体，并可以为周边市县融入都市体系提供机遇。当前滇中地区是云南最为发达的地区，汇集了云南省内的资金、技术、人才，拥有云南省内最为完善的基础设施，具备发展“都市区”经济的一系列要素，因此将滇中城市群作为云南发展“都市区”经济的重点，逐步形成对全省经济的辐射和带动。

（1）以制造业为抓手推动滇中城市群各市产业协同。具体来说，昆明市要发挥自身的资金、技术、人才、市场优势，为云南制造业的发展提供市场，创造需求，成为制造业发展的研发中心、需求中心、资金集聚中心。在具体的产业规划上，昆明市的制造业应以高端、高科技制造业为主，致力于推动制造业研发平台以及与之相关的资金供求平台的打造。楚雄、玉溪两市要充分发挥区位地理优势，汇集云南省南部、西部地区的人力、资源，应成为云南省制造业的劳动力、物流集散地、原材料供应市场。曲靖市应发挥其毗邻广西、贵州的地理区位优势，成为云南省制造业产品对内输出的重要枢纽。通过产业协同在滇中城市群各城市间建立更紧密的经济联系，并提升产业关联度，从而推动滇中经济一体化，为“都市区”经济发展打下坚实基础。

（2）构筑中心城区产业转移平台。产业转移平台的设立，应着重聚焦于三类，第一类是工业承接平台，主要负责承接劳动密集型制造业等产业；第二类是现代服务业，以特色小镇为主，注重满足人们的物质、精神文化需求；第三类是城市服务平台，包括交通枢纽以及教育、医疗机构。产业转移平台应设立在滇中四个城市所属的郊县，为了更好地承接产业转移，应针对相关城市所属郊县进行“强县扩权”，除人事权外，将政府管理的权力下放到相关郊县，充分调动相关郊县的积极性。

（3）以《滇中城市群规划（2016—2049 年）》为基础构建综合交通运输网络体系。开通城际公交，使滇中四市每个城市之间，毗邻郊县之间均有公交线路运行，弥补综合交通运输网络的最后一环。设立滇中城市群交通专门机构统一对四城的交通规划、项目建设、基础设施服务等问题进行统一指导、协调沟通。

2. 以县城为载体不断推进省内欠发达地区人口、要素空间集聚

如果说发展“都市区”经济是云南发达区域实现跨越式发展的思路，那么空间要素集聚则主要针对的是云南广大的欠发达以及落后地区。云南拥有全国最大规模的贫困人口，这些贫困人口居住分散，所处地区自然条件恶劣，一般的脱贫方式很难奏效，空间集聚这种组织方式就成了解决这一问题的重要方式，通过空间集聚使云南欠发达以及落后地区的人口向更适宜生产与生活的区块集聚，从而实现产业水平提升、居民生活水平提高，补齐云南跨越式发展的一大短板。其具体的思路如下。

（1）合理规划，提升县城容纳能力。科学制定规划，规划的目的在于如何让人口、生产要素更好地集聚，规划的内容应包括城镇总体规划、土地利用规划等方面，应致力于形成初步的城乡规模体系。针对靠近越南、老挝、缅甸三国边境的滇西南、滇东南地区制定人口容纳指标时可以在原有目标上适当增加容纳人口总量，并将流动人口纳入人口总量中，进一步增加县城人口数量。针对高海拔的滇西北、滇东北地区，城镇设立的总数不宜过多。将基础设施建设纳入规划之中，优先保证交通网、信息网、能源网以及各项市政基础设施建设，不断改造城区、村镇重点街景，让吸纳的人口留得住。

（2）培育主导产业，增加居民收入。在主导产业的选择上，应以高原特色农业以及生态旅游业为主，要加快建设特色农业基地，培育龙头企业，全面推动高原特色农产品产业化、规模化、信息化，借助发达的物流系统打造一批具有竞争力的高原特色农产品，同时发展生态旅游业。在确立好主导产业的同时，应以此为依据，不断提升转移人员技能培训，不断提升劳动力素质，推动主导产业发展。

（3）推进户籍制度改革，加快转移人员市民化进程。对转移人员，凡是有稳定收入来源以及固定职业的，均可以申请城镇户口，同时拓宽其养老与社会保险的覆盖面，落实转移人员子女接受教育“同城同待遇”政策，解决转移人员子女受教育的问题，增加市民人口数量。

（4）建立宅基地流转机制，推进房屋利用。乡村、偏远地区人口进入城镇，其原有的宅基地、住房成了闲置性的生产资源，如果对这些闲置资源利用得当，也会为乡村的经济发展提供助力。因此，云南省要加快宅基地流转的立法，界定界限，分类管理。同时也要加快宅基地交易中心的建设，为宅基地流转提供平台。针对空闲的民房，应采取三种处理方式，第一种是给予拆迁补偿，这一原则主要适应于农房所处位置位于生态保护区内。第二种是直接经营或单位自用。第三种是对外经营，将闲置民房用于旅游开发等商业性用途，所产生的收益同房主进行分摊。

（二）设立专项经济计划统筹云南各地区发展

专项经济计划的目的在于更好地缩小云南各地区之间的发展水平差距，通过专项经济计划使昆明等云南发达地区的资金、技术、人才优势与云南落后地区的资源、生态、劳动力相结合，充分调动两个主体的积极性，提升欠发达地区的生产力水平，从而激发云南落后地区的经济活力。

专项经济计划应坚持以市场为导向，政府充当中介作用，在一个稳定的平台上，在市场机制的作用下使云南的落后与发达地区进行需求对接、产业合作，让更多的企业参与这一专项计划，为专项计划提供长久活力。

专项经济计划应该统筹沿边与内陆地区，实现沿边地区与内陆地区的政策共享，具体的合作方式应该以协作产业园为主，产业园的参与主体应为云南落后地区的相关政府与云南发达地区的相关企业。落后地区在引进相关企业时，应避免引入高污染、高耗能的企业，不触及生态保护的红线，同时产业合作园的特色要突出，主导产业要突出。落后地区应为发达地区企业提供土地支持、政策优惠、税收优惠。探索“飞地经济”模式①，云南落后地区与发达地区政府打破行政区划的限制，将资金与项目放到对方的工业基地，实现互利共赢。

专项经济计划所需资金来源可以借鉴欧盟区域基金模式，资金的认缴份额应由云南省政府根据云南省各州市的经济发展情况确定，同时设立专门的法规与机构规范基金的申请、发放与使用。为专项经济计划提供资金保障。

---

① 黄勇、潘奕刚等：《协调发展——浙江的探索与实践》，中国社会科学出版社，2018，第137页。

（三）不断以要素市场化配置推动协调发展

云南省应改变以往单纯以行政指令的方式分配城乡要素的资源，发挥市场的作用来分配城乡要素资源，通过互联网、大数据实现要素合理规划，打通城乡生产力要素双向流通渠道，要通过政府与社会资本合作的新方式，使更多的企业参与进来，进一步推动云南城乡资源共配、设施共建，实现城乡供需有效对接，以新型城镇化带动城乡一体化，推动云南城乡共同发展。

（四）不断推进城乡公共服务均等化

在教育领域，云南应继续扩大“免费义务教育”的覆盖面，应继续注重提升贫困人口的升学率，不断改善乡村办学条件。同时，设立专项工程，不断提升乡村教师素质，同时云南省发达地区的城镇中小学应同落后地区的中小学开展互帮互助，通过优秀教师相互交流等方式实现优秀教育资源不断下沉。

在医疗领域，云南省应侧重于对基层卫生人才的培养，通过集中培训、定向就业、人才交流等方式使小病在基层得以诊治，大病在基层可以快速被分类从而转移到上一层次的医院，同时加大财政对基层卫生系统的投入。

在社会保障领域，结合云南各州市的实际情况，在发达地区例如昆明的郊县农村，建立省市县乡村“五级”社会保障体系，在落后地区，至少要保证省市县“三级”社会保障体系，同时积极拓宽社会保险、养老保险、社会救助的覆盖面，形成“三位一体”的社会保障网络，提供民生基本保障，推动云南城乡协调发展。

第五节　共享发展理念与云南跨越式发展

传统发展模式下的云南，受到贫困人口多、少数民族人口比重大、劳动力受教育程度低、收入水平低、乡村公共服务供给能力弱等问题制约，处于人口劣势，仅靠自身财力难以赶上发达地区。中国在共享发展理念下实施的精准扶贫、同步小康和乡村振兴等战略，正在提升人口素质和乡村发展基础，实现公共服务均等化和大体相当的生活水平，创造云南跨越式发展的人口优势。

一　共享发展理念

（一）共享发展理念的理论基础

共享发展理念，源于马克思提出的有关于共享发展的一系列论述。虽然在马克思所处的时代，并没有涉及共享发展理念这一概念，但马克思的一些论述，在某种程度上已经极大地超越了当时的社会格局，形成了共享发展理念的雏形。具体来说，马克思关于共享发展理念的论述主要包括如下三个方面。

1.“人的全面而又自由的发展”是共享发展的价值取向

人类社会发展的最终目的是满足人的需要、实现人的发展。只有尊重个人、为个人成长创造条件、整个社会向前发展，才能实现个人的发展。如果像当时的资本主义社会以剥削他人的劳动成果为利润从而推动社会向前发展的话，每个人的需要无法得到根本满足，社会就会丧失前进的动力甚至会面临崩溃。

2. 社会公平公正是共享发展理念追求的社会理想

这样的论述是在当时资本主义发展的大背景下提出的，一方面，资本主义的价值分配体系引起了马克思的极大思考，作为提供大量劳动从而成为商品主要生产者的工人，却只能分配到一小部分的利润；资本主义国家表面宣扬“天赋人权”“自由平等”等理念，可实际上无产阶级的权利却没有得到丝毫保证。因此马克思开始关注与社会公正密切相关的人的利益问题，将人的合法利益是否能够得到保护，作为衡量社会是否公正的一个重要尺度。而要实现公平与正义必须建立一个自由、平等、公平的社会。

3. 关注民生是实现共享的途径

发展是为了实现人的需要，共享发展亦是如此，实现这一点从根本上说就是改善民生。马克思、恩格斯认为，人类生存的需求是推动社会历史发展的动力，而民生问题从本质上讲就是要解决人类基本的需求。马克思认为在资本主义社会中，人的需求最直观的体现就是利益，人只有争取利益才能生存，利润的分配显得尤为重要，一个不均等的利润分配方式必然会使人们获取利益有限从而影响其生存，因此马克思主张共享发展，满足每个人的利益。

（二）共享发展理念提出的时代背景

自 1981 年党的十一届六中全会以来，关于我国社会的主要矛盾的论述一直在不断变化，2017 年 10 月 18 日，习近平同志在党的十九大报告中强调，中国特色社会主义进入新时代，我国社会的主要矛盾已经转化为人民日益增长的美好生活需要和不平衡不充分的发展之间的矛盾，但在 36 年中不变的是，矛盾的核心主题都是关于人民。

中国共产党的宗旨是全心全意为人民服务，习近平总书记在党的十九大报告中指出，要不断增强人民的获得感、幸福感与安全感，不断满足人民群众对美好生活的需要。然而要实现这一目标，需要解决的却是我国社会当前存在的影响人民群众幸福生活的一系列问题。

收入差距问题。不同区域不同行业的收入差距、城乡收入差距长期客观存在。与此同时，各种不合理分配制度所导致的财产占有差别导致的收入差距过大问题也日益突出。

教育就业问题。教育关系着一个国家的未来，更关系着一个家庭的未来。而就业则是直接关系到人民群众直接收益的大问题。虽然我国已经基本实现了义务教育全覆盖，但地区差距、收入差距所导致的教育资源不平衡问题、不公平问题变得日益突出，教育问题也在源头上影响了就业问题，教育层次体系的不完善，导致产学严重脱节，从而影响就业，结构性失业问题较为突出。

公共服务问题。这个问题直接涉及人民群众日常生活的方方面面，我国目前在公共服务上存在公共服务基础设施少、专业人才缺乏、效率低下等问题，人民群众的日常需求无法得到及时满足，并可能需要付出更多的时间成本与物质成本，直接影响了人民群众的幸福感。

社会保障问题。近年来我国的社会保障制度日趋完善，但不可否认，目前我国的社会保障体制还不健全，社会保障体制的覆盖面还不够，农村的社会保障体制还比较落后。

社会公平正义问题。一些侵犯人民群众利益的事情依旧存在，司法体制改革、依法治国的道路依旧任重而道远，人民群众内部矛盾排解机制仍有待完善，这些问题不容回避。

人民群众的诉求与问题的存在，只有通过发展成果公平共享，全面建成小康社会才会更好地凝聚动力，人民群众的获得感、幸福感、尊严感才会不断增强。

（三）共享发展理念的内涵

从覆盖人群而言，共享是全民共享，全民共享主要包括三个方面的内容。首先，要使各阶层、各民族、各地区的人民都能享受到改革发展的成果，一个民族也不能少，绝不让一个民族掉队。其次，全民共享就是要做到每个公民付出与回报成适当比例，根据付出各得其所，不搞“平均主义”。最后，合理控制贫富差距，要把贫富差距控制在合理的区间内，增强全体人民的幸福感。我国现阶段，发展成果惠及全体人民方面还存在一些突出问题，必须引起高度重视，逐步加以解决。党的十八届五中全会强调要“按照人人参与、人人尽力、人人享有的要求，坚守底线、突出重点、完善制度、引导预期，注重机会公平，保障基本民生，实现全体人民共同迈入全面小康社会”。这就要求我们必须坚持和完善社会主义基本经济制度和分配制度，深化收入分配制度改革和社会保障制度改革，加大再分配调节力度，在做大“蛋糕”的同时分好“蛋糕”，精准打好脱贫攻坚战，努力缩小城乡、区域、行业收入差距，让全体人民都能享受到改革发展成果，朝着共同富裕的方向稳步前进。

就共享内容而言，共享是全面共享，就是要满足人民群众全面的需求。从领域来说，全面共享是包括经济、政治、文化、社会、生态等各方面的共享，任何一个方面都不能缺位。要统筹推动经济建设、政治建设、文化建设、社会建设和生态文明建设，使各方面协调发展，全面保障人民各方面的合法权益；从环节来说，全面共享包括发展权利、发展机会和发展成果的共享①。发展权利共享是共享的必要前提，发展机会共享是共享的主要内容和关键所在，发展成果共享是共享的最终目标。要着力改善当前我国存在发展成果共享的不平等，发展权利、发展机会的不平等的现状，为每一个人提供平等参与社会发展的权利和机会，实现人生理想和抱负。

就实现途径而言，共享是共建共享。共建是共享的基础和前提，人人共享需要人人共建。具体来说，首先，要调动人民共同建设的积极性、主动性。只有充分调动人民群众的积极性，才能在当前面临的新的国内外形势下破除障碍，共同发展。其次，要充分尊重人民群众的创造精神，当今世界技术更新速度加快，发展的模式也在不断变化，新业态、新的发展方式是推动一国发展进步的关键，创新是一个民族的事情，只有形成创新的合力，一个国家才会有向前发展的动力。最后，要统一思想。只有让人民群众参与共建共享的过程，紧密联系群众，依靠群众，让人民群众感受到自身的命运与国家命运息息相关，“中国梦”才会真正实现。

就发展进程而言，共享是渐进共享，我国目前仍然处于社会主义初级阶段的基本国情决定了我国不可能通过速成的方式解决发展所面临的一切问题，因此要求我们既要有紧迫意识，又要有循序渐进的意识。这就要求我们一方面要回应人民群众诉求，加快解决贫富差距、区域发展差距、公共服务水平不均等一系列共享发展的突出问题；另一方面要脚踏实地，结合社会发展的实际情况有针对性、有步骤性地进行发展，避免激烈的改变对经济社会发展产生不利影响。

二 共享发展理念与云南跨越式发展的关系

（一）共享发展理念有助于调动发展主体的积极性

跨越式发展得以实现的一个重要前提就是各个发展主体按照各自的发展战略和发展目标，有方向和目的性地发挥适应于更高产业、产品和技术

---

① 马占魁、孙存良：《准确理解和把握共享发展理念的深刻内涵》，《光明日报》2016 年 6 月 19 日。

的要素禀赋结构优势。而要实现这样的前提就要极大地调动各类发展主体的积极性。共享发展理念为实现这一前提提供了思想指引，共享发展理念下各个发展主体是一个有机的整体，通过共同的努力实现了增长，最终自身也会受益。以企业为例，彼此之间新技术、新信息的共享，使各个企业可以迅速得到自身需要的生产资源，从而实现效益的增加，形成一种循环带动的模式，从而促进跨越式发展。

（二）共享发展理念有助于提高跨越式发展的包容性

符合社会规律的包容性发展，其含义就是要坚持发展为了人民、发展依靠人民、发展成果为人民所共享；就是要坚持走共同富裕之路，让广大人民群众在共建共享中有更多获得感。这也与跨越式发展的最终目的一致。

共享发展理念，为云南的跨越式发展提供一种思想上的指引，改变了以往单纯认为跨越式发展仅仅是经济发展这一错误的观念，有利于人们达成发展的共识。

（三）共享发展理念为云南的跨越式发展提供了良好的社会环境

跨越式发展需要一个稳定的社会环境，而要营造一个稳定的社会环境就必须消除社会的不和谐因素。提高人民的生活水平，满足人民对美好生活的需求，积极处理人们内部矛盾，营造一个稳定、和谐的社会，而共享发展理念，旨在让全体人民共享各个领域的发展成果，由此可以消解由贫富差距、收入分配不公、利益协调机制不完善所带来的一系列阻碍跨越式发展的不利因素，从而加速跨越式发展的实现。

三　以共享发展理念推动云南经济从增长型向共享型跨越

云南要实现跨越式发展，就要调动各主体的积极性，特别是人民群众的积极性。要达到这样的效果，就要切实增加人民群众的获得感，增强人民群众生活的幸福感。因此要致力于营造一个公平、公正的社会秩序，在此基础上使人民群众更好地参与云南跨越式发展的事业，激发全社会的创造活力，加速跨越式发展的进程。

（一）以市场机制引领公正的社会秩序

在市场机制的作用下，致力于形成一个起点公平、机会公平、过程公正的秩序，为公正的社会秩序打下良好的基础。具体说，就是要正确处理好政府与市场的关系、公有经济与私营经济的关系，平等对待各类市场主体，破除各种体制性桎梏，形成良好的社会流动秩序。因此，应在如下三个方面着手。

1. 转变政府职能，重视市场的作用

重视市场的作用，就是要减少行政指令对经济的干预，让市场发挥决定性作用。对于市场机制下产生的新的业态形式、新的市场主体，不应予以简单的行政命令限制其发展，但也不能放任其发展，同时应致力于培育新的市场主体，改变云南省内新业态经济中部分企业一家独大的现状。不断简化行政审批流程，改变以往以行政审批为主的管理思想，增强事中、事后管理的服务意识，对市场经济运行过程中出现的问题要时刻关注，及时纠错。改革流通体制，不断增强云南市场体系的专业性。

2. 减少公有经济与私有经济之间的不平等

着重解决公有经济与私有经济不同国民待遇的问题，不断释放经济发展活力。云南省的私有经济特别是民营经济的发展水平与东部发达地区差距较大，云南的私营企业面临融资难、行业壁垒多、税费较重、发展受国家政策影响大等问题。为了解决这些问题，应在保障基本民生的状态下，加大对私有经济的开放领域，禁止以任何形式设立隐形准入门槛阻止私营企业进入，在政府的公共项目招标或采购中应保证私营企业参与数量、中标数量。不断降低私营企业的间接融资成本，将保证云南省私营企业的资金问题作为一项长期的政治性任务来抓，同时不断创新直接融资渠道。

3. 以收入分配制度规范市场主体的行为

在收入分配制度改革中，应通过税收和再分配手段，结合完善的市场法律法规体系，保障合法收入，打击非法收入。收入分配的过程中应坚持按劳分配的原则，坚持知识价值导向、创新支持导向，规范市场主体的行为，并鼓励其不断将知识、技术转化为生产力，不断创新，为公正的社会秩序提供保障。

（二）以利益协调机制保障公正的社会秩序

一个公正的社会秩序，对不同群体的利益诉求不应有偏袒，而是应该起到协调作用，利益协调机制的打造有助于云南各界形成发展的合力，共同推动云南的跨越式发展。

云南省应通过建立利益表达机制，形成利益均衡机制，完善利益调节机制，形成完整的利益协调机制，为公正的社会秩序提供保障。

在建立利益表达机制方面，要不断完善信访工作，信访工作不应采取简单的下压思想，而应使基层群众的所想所求能够及时传达到上级有关部门。在法律的规范下，培育具有代表性的利益表达团体，以最快的方式将群众的诉求表达出来，减少摩擦成本。

在形成利益均衡机制方面，积极发挥市场机制的利益平衡作用，政府应根据公平原则对各种市场要素的组合配置进行积极的利益诱导，根据不同的要素组合，给予各种不同的利益补偿，注重对社会困难群体、弱势人群的关怀，注重协调区域利益，同时兼顾公平与效率。

在利益调节机制的形成上，应注重基层调节能力的建设，借鉴“枫桥经验”在广大的农村、城镇、城市街区建立相应的调解组织，将利益分歧与矛盾就地在基层化解。

（三）下大力气完成扶贫攻坚

贫困问题如果不解决，势必会影响人民群众对云南实现跨越式发展的信心以及参与度。因此加大力度继续进行扶贫攻坚任务势在必行。

下一阶段云南扶贫的中心应放在整合扶贫资源、探寻产业扶贫新模式、调动贫困人口的积极性上。同时应加强宣传工作，让已脱贫地区的成果对省内其他地区形成良好的示范效应，鼓舞人们努力奋斗，为云南的跨越式发展提供精神支持。

（四）补足精神文明短板，让共享发展成色更足

伴随着跨越式发展的不断进行，人民群众不仅向往充足的物质生活，对文化生活的要求也在逐渐提高。如何满足人民群众的精神文化需要，如

何为跨越式发展提供精神助力就显得尤为重要。在共享发展理念的指引下，云南应着重做好两个方面的工作。

第一个方面是在宣传工作上，要突出广大云南干部群众在新时代奋斗过程中的典型事迹，大力宣传云南在脱贫攻坚、保障民生等领域取得的成绩，对在建设过程中出现的一些错误的思想导向要进行批判，营造一个共建共享推动云南跨越式发展的舆论氛围。

第二个方面是要加强文化领域的供给侧结构性改革，加强文化产品、惠民服务与群众文化需求对接，进一步满足人民群众的精神文化需要。

第二章

在全面深化改革中推进云南跨越式发展

习近平总书记在党的十九大报告中指出，全面深化改革总目标是完善和发展中国特色社会主义制度、推进国家治理体系和治理能力现代化。建设有中国特色社会主义是由中国改革开放的总设计师邓小平提出来的，是相对于计划经济时期我国处于国民经济濒临崩溃的边缘，为实现中华民族伟大复兴，建成社会主义现代化强国而实施的国家道路，就是在中国共产党领导下，立足基本国情，以经济建设为中心，坚持四项基本原则，坚持改革开放，解放和发展社会生产力，建设中国特色社会主义市场经济、社会主义民主政治、社会主义先进文化、社会主义和谐社会、社会主义生态文明，促进人的全面发展，逐步实现全体人民共同富裕，建设富强民主文明和谐美丽的社会主义现代化强国。中国特色社会主义道路，是全新探索，没有经验可以借鉴，没有理论可以直接应用。全面深化改革，既是针对社会主义计划经济体制痼疾进行改革的全面深化，也是针对社会主义市场经济探索中形成的不合理体制进行改革的全面深化，更是针对新时代国内外形势变化下中国特色社会主义体制构建的全面创新。云南只有以更大力度、更高要求、更为全面地深化改革，才能将新发展理念下的比较优势发挥出来，实现跨越式发展。

第一节　全面深化改革与云南跨越式发展的关系

云南跨越式发展要以全面深化改革为支撑。只有全面深化改革，才能破除云南在计划经济时期形成的固化思想观念，破除市场经济探索过程中形成的利益固化的藩篱，破除不合理的体制机制，才能将云南的比较劣势转化为比较优势，形成跨越式发展的体制机制。

一 理解全面深化改革对跨越式发展至关重要

习近平总书记在党的十九大报告中指出，坚持全面深化改革是构成新时代坚持和发展中国特色社会主义的基本方略之一。全面深化改革涵盖多个领域多个方面，根据党的十九大精神，多个领域多个方面的内容可以统筹于构建、实施与完善中国特色社会主义现代化制度体系这一主题之中。深刻、彻底、全面理解上述有关内容的内涵和实质，对学习和贯彻习近平新时代中国特色社会主义思想指导云南跨越式发展至关重要。

（一） 全面改革的必然性

全面深化改革是中国渐进式改革逻辑发展的必然结果。首先，进入21世纪后，随着社会主义市场经济体制的逐步完善和经济的持续快速增长，除经济体制改革外，政治、文化、社会、生态文明体制的改革日显重要和迫切，中国的改革开放进入了一个崭新阶段，改革的目标更高更全面。其次，虽然经济体制改革是全面深化改革的重点，但更强调要全面推进。再次，全面深化改革是1978年从农村改革起步不断深化和发展的必然选择，是中国全面建成小康社会，进而逐步建成富强文明民主法治的社会主义现代化国家的必然选择。

（二） 历史进程中定位全面深化改革

中国共产党第十一届中央委员会第三次全体会议开启了我国的改革开放进程。以后党的历届代表大会，根据相应的一个时期或阶段的形势和任务，分别就经济体制、政治体制、文化体制、社会管理体制、生态文明建设、党的建设等重大问题的改革做出决策和部署。

从我国改革开放的历史进程中，能够得出以下三个判断。

第一，不管国内环境条件怎样变化，也不管国际风云如何变幻，坚定不移地推进改革开放始终是我们党历届代表大会的重要内容，是一以贯之、毫不动摇的基本国策。

第二，根据变化了的国际国内环境，根据形势和任务的需要，改革开放在不同时期或阶段会有不同的侧重点，我们党适时召开全会审议和部署某一领域、某一方面的重大改革措施。

第三，改革开放的历史进程是由浅入深，由经济领域不断向政治领域、社会管理领域、文化领域、生态领域、党的建设领域等拓展，领域越来越宽、力度也越来越大①。

党的十九大延续了上述三条判断。前两条在习近平新时代中国特色社会主义思想中被明确为全面深化改革的总目标，这表明了完善和发展中国特色社会主义制度、推进国家治理体系和治理能力现代化在当前和今后一段时间的重要性。第三条尤为重要，党的十九大所部署的全面深化改革与之前阶段的改革相比，不断向深层次推进，范围不断拓宽。

（三）“全面深化改革”，中心在改革，关键在深化，重点在全面

经过几十年的实践证明，改革开放是当代中国发展进步的活力之源，是我们党和人民大踏步赶上时代前进步伐的重要法宝，是坚持和发展中国特色社会主义的必由之路。正如习近平总书记强调的，改革是一个国家、一个民族的生存发展之道。改革开放是决定当代中国命运的关键一招，也是决定实现“两个一百年”奋斗目标、实现中华民族伟大复兴的关键一招。

现在，我国改革已经进入攻坚期和深水区，改革中的矛盾只能通过改革的深化来解决。习近平总书记强调，要“处理好改革‘最先一公里’和‘最后一公里’的关系，突破‘中梗阻’，防止不作为，把改革方案的含金量充分展示出来，让人民群众有更多获得感”。这就需要进一步解放思想，破除各方面体制机制弊端。特别是要处理好“六个关系”，即处理好解放思想与实事求是的关系、处理好整体推进和重点突破的关系、处理好全局和局部的关系、处理好顶层设计和摸着石头过河的关系、处理好胆子要大和步子要稳的关系、处理好改革发展稳定的关系。强调在推进方法上要处理好政策“五大关系”，即把握好“整体政策安排与某一具体政策的关系、

---

① 《“坚持全面深化改革”的内涵和实质》，人民网，http：//theory. people. com. cn/n1/2018/0102/c40531 -29739615. html。

系统政策链条与某一政策环节的关系、政策顶层设计与政策分层对接的关系、政策统一性与政策差异性的关系、长期性政策与阶段性政策的关系”。

全面改革不是某个领域、某个方面的单项改革，而是全面的系统的改革和改进。习近平总书记在解释“全面深化改革”时指出，“全面者，就是要统筹推进各领域改革”。党的十八届三中全会确定的全面改革不仅是经济方面的深化改革，还包括政治、文化、社会、生态文明建设以及党的建设等方面的改革。

二 全面深化改革是云南跨越式发展的必由之路

习近平总书记考察云南时殷切希望云南“用全面建成小康社会、全面深化改革、全面依法治国、全面从严治党引领各项工作，主动服务和融入国家发展战略，闯出一条跨越式发展的路子来，努力成为我国民族团结进步示范区、生态文明建设排头兵、面向南亚东南亚辐射中心，谱写好中国梦的云南篇章”。这是习近平总书记着眼于新的时代背景和全国战略布局，为云南确定的新坐标、明确的新定位、赋予的新使命。

（一）全面深化改革是“四个全面”中的关键环节

全面建成小康社会、全面深化改革、全面依法治国、全面从严治党引领各项工作是指导云南跨越式发展中必不可少的指导思想，其中全面深化改革尤为重要。全面深化改革是“四个全面”战略布局中具有突破性和先导性的关键环节，是中国共产党顺应世界发展大势主动的改革、自觉的改革，是解决中国现实问题的根本途径，是抓住和用好历史机遇，抢占未来发展制高点的必然选择。中国发展到今天，发展和改革高度融合，发展前进一步就需要改革前进一步。发展是全面的，改革就是全面的。

相比之前的改革，全面深化改革有这样几个特征。一是重视统筹。改革不是单个领域体制的调整和修补，而是各方面体制与制度的创新，是全方位的改革。二是重视系统。改革不是某个领域体制改革的单向推进，而是各领域、各层次的系统推进。三是重视集成。改革不是止步于改革体制机制，而是要着眼于制度聚合与集成，形成总体性的制度成果和制度文明。

（二） 实现跨越式发展的目标迫切需要“关键一招”

牢记习近平总书记“闯出一条跨越式发展的路子来”的殷切期望和“三个定位”战略目标，顺应全省各族人民过上美好生活的新期待，加快全面建成小康社会步伐，《中共云南省委关于深入贯彻落实习近平总书记考察云南重要讲话精神闯出跨越式发展路子的决定》① 中指出云南跨越式发展的目标应该包含实现经济社会跨越式发展、成为民族团结进步示范区、成为生态文明建设排头兵、面向南亚东南亚辐射中心四个方面。

第一，努力实现经济社会跨越式发展。全省地区生产总值年均增速高于全国增速，人均地区生产总值与全国人均水平的差距明显缩小，经济总量位次力争实现前移，地方公共财政预算收入和城乡居民收入增幅高于经济增长速度。转变发展方式取得重大进展，基础设施网络更加完善，现代产业体系基本形成，城镇化水平明显提高，城乡区域发展更趋协调。

第二，努力成为民族团结进步示范区。党的民族政策全面贯彻落实，民族团结进步事业深入推进，平等团结互助和谐的社会主义新型民族关系更加巩固，各族人民和睦相处、和衷共济、和谐发展，共同守卫祖国西南边疆、共同创造幸福美好生活。

第三，努力成为生态文明建设排头兵。国家西南生态安全屏障更加牢固，生态环境持续改善，主要生态系统步入良性循环，森林覆盖率进一步提高，资源利用更加高效，能耗和主要污染物排放大幅下降，城乡人居环境不断优化，让云南的天更蓝、水更清、山更绿、空气更清新。

第四，努力成为面向南亚东南亚辐射中心。连接相邻省区、周边国家的综合交通、能源、信息等基础设施互联互通能力大幅提升，面向南亚东南亚开放的平台和窗口作用进一步增强，各类开放合作功能区基本建成，开放型经济新格局基本形成，建成对外开放新高地，服务和融入国家重大发展战略的能力水平显著提高。

实现跨越式发展目标，解决当前云南跨越式发展面临的一系列重大问

---

① 《中共云南省委关于深入贯彻落实习近平总书记考察云南重要讲话精神闯出跨越式发展路子的决定》，人民网，http：//cpc. people. com. cn/n/2015/0403/c64387 – 26797076. html。

题，继续保持经济社会持续健康发展势头，迫切要求全面深化改革。2012～2017 年，云南省把全面深化改革作为促进高质量跨越式发展的关键一招，坚决破除各方面体制机制弊端，推动各领域改革向中心聚焦、向深处发力。5 年间，省级层面共出台 1620 个改革方案，完成 9 大领域台账任务 1353 项中的 1192 项，中央部署的各项改革任务基本完成。

（三）云南跨越式发展需要继续“啃硬骨头”

改革，是决定当代中国命运的关键一招，也是云南实现跨越式发展的必由之路。党的十八大以来，云南的“成绩单”亮眼：2012～2017 年，地区生产总值年均增长 9.4%；固定资产投资年均增长 20.2%；社会消费品零售总额年均增长 12.3%；城镇居民和农村常住居民收入分别增加至 30996 元、9862 元，年均分别增长 8.8%、10.7%[①]。2018 年针对非税收入比重较高的问题，云南省出台税收增收留用及奖补办法，激发各地减少非税收入、改善投资环境和谋划产业发展、培植财源的积极性，省级财政税收收入占比在 70% 以上，县级财政税收收入占比全部提高到 50% 以上。在固定资产投资增长 11.6%、低于预期目标的情况下，实现地区生产总值增长 8.9%，地方一般公共预算收入增长 5.7%，经济转型升级初见成效[②]。取得如此成就，全面深化改革功不可没。

在取得不俗成绩的同时，云南省经济社会发展中存在一些深层次结构性矛盾和问题，制约着云南跨越式发展的进程。这些问题主要表现在：构建支撑高质量发展的现代化经济体系步伐不够快，新旧动能接续转换较慢，固定资产投资没有实现目标；城乡区域发展不平衡，基础设施欠账较多；营商环境不理想，民营经济发展不足，融资难、融资贵问题依然突出；生态环境保护形势严峻，九大高原湖泊保护治理任务十分繁重；重点领域风险防范压力较大；脱贫攻坚任务艰巨；教育、医疗、养老等公共服务供给不足，就业结构性矛盾突出；政府职能转变还不到位，部分领域行

---

① 《党的十八大以来云南全面深化改革综述（上）》，人民网，http：//yn. people. com. cn/n2/2019/0113/c378439－32523424. html。

② 《2019 年云南省政府工作报告》，云南省政府研究室网站，http：//yjs. yn. gov. cn/page? id＝443&tag＝zfgzbg。

政审批环节多、时间长、效率低，少数干部担当意识不强，一些领域不正之风和腐败现象时有发生。

云南省的发展进入了新的阶段，正如习近平总书记所言，“容易的、皆大欢喜的改革已经完成了”，体制机制的改革进入攻坚期和深水区。在新的阶段，云南跨越式发展的关键就在于攻坚克难，破除机制障碍，敢啃硬骨头，“确保干一件成一件”①。

第二节　经济体制改革

全面深化经济体制改革，就是要在加快完善社会主义市场经济体制进程中，消除一切阻碍和制约社会主义市场经济体制的因素，建设中国特色社会主义市场经济。经济体制改革滞后是云南跨越式发展的根本约束。必须加快完善云南省的产权制度和要素市场，完善各类国有资产管理体制，深化国有企业改革，全面实施市场准入负面清单制度，深化商事制度改革，打破行政性垄断，防止市场垄断，加快要素价格市场化改革，放宽服务业准入限制，完善市场监管体制，深化投融资体制改革，加快建立现代财政制度，深化税收制度改革，深化金融体制改革，健全金融监管体系，构建开放型经济新体制，才能形成跨越式发展的基础。

一　经济体制改革是全面深化改革的重点

全面深化改革，必须发挥经济体制改革的牵引作用，这是全面深化改革总体思路的核心所在。正如习近平总书记指出，“当前，制约科学发展的体制机制障碍不少集中在经济领域，经济体制改革任务远远没有完成，经济体制改革的潜力还没有充分释放出来。坚持以经济建设为中心不动摇，就必须坚持以经济体制改革为重点不动摇”②。在新的历史起点上，用

① 《习近平：对标重要领域和关键环节改革　继续啃硬骨头确保干一件成一件》，新华网，http：//www. xinhuanet. com/politics/leaders/2019 －01/23/c_1124032835. htm。

② 《习近平：切实把思想统一到党的十八届三中全会精神上来》，新华网，http：//www. xinhuanet. com/politics/2013 －12/31/c_118787463. htm。

新的发展理念统领经济社会发展，形成促进创新的体制构架，必须发挥经济体制改革牵引的作用。

云南省的发展，处在大有作为的战略机遇期，也面临着诸多矛盾叠加、风险隐患增多的挑战。特别是在经济领域，传统驱动力量明显减弱，经济发展面临增速下行和转型升级的双重压力增大。

（一）经济体制改革是云南跨越式发展的强大基础

以经济体制改革为重点牵引其他方面体制改革在云南经受过实践的检验，必须坚持。众所周知，体制机制改革是一项庞大而复杂的系统工程，涉及各个领域、各个层次。因而，在跨越式发展的初始阶段，必须以点带面逐步推及其他领域，实现全面进步。

云南的体制机制改革从经济起步，经济领域改革的成效也最为突出。云南经济体制改革稳中求进，在新发展理念的指导下，以供给侧结构性改革为主线，继续扩大有效投资，大力发展实体经济，深入发掘消费潜力，不断优化环境、激发活力、释放潜力。切实稳住有效投资、加快发展壮大新动能、着力激发市场主体活力、扩展城乡区域协调发展新空间、着眼国内市场稳就业促消费等方面云南省经济体制改革已经释放大量动力活力。

（二）经济体制改革是云南解决问题的有效途径

以经济体制改革为重点，是立足云南省作为欠发达地区所处的特定发展阶段做出的科学判断。尽管云南省 2018 年地区生产总值以 8.9% 的增长速度居于全国第三，但相较同样以跨越式发展为目标的西藏与贵州 10.0% 和 9.1% 的增长速度较低；2018 年人均地区生产总值为 3.7 万元，相较北京、上海、天津、江苏等人均地区生产总值超过 10 万元的发达地区差距依旧明显。云南省想闯出一条跨越式发展的路子来，就要准确把握云南发展的“三个定位”，达成“三个定位”要以经济建设为中心。当前，云南经济发展面临一系列不平衡、不协调、不可持续问题，这些问题的原因主要来自经济体制机制方面的障碍。只有不断深化经济体制改革，释放改革红利，才能促进经济健康稳定发展。

第一，云南省经济结构失衡。一些行业，特别是高能耗行业产能过剩、第三产业发展滞后、消费需求对经济拉动作用偏低、社会公共产品和服务供应欠缺、居民收入分配差距过大等，导致这些问题的主要原因是各级政府过多地介入经济活动和主导资源配置，政府对生产要素和资源产品价格管制太多，收入分配关系没有理顺等。所以，要调整经济结构，实现经济的再平衡，迫切需要深化行政管理体制改革、财税改革、价格改革、收入分配制度改革。

第二，云南省创新驱动力不足，经济发展质量需要进一步增强。同国内发达经济地区相比，云南省主要依靠要素驱动、投资驱动推动经济增长。由此导致云南经济发展质量不高、效益不好，过度依赖资源和环境，制造业处在产业链低端，科技对经济发展的贡献率不高。与此同时，长期依靠要素驱动来推动经济增长的惯性，形成了体制机制上适应要素驱动而不利于创新驱动的制度障碍。

第三，云南省人口、资源、环境与经济发展的矛盾日益突出。水资源、土地资源、大气资源退化问题影响着环境承载力与生态文明建设排头兵的定位。经济建设与生态建设应同步进行、经济效益与生态效益应同步提高、产业竞争力与生态竞争力应同步提升、物质文明与生态文明应同步前进。因此，要转变经济发展方式，破除体制机制障碍，推动科学发展，实现经济增长由主要依靠物质资源消耗向主要依靠科技进步、劳动者素质提高管理创新转变，实现经济转型升级。

二　坚持和完善基本经济制度

坚持和完善以公有制为主体、多种所有制经济共同发展的基本经济制度，是中国特色主义制度的重要支柱，也是社会主义市场经济体制的根基。改革开放以来，中国所有制结构逐步调整，公有制经济和非公有制经济在发展经济、促进就业等方面的比重不断变化，增强了经济社会发展活力。在这种情况下，进一步探索基本经济制度的有效实现形式，是摆在云南省面前的一个重大课题。

（一）推进混合所有制改革

党的十五大确立了社会主义初级阶段的基本经济制度，第一次提出混合所有制经济的概念，党的十八届三中全会《中共中央关于全面深化改革若干重大问题的决定》（以下简称《决定》）更为明确地提出，积极发展混合所有制经济并强调国有资本、集体资本和非公有资本等交叉持股、相互融合的混合所有制经济是基本经济制度的重要实现形式。党的十九大报告指出："深化国有企业改革，发展混合所有制经济，培育具有全球竞争力的世界一流企业。"其中"深化国有企业改革"是方向，"发展混合所有制经济"是途径，"培育具有全球竞争力的世界一流企业"是目标。积极发展混合所有制经济，对于进一步巩固和完善社会主义基本经济制度，对于保证市场在资源配置中发挥决定性作用，对于充分激发一切积极因素推动社会财富创造，对于进一步调整理顺社会利益关系，都有着非常重要的理论和实践意义。

1. 国有企业工资决定机制改革提高发展动力

为适应经济体制改革进程，自 1985 年起，云南省对国有大中型企业实行了工资总额同经济效益挂钩的办法，劳动行政部门核定企业的工资总额基数、经济效益指标基数和挂钩的浮动比例，使企业的工资总额随企业经济效益的完成情况而浮动，企业在核定的工资总额内有权根据职工的劳动贡献情况进行自主分配，一定程度上打破了工资分配的"大锅饭"和平均主义，对促进国有企业提高经济效益和调动广大职工积极性发挥了重要作用。2002 年，随着国有企业改革的深化，云南省取消了企业工资总额审批制度，劳动行政部门不再下达企业年度工资总额发放计划，不再审批企业工资总额与经济效益挂钩方案。企业的工资总额由企业根据经济效益、当地社会平均工资水平、政府颁布的工资指导线及劳动力市场工资指导价位，在工资总额增长幅度低于经济效益增长幅度，职工实际平均工资增长幅度低于劳动生产率增长幅度的前提下自主确定。

随着社会主义市场经济体制逐步健全和国有企业改革不断深化，无论是原来的工效办法还是现行的工资总额确定办法，都难以适应改革发展的需要，主要存在三个方面问题。一是市场化分配程度不高。国有企业工资分配的主体地位不突出，工资增长只与经济效益指标挂钩且工效联动滞后，没有考虑劳动力市场等因素，内部分配能增能减机制没有完全建立起来。二是工资分配秩序不规范。工资总额行政审批制度取消后，云南省国有企业工资总额在履行出资人职责单位（企业主管单位）的不同程度、不同方式的监管下发展各异。有的完全由企业自主决定，有的由企业主管部门核定，有的继续执行工资总额与经济效益挂钩政策，有的执行工资总额预算管理制度，企业工资总额确定缺乏明确的规范和依据，随意性较大，工资总额增长过快和增长缓慢的问题并存，不同行业、企业之间工资分配不合理，分配不公问题比较突出。三是监管体制尚不健全。部分省属国有企业实行工资总额预算管理，少数自律性强的企业按照“两低于”原则自主确定工资总额和工资水平，但有相当一部分国有企业特别是设区市以下国有企业工资总额处于无监管状态，管理政策“政出多门”，政府职能部门的指导监督作用未能充分发挥。这些问题不解决，不仅会影响国有企业健康发展，而且会影响社会公平正义。

云南省大力推进国有企业工资决定机制改革，激发了国有企业员工的热情，提高了国有企业员工的竞争力。一是改革工资总额确定办法。改变了过去国有企业工资总额增长同经济效益单一指标挂钩的办法，要求按照国家和云南省工资收入分配宏观政策要求，根据企业发展战略和薪酬策略、年度生产经营目标、经济效益和人力资源管理需求，综合考虑劳动生产率提高和人工成本投入产出率、职工工资水平市场对标和企业承受能力等情况，结合政府职能部门发布的工资指导线，合理确定年度工资总额。二是完善工资与效益联动机制。坚持效益导向，按照“效益增工资增、效益减工资减”的同向联动原则建立并完善了工资与效益联动机制，实现工资与经济效益同向联动、能增能减。三是建立市场对标机制。提出确定国有企业工资总额时，要加强企业人工成本投入产出率和职工工资水平与市场的对标，工资总额增减幅度与对标情况挂钩，使职工工资水平更好地与劳动力市场竞争力相匹配。

2. 国有资产监管和国有企业发展新模式构建现代产业体系

近年来，云南省按照党中央、国务院的要求，不断深化国资国企改革，国资监管体系日益完善，国有企业竞争力明显提高。统计数据显示，2017 年省属企业收入效益大幅增长，创 5 年来最好水平。2018 年继续保持了向好势头，1 ~ 10 月，省国资委出资企业（含国有独资、控股、参股）实现收入 5576. 98 亿元，同比增长 0. 85%；实现利润 117. 28 亿元；完成增加值1770.61亿元，同比增长9.25%①。云南白药在混改成功的基础上实施整体上市，为打造“千亿白药”奠定了坚实基础；诚泰集团层面混改基本完成；云南工投集团、云南城投集团混改正努力推进；省属二、三级企业混改面已超过40%。

国有企业发展仍然面临许多深层次的矛盾，一些影响制约企业发展的体制机制问题仍未根本解决。云南省国资国企改革工作存在以下六个方面的差距与不足。一是在思想观念方面，对市场经济的理解和把握不够，资本价值创造意识不强，企业创造的利润与资产、收入规模不匹配。有的企业危机意识不强，“等、靠、要”思想严重。二是在发展方式方面，仍习惯于铺摊子、上项目，依靠资源能源高消耗发展，搞低水平重复建设和价格竞争，差异化发展优势不明显。三是在创新能力方面，多数企业自主创新能力不强，基于技术进步、产品升级、品牌溢价和商业模式变革的新优势尚未形成。四是在经营策略方面，融资渠道单一，主要靠向银行借贷维持发展，多渠道资本化融资不足，资产负债率持续攀升，经营风险不断加大。五是在管控能力方面，机构臃肿、机制僵化、效率低下等“大企业病”比较严重。资源配置能力不强，协同发展效果不佳。超计划、超预算、超工期投资问题突出。六是在国资监管方面，国资监管中依然存在政企不分、政资不分，国有资产出资人监管边界不清，以及监管的科学性、针对性、有效性有待进一步提高等问题。

为了更好地促进国有企业发展混合所有制，云南省创新性地提出“1+1+X”省级国有资产监管和国有企业发展新模式。未来云南省打造一批具有核心竞争力的企业集团，全面形成具有云南特色的国有资本发展新格局，在省级层面构建具有云南特色的“1+1+X”省级国资监管和国企发展新模式，其中，第一个“1”是组建云南省国有股权运营管理有限公司，第二个“1”是组建云南省国有金融资本控股集团有限公司，“X”是改组设立若干国有资本投资公司和产业集团公司；在州市层面完善州（市）国资监管体制。根据州（市）国有经济规模、资源状况和国有企业

---

① 《改革创新提高云南省国企国资发展质量》，人民网，http://yn.people.com.cn/GB/n2/2018/1216/c378439-32415026.html。

发展水平，探索改组组建州（市）级国有资本投资、运营公司，培育打造投资融资、资本运作、资产整合平台，促进国有资本布局优化和结构调整。同时要推动州（市）、县（市、区）国有企业内部整合，促进国有资产向州（市）级投资、运营公司集中。并对州（市）、县（市、区）企业数量做了限定，助推云南省现代产业体系建设。

（二）非公有制经济健康发展

党的十八届三中全会《决定》提出公有制经济和非公有制经济都是社会主义市场经济的重要组成部分。在改革理念和改革措施方面对各种所有制经济更加公平，在保护产权、使用生产要素、参与市场竞争、法律保护、市场准入、依法监管等各方面，强调各种所有制经济平等、公平、公正、统一。废除对非公有制经济各种形式的不合理规定，消除各种隐性壁垒。从云南省的实际情况来看，非公经济挑战与机遇并存。目前，非公经济面临总量较小、结构不优、效益不高、竞争力不强的现状短期内难以改变。融资难、用地难、审批难、用人难、成本高、环保压力大等情况依然突出。

1. 非公企业规模扩大、效益增长、质量优化

在云南省民营经济平稳较快发展的大势下，一批大中型非公企业攻坚克难，积极开展技术创新、结构调整、转型升级，实现了规模的不断扩大、效益的稳步增长、质量的持续优化。2020 年云南省非公企业 100 强入围门槛为9.04 亿元，较2019 年增加了0.77 亿元，增速达9.31%。百强企业总营业收入为3435.38 亿元，较上年增加325.67 亿元，增速为10.47%，新入围的企业达40 户，营业收入超过100 亿元的企业有7 户，超过50 亿元的企业有17 户。总体来看，2019 年上半年云南省非公经济实现了平稳较快发展态势，完成增加值超过1 万亿元，达到10954.8 亿元①。

2. 非公企业发展仍需提高创新、平衡发展壮大实力

非公产业结构持续优化，发展仍不平衡。2020 年云南省百强非公企业

---

① 《2020 云南非公企业百强出炉 入围门槛突破9 亿元大关》，云南网，http://yn.yunnan.cn/system/2020/09/01/030931895.shtml。

三次产业营业收入之比分别为0.3∶56.6∶43.1。第一、第三产业入围企业还是偏少，农业龙头企业、现代服务业企业有待进一步培育壮大。第二产业主要还是集中在传统产业。民营企业发展不平衡、不充分，怒江州没有企业入围百强榜单，上榜企业主要集中在滇中地区，排名最高的地区前三位是昆明（48户）、玉溪（11户）、曲靖（13户），共有72户企业入围，营业收入占77.07%[①]。

企业创新驱动能力不足，大而不强。云南省百强非公企业参与市场竞争的能力仍然不足，企业创新能力也不足。非公百强企业54户拥有国内有效专利1929件，其中发明专利604件；百强企业研发经费投入强度为0.71%。[②]

3. 非公有制经济发展需要制度和法律的保护

习近平总书记在庆祝改革开放40周年大会上的讲话指出，“前进道路上，我们必须毫不动摇巩固和发展公有制经济，毫不动摇鼓励、支持、引导非公有制经济发展，充分发挥市场在资源配置中的决定性作用，更好发挥政府作用，激发各类市场主体活力”。鼓励、支持、引导非公有制经济发展，离不开制度和法律为其保驾护航。云南省非公有制经济发展与其他省份相比较为薄弱，要激发非公有制经济的活力实现经济跨越式发展，就需要更加完善的体制机制和法律。近年来云南省工商联与云南省法院保持着良好的沟通联络，不断深化合作领域，为营造云南省民营经济高质量发展的法治环境做出了积极的努力[③]，继最高人民检察院发布《关于充分发挥检察职能依法保障和促进非公有制经济健康发展的意见》后，云南省检察院结合省情实际发布《云南省人民检察院关于依法保障和促进非公有制经济健康发展的意见》，依法履行检察职能，充分发挥保障和促进非公有制经济健康发展的积极作用。

---

① 《2020云南非公企业百强出炉 入围门槛突破9亿元大关》，云南网，http://yn.yunnan.cn/system/2020/09/01/030931895.shtml。

② 《2020云南非公企业百强出炉 入围门槛突破9亿元大关》，云南网，http://yn.yunnan.cn/system/2020/09/01/030931895.shtml。

③ 《云南省工商联：营造民营经济高质量发展法治环境》，中国工商时报网，http://epaper.cbt.com.cn/epaper/uniflows/html/2018/11/12/05/05_44.htm。

（三）加快完善现代市场体系

市场要发挥配置资源的决定性作用，必须有一个规范有序的现代市场体系。党的十八届三中全会《决定》明确了现代市场体系特征，就是生产者自主经营、公平竞争，消费者自由选择、自主消费，商品和要素自由流动、平等交换。

应当看到，云南省市场体系还不完善，影响了资源配置效率和公平性。具体表现在以下几个方面。一是市场开放度不够。不同市场主体的市场准入条件不同，特别是一些自然垄断领域和政府特许经营领域，民营资本进入面临许多限制。二是市场竞争公平性不够，市场分割严重。三是市场运行透明度不够。尤其在招标、采购项目审批等方面。四是某些领域政府对价格干预过多。在一些基础产业和服务业领域仍然采取政府定价方式，导致价格长期扭曲和资源错配。五是要素市场发育不充分。农村土地市场、劳动力市场、资本市场、技术市场发展相对落后。

1. 建立公平透明的市场规则

实行统一的市场准入制度，在制定负面清单基础上，各类市场主体可依法平等进入清单之外领域。云南省将全面开展营商环境评价，启动“四个零”行动，持续深化“放管服”改革，增强微观主体活力①。负面清单之外“零门槛”，对所有涉及市场准入的行政审批事项按“证照分离”模式进行分类管理。收费清单之外“零收费”，专项治理对企业的各项乱收费，全面停止省级涉企行政事业性收费。对企业服务“零距离”，主动为企业解难纾困，构建亲清新型政商关系。对侵权行为“零容忍”，坚决制止对企业一切不必要的检查、督查和考核，依法保护企业家人身安全和财产安全。

全面落实准入前国民待遇加负面清单管理制度。积极利用外资是我国对外开放战略的重要内容，党的十九大报告指出，要推动形成全面开放新格局，实行高水平的贸易和投资自由化便利化政策，全面实行准入前国民

---

① 《2019 年云南“营商环境提升年”将启动“四个零”行动》，云视网，http：//www.yntv.cn/content/2019/01/325_723552.html。

待遇加负面清单管理制度，大幅度放宽市场准入，扩大服务业对外开放，保护外商投资合法权益。自 2017 年以来国务院先后下发了 3 个文件①，结合当前云南省外资发展面临的形势与面向南亚东南辐射中心的定位，听取外商投资企业和外国投资者的意见和诉求，云南省已经制定出具体举措进一步推进投资自由化和“放管服”改革，全面执行国家利用外资政策，落实准入前国民待遇加负面清单管理制度，把复制推广自由贸易试验区改革经验作为改善营商环境的重要抓手，积极优化营商环境。

推进工商注册便利化，削减资质认定项目，由先证后照改为先照后证，把注册资本实缴登记制改为认缴登记制。推进贸易流通体制改革，建设法治化营商环境。改革市场监管体系，实行统一的市场监管，厘清和废除公平竞争的各种规定和做法，反对各州（市）进行地方保护，反对垄断和不正当竞争。建立健全社会征信体系，褒奖诚信，惩戒失信。健全优胜劣汰市场退出机制，完善企业破产制度。

2. 完善主要由市场决定价格的机制

应大力推进水、石油、天然气、电力、交通、电信等领域价格改革。以上领域往往是自然垄断环节与竞争性环节并存，而处于竞争性环节的价格应当经由市场形成。这些领域基本仍由政府定价。随着技术进步和管理方式的改进，有些原来属于不可竞争的变得可以竞争了，竞争性环节的范围相应扩大。必须加快这些领域的价格形成机制改革，放开竞争性环节价格，尽可能由市场定价。

当前，制约资源要素自由流动的价格机制障碍还没有完全消除，资源环境成本在价格形成中还没有充分体现，公平竞争的市场价格环境还不够完善，企业反映突出的价格收费问题还需要着力有效解决，民生价格稳定长效机制还不够健全，损害群众利益的价格违法行为还时有发生。站在新起点、迈进新时代，云南省必须进一步深化垄断行业价格改革，按照“管住中间、放开两头”的总体思路，深化垄断行业价格改革，能够放开的竞争性领域和环节价格，稳步放开由市场调节；保留政府定价的，建立健全

① 《国务院关于扩大对外开放积极利用外资若干措施的通知》（国发〔2017〕5 号）、《国务院关于促进外资增长若干措施的通知》（国发〔2017〕39 号）、《国务院关于积极有效利用外资推动经济高质量发展若干措施的通知》（国发〔2018〕19 号）。

成本监审规则和定价机制，推进科学定价。加快完善公用事业和公共服务价格机制，区分竞争性与非竞争性环节、基本与非基本服务，稳步放开公用事业竞争性环节、非基本服务价格，建立健全科学反映成本、体现质量效率、灵活动态调整的政府定价机制，调动社会资本积极性，补好公用事业和公共服务短板，提高公共产品供给能力和质量。

3. 建立城乡统一的建设用地市场

随着城镇化的推进，云南省土地使用的矛盾凸显，党的十八届三中全会《决定》精神，在符合规划和用途管制前提下，允许农村集体经济建设用地出让、租赁、入股，实行与国有土地同入同权同价，使农村集体经营性建设用地可以在更多的市场主体间、在更宽的范围内和更广的用途上进行交易。完善被征地农民合理、规范的多元保障机制。扩大国有土地有偿使用范围，完善土地租赁、转让、抵押二级市场。

全省深化农村土地制度改革，完善落实集体所有权、稳定农户承包权、放活土地经营权的政策体系，健全土地流转规范管理制度，发展多种形式农业并进行适度规模经营，允许承包土地的经营权担保融资。坚持农村土地集体所有，防止非农化，保障农民土地权益，不得以退出承包地和宅基地作为农民进城落户条件。深入推进农村集体产权制度改革试点，推动资源变资产、资金变股金、农民变股东。推进集体林权、农业水价、农垦、供销社、农业科技体制等改革。云南省大理市作为全国33个农村土地制度改革试点区域，在集体经营性建设用地可入市，与国有建设用地使用权同等入市、同权同价，被征地农民收益比例将提高；补偿标准应考虑土地用途区位等情况、宅基地推进自愿有偿退出机制；转让仅限在本集体经济组织内部等三个政策上进行试点。

4. 发展技术市场

发挥市场对技术研发方向、路线选择、要素价格、各类创新要素配置的导向作用。强化企业在技术创新中的主体地位，发挥大型企业创新骨干作用，激发中小企业创新活力，推进应用技术研发机构市场化、企业化改革。加强知识产权运用与保护，健全技术创新激励机制，探索建立知识产权法院。打破行政主导和部门分割，建立主要由市场决定技术创新和经费分配、评价成果的机制。改善科技型中小企业融资条件，完善风险投资机制，创新商业模式，促进科技成果资本化、产业化。

三　加快转变政府职能

全面正确履行政府职能是处理好政府和市场关系，使市场在资源配置中起决定性作用和更好发挥政府作用的关键。云南省政府职能的转变虽然取得很大进展，但仍滞后于其他省区市，滞后于市场经济发展和资源配置的要求。主要表现在以下三点。一是政府越位、缺位、错配并存，对微观干预较多，有效宏观调节偏少；利用行政手段较多，利用经济手段、法律手段较少；事前审批过多，事中事后监管较少。二是审批事项过多，效率低下，审批过程不透明，缺乏约束监督。三是有法不依、执法不严现象普遍，缺乏问责机制。因此，必须切实转变政府职能，深化行政体制改革，创新行政服务方式，增强政府公信力和执行力，建设法治政府和服务型政府。

从云南省市场经济体制改革的实践来看，企业改革、市场建设和政府管理体制都取得了重大的进展。相比之下，政府职能的转变，滞后于企业改革和市场体系建设，存在明显的不适应。深化经济体系改革，迫切需要加快转变政府职能。

（一）健全宏观调控体系

云南省现有宏观调控体系与跨越式发展的要求相比还存在一些亟待完善的问题。在宏观调控目标方面，宏观目标与微观指标界限及关系不够清晰，微观指标较多，体现发展质量和效益、人民生活、生态建设的具体指标不足；在宏观调控的手段上，市场化工具不完善，行政手段使用仍然较多，政策之间效应相互抵消或负面效应叠加时有发生；在决策支撑方面，统计指标不完善，政策研究不够系统，智库作用发挥不够，社会参与度有待提高；在宏观调控机制方面，决策机制、实施机制不足，政策传导机制不畅，统筹协调作用有待加强。因此，必须紧紧围绕使市场在资源配置中起决定性作用，加强宏观调控，有效解决这些问题。

（二）全面正确履行政府职能

首先，要进一步简政放权，解决越位问题。其次，完善政府治理职能。解决在履责方面缺位问题。要加强跨越式发展战略、规划、政策、标准等制定和实施，加强市场活动监管，加强各类公共服务提供，实行政府有效的治理，在促进经济持续健康发展、创造公平竞争的市场环境、保持社会和谐稳定方面发挥政府的作用。

四　健全城乡发展一体化体制机制

城乡发展不平衡、不协调是云南省跨越式发展存在的突出问题，云南省农村面貌发生了翻天覆地的变化，但是城乡发展差距不断拉大的趋势没有根本扭转，要解决这些问题，必须推进城乡发展一体化。

实现城乡发展一体化，是经济社会发展的内在规律，是云南现代化建设的重要内容和发展方向。从理论上讲，工农关系、城乡关系的内在联系决定了城乡要一体化发展。农业和工业是人类社会发展的两个支柱产业，农业和城市是人类经济社会活动的两个基本区域。工业和农业之间、城市和农村之间存在内在的、必然的、有机的联系，彼此是相互依赖、相互补充、相互促进的。农业和农村发展，离不开工业和城市的辐射和带动；同样，工业和城市发展，也离不开农业和农村的支撑和促进。城乡一体化发展，就是把工业和农业、城市和农村作为一个有机统一整体，充分发挥彼此相互联系、相互促进的作用，特别是充分发挥城市对农业和农村发展的辐射和带动作用，实现工业与农业、城市与农村协调发展。

云南省城乡发展一体化的主要障碍是城乡二元结构。在制度上仍然存在把城镇居民和农村居民在身份上分为两个截然不同的社会群体，公共资源和基本公共服务等向城镇和城镇居民倾斜，农村得到的公共资源和农村享有的基本公共服务明显滞后于城镇和城镇居民，农民不能参与现代化进程、共同分享现代化成果。这种以城乡分割为特征的城乡二元结构不破除，城乡发展一体化就实现不了。因此云南省跨越式发展中必须破除城乡二元结构，形成以工促农、以城带乡、工农互惠、城乡一体的新型工农城乡关系，实现城乡一体化。

（一）赋予农村更多财产权利

赋予农村更多财产权利是云南省增加农民收入和财富、缩小城乡收入差距的必然要求。农业农村问题，核心是农民收入问题。农民收入水平低、增长慢，城乡居民收入差距大，不仅不利于农村农业发展和农民生活水平的提高，而且制约内需特别是消费需求扩大和经济高质量增长。赋予农民更多财产权利，在内涵上就是要保障农民依法享有平等的财产权利。一是通过积极发展农民股份合作，赋予农民对集体资产占有、收益、有偿退出及抵押、担保、继承权，使农民依法获得集体资产股份分红收益；二是充实农民土地使用权权能，赋予农民对承包地占有、使用、收益、流转及承包经营抵押、担保权能，允许农民承包经营权入股发展农业产业化经营，使农民依法获得土地股权投资收益；三是鼓励承包经营权向专业大户、家庭农场、农民合作社、农业企业流转，使农民依法获得土地流转收益；四是保障农户宅基地用益物权，改革完善农村宅基地制度；五是允许农村集体经营性建设用地出让、租赁、入股，实行与国有土地同等入市、同权同价，兼顾国家、集体、个人的土地增值收益分配机制，合理提高个人收益，使农民公平分享土地增值收益，推动财产真正成为农民发展和致富的重要手段。

（二） 推进城乡要素平等交换和公共资源均衡配置

要推进云南省城乡要素平等交换，必须维护农民生产要素权益。保障农民工同工同酬，就是要改革城乡不平等就业和劳动报酬制度，使农民工享有同城镇职工同等的劳动报酬权益；保障农民公平分享土地增值收益，提高农民在土地增值收益中的分配比例；保障金融机构农村存款主要用于农业农村，就是要完善农村金融服务渠道和体系，使金融机构从农村吸收的存款主要用于农业农村发展。

（三） 推进城乡要素基本公共服务均等化

云南省要统筹城乡基础设施建设和社区建设，大力推动社会事业发展和基础设施建设向农村倾斜，加大公共财政农业农村基础设施建设覆盖力度，统筹城乡义务教育资源均衡配置，健全农村医疗卫生服务体系，实施农村重点文化惠民工程，健全新型农村社会养老保险政策体系，加快农村社会服务体系建设，完善城乡均等的公共就业创业服务体系，整合城乡居民基本养老制度、基本医疗保险制度，推进城乡最低生活保障制度统筹发展，努力缩小城乡差距。

（四） 完善城镇化健康发展的体制机制

农村城镇化的推进，对于支撑云南省跨越式发展，形成城乡一体、工农互动的新格局，具有十分重要的意义。推进以人为核心的城镇化，要重点解决人、地、钱三个问题。首先要解决云南省“人”的问题，需要推进农业转移人口市民化，逐步把符合条件的农业转移人口转为城镇居民，加快户籍制度改革。稳步推进城镇基本公共服务常住人口全覆盖，让农业转移人口在城镇能够进得来、住得下、融得进、能就业、可创业。其次要解决“地”的问题，需要健全用途管制，守住耕地红线，从严合理提供城市建设用地，有效调节工业用地和居民用地比价。最后要解决云南省“钱”的问题。需要云南省创新政府融资方式，允许社会资本通过特许经营方式参与城市基础设施投资和运营，创新建立城市基础设施、住宅政策性金融机构的体制机制。

五　深化财税体制改革

财政收支的规模和范围，实质上就是政府作用的具体体现，无论是市场在资源配置中起决定性作用，还是更好发挥政府作用，都需要对财税体制进行相应的改革和调整。近年来，云南省财政收入大幅增长，政府的调控能力显著增强。但随着形势发展变化，现行体制不适应、不完善的问题日益凸显，必须进行改革。

总体上看，现存的主要问题和弊端突出表现在以下几个方面。一是政府财政支出的公共性不够，财政资金供给中存在“越位”与“缺位”并存的现象。二是财政预算管理制度的完善性、科学性、有效性和透明性不够。三是税收制度不适应现阶段跨越式发展的新形势、新要求。四是事权与支出责任划分存在不清晰、不合理、不规范等问题，转移支付制度不完善，专项转移项目过多，资金分散，不利于建设财力与事权相匹配的财政体制，以及推进基本公共服务均等化。

（一） 改革政府预算管理制度

构建现代政府预算制度是现代财政制度的基础和重要内容，预算编制科学完善、预算执行规范有效、预算监督公开透明及三者的有机统一衔接、相互补充制衡是现代预算管理制度的核心内涵。云南省改革预算管理制度的目标，就是要建立完善、规范、透明、高效的现代政府预算管理制度。

自党的十八届三中全会提出全面深化财税体制改革以来，云南省稳步推进各项改革任务，经过不断努力，预算制度改革取得突破性进展，初步建立起符合云南实际和特点的预算制度主体框架，有力推动了全省经济社会健康有序发展。但随着改革不断推进，预算管理中的矛盾和薄弱环节也日益凸显，主要表现在：预算编制和控制方式不够科学，预算约束力不强，项目支出前期工作和项目库建设粗放、预算执行进度偏慢、财政资金使用管理不严、预算绩效管理水平不高等，需要持之以恒深化改革、加强管理。

党的十九大提出要加快建立现代财政制度，并明确了深化财税体制改革的目标要求和主要任务。加快建立现代预算制度，是加快国家治理体系和治理能力现代化进程的必然要求；是进一步深化财税体制改革，加快建立现代财政制度，更好发挥财政职能职责和治理作用的迫切需要；是加快转变经济发展方式，扎实推进新时代云南高质量跨越式发展、决胜全面建成小康社会、谱写中国梦云南篇章的重要保障。

（二） 完善税收制度刻不容缓

近几年来，云南省各级税务机关积极探索，相继推出了纳税人上门申报纳税制度、征管查分离模式，以及征管基础制度、工作规程建设等方面的改革措施，有效地提高了征管的质量和效率。但是，受主客观因素的限制，在征管改革的内容上还不够规范、统一，方法上还不够严谨、周密，操作上不够协调、配套。随着社会主义市场经济体制的建立和发展，特别是新税制的全面实施，税收征管中的问题和矛盾日益突出。

表现在税务机关包揽大量纳税事务，征纳双方责权不清，税收执法缺乏刚性，监控力度不强，征管机制运转不灵，征管手段落后，信息传递不畅。这种状况不改变，必将阻碍新税制的正常运行，影响国家财政收入的增长。因此，对税收征管进行全方位的改革势在必行，刻不容缓。

（三）建立事权和支出责任相适应的制度

自分税制改革以来，云南比照中央对省的财政管理方式，对省以下各级政府间的财政事权与支出责任进行了笼统划分，较好地适应了当时的经济社会发展需要，为云南全面建成小康社会提供了较好的财力保障。

面对云南实现跨越式发展的新形势、新任务，特别是随着全面深化改革的加速推进，现行的省以下各级政府之间的财政事权和支出责任划分的弊端日益显现，突出表现在：政府职能定位不清，一些本可由市场或社会提供的事务，财政包揽过多，同时一些本应由政府承担的基本公共服务，财政承担不够；省以下财政事权和支出责任划分不尽规范，有的财政事权和支出责任划分缺乏法律依据；一些本应由省级直接负责的事务交给下级承担，一些宜由下级负责的事务，省级承担过多，不少省级和下级提供基本公共服务的职责交叉重叠，导致财政资金安排缺位、错位与越位并存，降低了行政运行效率。

这些状况不利于充分发挥市场在资源配置中的决定性作用，不利于推动国家治理体系和治理能力现代化，因此，必须加快推进省以下财政事权和支出责任划分改革。通过财政事权和支出责任划分改革，有力解决当前政府间财政事权和支出责任划分中存在的不清晰、不合理、不规范问题，不断规范政府在市场关系中的职能定位，有效提高政府提供基本公共服务的能力。

六　构建开放型新经济体制

实施“走出去”战略是中国构建开放型经济新格局的重要组成部分，是中国对外开放新阶段的必然选择，也是中国积极参与和推动经济全球化的重要方式。党的十九大报告中习近平总书记指出“中国开放的大门永远不会关上，只会越开越大”。当前，我国对外开放面临区域经济合作发展迅速、经济全球化出现新动向、国际比较优势发生变化等新形势、新挑战，必须积极构建开放型新体制，加快培育和引领国际经济合作竞争新优势。

云南跨越式发展中“主动服务和融入国家发展战略”“面向南亚东南亚辐射中心”等必然要求的实现急需新型开放体制的助力。当前，云南省开放型经济还存在不少发展中的瓶颈和问题，比如：外资管理体制改革相对滞后，营商环境有待进一步改善；沿边优势不明显，辐射中心作用不突出；对外贸易面临转型升级，需要培育新的竞争优势等。

（一）“一带一路”是跨越式发展的重大机遇

主动服务和融入国家发展战略，全力参与“一带一路”建设，是云南服务国家大局义不容辞的政治责任和历史使命，也是云南跨越式发展的重大机遇。因此迫切需要深化改革，加快构建开放型经济新体制，按照习近平总书记对云南发展做出的战略定位，抓住新一轮扩大开放新机遇，把握下一阶段推动共建“一带一路”向高质量发展转变的基本要求，找准对接点、着力点，以扩大开放推动改革深化，以主动开放赢得发展先机。

近年来，云南本着共商、共建、共享的原则，积极参与“一带一路”建设，着力推进政策沟通、设施联通、贸易畅通、资金融通和民心相通，展现了“一带一路”建设的云南作为①。其中，贸易畅通方面，云南拥有25个国际口岸，贸易伙伴覆盖全球，积极提高通关便利化水平，全面开展了瑞丽国家重点开发开放试验区、临沧国家级边境经济合作区建设，红河综合保税区正式封关运营，勐腊（磨憨）重点开发开放试验区、昆明综合保税区获得国家批复，成功举办了中国—南亚博览会和中国昆明进出口商品交易会。资金融通方面，云南沿边金融综合改革试验区建设稳步推进，跨境人民币业务已覆盖75个国家和地区，过去3年跨境人民币结算总金额接近3000亿元。一批外资金融机构入驻云南，中国建设银行泛亚跨境金融中心落地昆明。

---

① 《“一带一路”建设的云南作为》，人民网，http：//yn. people. com. cn/GB/n2/2017/0515/c378439 - 30180180. html。

（二）跨越式发展需要更加创新沿边开发开放模式

改革开放以来，云南省沿边地区经济社会发展取得长足进步，人民生活水平显著提高。随着“一带一路”、长江经济带等国家发展战略的深入实施，云南省发展空间越来越广阔。沿边地区经济社会发展既面临难得的历史机遇，也面临诸多风险挑战，迫切需要加快开发开放步伐。西部大开发战略的深入实施以及兴边富民、扶贫开发等一系列重大举措的深入推进，有效促进了云南省沿边地区经济社会的发展。

云南省沿边地区开发开放取得一定成绩，面临诸多有利机遇，但受自然条件、历史基础和周边环境的影响，沿边地区开发开放还面临不少困难。主要表现为开放的意识不强，建设发展投入不足，基础设施相对落后，产业结构不合理，人口和经济聚集度较低，人才严重短缺，对外经贸规模总体偏小，国际经贸合作层次不高，贸易投资便利化水平亟待提升。沿边地区开放的载体和平台机制功能较弱，各类口岸、边（跨）境经济合作区、边境展会等开发开放载体的功能尚不完善，发展定位不清晰，协同能力较低。

解决好上述问题需要积极探索沿边地区开发开放新模式、新经验、新体制，务实推动沿边地区经济社会协调发展。深入实施沿边金融综合改革，推动开展跨境人民币业务创新；支持沿边州、市人民政府与毗邻国家有关部门和地方政府建立健全经贸协调机制；依托“央企入滇”“民企入滇”“外企入滇”等工程，开展精准招商，重点引进一批龙头企业和重大项目落户沿边地区；积极支持沿边州、市开展干部人事制度改革，积极探索建立适应沿边地区发展的人才培养机制和考核机制，制定实施与推进沿边地区开发开放相适应的特殊人才政策，打通沿边地区与境内外人才合作双向流动渠道。

（三）推进辐射中心建设需要更加开放的体制机制

云南是中国面向南亚东南亚开放的辐射中心，位于孟中印缅经济走廊和中国—中南半岛经济走廊接合部，在“一带一路”国家战略中具有重要地位。改革开放40多年来，云南从开放的末端转身走到开放的前沿，建设面向南亚东南亚辐射中心的步伐正不断加快。通过辐射中心指数[①]的测算可以看出，首先，云南省对南亚东南亚国家的辐射规模逐年扩大。从辐射规模发展分项指数来看，指数的年均增长率在12%以上，充分表明云南对南亚东南亚地区的辐射规模及范围逐年扩大，主要表现在云南省对越南、缅甸、老挝、泰国等国家进出口贸易总额、游客及货物贸易总量的稳步增长。其次，云南省加快重点产业发展战略取得良好成效。从辐射能力发展分项指数来看，指数的年均增长率在13%左右。主要表现在经济总量的快速增长与产业结构的较好转型，全省地区生产总值年均增长率在全国处于较高水平，表明加快重点产业发展战略取得了良好成效，产业结构逐渐趋向合理，充分释放了产业发展潜力，产业经济发展取得长足进步。最后，“五网建设”有力支撑了辐射中心建设。从辐射基础发展分项指数来看，指数年均增长率保持在6%以上。表明随着全省交通基础设施投资的持续增加，公路网、铁路网及航空网等交通基础设施得到空前发展，立体化综合交通网络已逐渐成形。初步建成外接东南亚、南亚，内连西南及东中部腹地的综合交通体系，有效支撑了辐射中心建设。

建设面向南亚东南亚辐射中心，需要进一步扩大开放，建设开放型经济。为此，云南要深化开放管理体制改革，清理、废止、修改和制定一批适应新形势的加快外经贸发展的地方性法规和政策，加快要素跨境自由流动和资源优化配置。依托中国—南亚博览会，积极打造面向南亚东南亚的贸易、投资、服务合作与发展平台，为中国与南亚东南亚企业相互合作、资源双向流动架起桥梁。充分利用云南丰富的资源优势，大力发展优势特色产业，促进产业结构转型升级。大力发展现代农业，加快发展现代制造业，提高服务业档次和现代化水平。不断推进外向型经济园区建设，建设一批特色监管区和出口加工基地，加强与南亚东南亚各国的产业互动，搞好产业对接，积极参与国际分工。切实转变外贸增长方式，大力发展服务贸易和技术贸易，进一步扩大对外贸易规模。打造一批外向型重点产业和重点企业，提高云南产品对南亚东南亚的市场

① 戢晓峰、普永明、郝京京：《中国面向南亚东南亚辐射中心发展指数的测度方法》，《昆明理工大学学报》（社会科学版）2018年第1期。

占有率。进一步改善投资环境，探索建立以准入前国民待遇加负面清单为核心的管理新体制，积极推进中国（云南）沿边自由贸易区建设。加大招商引资力度，扩大利用外资规模。加大“走出去”力度，大力推动云南优势企业按照国际通行规则到南亚东南亚开展对外投资、工程承包、设计咨询和劳务合作。加强外向型人才队伍建设，大力引进、培养和利用一批外向型人才。加大对涉外经济活动的监管力度，减少经贸合作的摩擦和风险。

第三节　政治体制改革

全面深化政治体制改革，就是要在长期坚持、不断发展我国社会主义民主政治进程中，消除一切阻碍和制约社会主义民主政治体制的因素，积极稳妥推进社会主义民主政治制度化、规范化、程序化，保证人民依法通过各种途径和形式管理国家事务，管理经济文化事业，管理社会事务，巩固和发展生动活泼、安定团结的政治局面。云南必须要加快党领导下民主制度建设，加强人民当家作主制度保障、加强发挥社会主义协商民主重要作用，深化依法治国实践，深化机构和行政体制改革，加强巩固和发展爱国统一战线，才能强化跨越式发展的政治体制基础。

一　法治中国建设与云南政治体制改革

改革开放40多年来，从加强社会主义法制成为我们党的一项方针到依法治国成为党领导人民治理国家的基本方略、法治是治国理政的基本方式，从加强法制到依法治国再到全面依法治国，我们党对全面依法治国与改革开放伟大实践、与社会主义现代化建设、与中国特色社会主义伟大事业之间密切关系的认识不断深化，对社会主义法治建设规律的把握日益深入。习近平新时代中国特色社会主义思想，把全面依法治国纳入“四个全面”战略布局，提出全面依法治国是中国特色社会主义的本质要求和重要保障，将坚持全面依法治国确立为新时代坚持和发展中国特色社会主义的十四条基本方略之一，成为我们在新时代新征程上坚定不移厉行法治、建设社会主义法治国家的思想之基和动力之源。

实现发展必须发挥法治的引领和规范作用。党的十九大报告提出中国特色社会主义进入新时代，这不仅明确了我国发展新的历史方位，也明确了全面推进依法治国、建设社会主义法治国家新的历史方位。报告提出全面依法治国是中国特色社会主义的本质要求和重要保障的重大论断。将全面依法治国与中国特色社会主义的本质联系起来，意味着坚持中国特色社会主义就必须坚持全面依法治国。

云南省要实现发展必须更好地发挥法治的引领和规范作用。首先必须坚持立法先行，深入推进科学立法、民主立法，抓住提高立法质量这个关键，完善立法体制机制，坚持立改废释并举，增强法律法规的及时性、系统性、针对性和有效性。其次要主动适应改革和经济社会发展需要。增强立法的主动性，对各方面、各地方提出的创新需求，应当从立法上及时研究提出解决问题的路径和办法；增强立法的及时性，对于经济社会发展特别是全面深化改革迫切需要的立法，必须反应灵敏，适时立项，及时启动立法程序，积极回应社会呼声和人民诉求；增强立法的系统性，综合运用制定、修改、废止、解释等多种形式，做到各项制度相互衔接、统筹协调、形成合力；增强立法的针对性，紧紧围绕经济社会发展中迫切需要解决的现实问题开展立法工作，使法律规定的内容科学合理协调利益关系，真正解决现实问题；要增强立法的有效性，研究清楚法律所调整的社会关系，将各种可能的情况都尽量考虑到，科学严密地设计法律规范。最后必须深化行政执法体制改革。这对于加快政府职能转变，推进法治政府建设，提高政府治理能力，具有重要意义。明确划分执法权限，坚持事权、财权和责任相统一的原则，深化“放管服”改革，推进机构撤并整合，实现“削权拆庙”，合理配置执法力量；整合基层执法队伍，强化基层执法力量，大幅度减少市县执法队伍种类，推行相近领域和机构的综合执法；创新行政执法方式，充分运用物联网、互联网、大数据等手段，探索执法新机制新方式，不断提高行政执法效能。

二 强化权力运行制约和监督体系对脱贫工作意义重大

中共十八届三中全会《决定》提出，要强化权力运行制约和监督体系，形成科学有效的权力制约和协调机制，加强反腐败体制机制创新和制度保障，健全改进作风常态化制度。坚定地推进行政管理体制改革是时代的要求，这场改革必然涉及权力问题，将使权力运行制约和监督问题更加凸显。

权力的专横与腐败不仅导致政府低效无能，而且还侵犯了法律的尊严，权力失范现象愈演愈烈。因此，对权力运行制约和监督问题的研究已经成为我国行政管理领域的重要课题。云南省跨越式发展的道路上政府的廉洁与高效是必不可缺的，离开了权力运行制约和监督体系，跨越式发展只能是空谈，因此云南省跨越式发展迫切需要深化政治体系改革强化权力制约和监督体系以增强市场运作效率和政府公信力。

在全面建成小康社会的攻坚期，云南省脱贫任务重大，更加需要廉洁与高效的政府保驾护航、脱贫摘帽。但当前云南省“太平官”“糊涂官”“庸懒官”等现象频出，不作为、乱作为、慢作为等作风问题突出，拖慢了脱贫攻坚的速度。要破解云南省公共权力运行中存在的问题，需要在总结实践经验的基础上创新权力运行制约和监督机制，探索新的路径。实施更加清晰合理的权力配置、更加科学规范的权力运行机制、更加健全的行政伦理、更加多元的权力评估、更加法治化的僭权制裁，确保实现云南跨越式发展，如期全面建成小康社会。

三　加强社会主义民主政治制度建设构建服务型政府

习近平总书记所做的党的十九大报告对决胜全面建成小康社会，奋力夺取新时代中国特色社会主义伟大胜利做出了重大战略部署，规划了全面建成社会主义现代化强国的宏伟蓝图。在这个凝聚着全党全国人民伟大梦想的宏伟蓝图中，“健全人民当家作主制度体系，发展社会主义民主政治”居于重要地位，具有重大意义。

人民满意的服务型政府是发展社会主义民主制度的必要前提条件。完善的社会主义民主制度是服务型政府的应有要素；两者相互促进、相互完善，一方的不足必然影响另一方的健康发展。提供制度基础的综合性改革是新时代全面深化改革的关键任务，因此云南省当前需要下功夫解决好人民民主的制度建设问题，从而更好地打造人民满意的服务型政府。党的十八大以来，云南省始终把“放管服”改革作为转职能、提效率、激活力、促发展的重要抓手全面推进，简政放权扎实有效，商事制度改革持续深化，企业税费负担明显降低，市场监管得到加强，政务服务不断优化，“放管服”改革取得显著成绩。

第四节　社会体制改革

全面深化社会体制改革，就是要在加快建设社会主义和谐社会进程中，消除一切阻碍和制约社会主义和谐社会体制的因素，云南必须加快构建社会稳定机制、司法体制和公共服务体系，才能形成跨越式发展的社会体制基础。

一　社会体制改革任务迫切而繁重

从实践发展看，云南省社会体制改革任务迫切而繁重。总体上讲，这是因为，一方面，工业化、城镇化、市场化、信息化、国际化进程加快，在给云南跨越式发展带来强大动力的同时，也带来了一系列新的社会矛盾和问题；另一方面，是因为存在社会结构失衡、社会秩序失范和社会利益失调等影响跨越式发展的诸多问题。因此，云南跨越式发展中缺少社会体制改革同步推进很难实现在经济高质量发展的同时推动社会协调发展、促进社会公平正义、维护社会和谐稳定。

二　扎实推进维稳工作机制改革

云南省在全国率先实行反恐工作履职报告、问题通报、诫勉谈话、过错问责等“四项制度”，着力加强基础设施建设，有效提高反恐预警预防能力；健全完善矛盾纠纷多元化解机制，加大群体性事件源头治理、动态管理、应急处置力度；全面推行网上信访模式，健全进京非访突出问题整治会商协调机制，信访秩序持续好转；出台加强物流安全管理工作实施意见，总结推广昆明市物流分拣中心、玉溪市智慧物流、德宏傣族景颇族自治州实名制等经验，推动实名收寄、收寄验视、过机安检等安全管理措施落实，从源头上防范危险化学品、涉枪涉爆涉毒物品漏管失控等突出安全隐患。

三 健全社会公共安全体系

建立公民、法人和其他组织统一社会信用代码制度和守信联合激励、失信联合惩戒制度，以西双版纳傣族自治州农村信用体系建设为试点，加快推进社会信用体系建设步伐，目前已为全省 1848 万余自然人、16 万余户企业建立了信用档案，2016～2018 年，全省金融机构运用信用报告实现不良贷款清收 80 亿余元①；着力构建以 3 层防控圈、6 张防控网和 5 项工作机制为支撑的立体化社会治安防控体系，全省公共安全视频监控探头基本实现重点区域全覆盖；创新基层网格化管理社会化服务模式，确定 30 个区县示范开展基层综合服务管理平台建设，保山市“6995”网格化服务管理新模式在全省推广、全国交流；健全食品药品监管体系和安全生产预防控制体系，建立“1＋3＋5”安全生产大检查长效机制，对全省 18057 户重点监管对象进行常态化动态监管，对一批不良生产记录企业实施黑名单管理。

四 提升管理效能和服务水平

出台城乡居民基本养老保险实施办法，制定社会救助实施办法，“十二五”期间全省累计发放社会救助资金 560 亿元，基本建成制度健全、覆盖城乡、解急救难、托底有力的新型社会救助体系；建立城乡统一，全户口登记制度，在昆明市西山区、呈贡区开展积分落户试点，促进农业转移人口进城落户，累计办理农转城 600 余万人，全省城镇化率较 2014 年上升 2.6 个百分点；健全特殊人群关怀帮扶、救治管理体系，努力做到“应检尽检、应治尽治、应管尽管”，在 25 个市区县开展未成年人司法项目建设试点；全面开展社会组织直接登记、行业协会商会与行政机关脱钩等改革，进一步简化居民出入境办证手续，在全国率先实施出入境证照免费快

① 《云南：综合施策主动作为推进社会体制改革》，人民网，http：//yn.people.com.cn/GB/n2/2016/1025/c378439－29196933.html。

递业务，开展小型汽车驾驶证自学直考试点，推出网上处理交通事故、身份证异地办理等服务新举措。

五　深化司法体制改革

云南省在首批 12 家法院、检察院开展完善司法责任制等四项改革试点，试点工作在全省法院、检察院全面推开；开展法官、检察官额制改革，全省法院、检察院按照 34% 的比例，分三批进行法官、检察官遴选，办案队伍结构进一步优化；出台法官、检察官权力清单、错案责任追究、案件质量终身负责等制度规定，积极探索内设机构大部门制改革和办案组织扁平化模式，办案质量与效率双提高；在全国率先建立非法干预司法行为登记查处制度，严肃查办了一批典型案件，健全行政执法与刑事司法衔接机制，全省已有 1827 个行政执法部门接入信息共享平台；全面推行立案登记制度改革，86 家法院通过淘宝网进行司法拍卖，深入推进涉法涉诉信访改革，“弃访转法”局面正逐步形成。

第五节　文化体制改革

全面深化文化体制改革，就是要在大力发展社会主义先进文化、建设社会主义精神文明的进程中，消除一切阻碍和制约社会主义先进文化管理体制的因素。云南必须要加快完善公共文化服务体系，深入实施文化惠民工程，丰富群众性文化活动，加强文物保护利用和文化遗产保护传承，健全现代文化产业体系和市场体系，创新生产经营机制，完善文化经济政策，培育新型文化业态，广泛开展全民健身活动，加快推进体育强国建设，推进国际传播能力建设，讲好中国故事，提高文化软实力，才能形成跨越式发展的文化体制基础。

一　完善文化管理体制

文化建设是中国特色社会主义“五位一体”总体布局的重要内容，文化体制改革是我国全方位改革事业的重要组成部分。按照党的十八大关于全面深化改革开放的目标任务和扎实推进社会主义文化强国建设的总体要求，党的十八届三中全会《决定》对推进文化体制机制创新做出新的重大战略部署，鲜明提出，建设社会主义文化强国，增强国家文化软实力，必须坚持社会主义先进文化前进方向，坚持中国特色社会主义文化发展道路，巩固马克思主义在意识形态领域的指导地位，巩固全党全国各族人民团结奋斗的共同思想基础。坚持以人民为中心的工作导向，坚持把社会效益放在首位、社会效益与经济效益相统一，以激发全民族文化创造活力为中心环节，进一步深化文化体制改革。这为我们在新的起点上加快文化改革发展指明了前进方向。

二　健全现代文化市场体系

习近平总书记在全国宣传思想工作会议上指出，要推动文化产业高质量发展，健全现代文化产业体系和市场体系，推动各类文化市场主体发展壮大，培育新型文化业态和文化消费模式，以高质量文化供给增强人们的文化获得感、幸福感。

当前，文化产业面临着高质量发展的需求，在文化与科技等行业融合趋势凸显、文化产业内部结构调整升级、文化消费模式和需求发生变化的新时期，现代文化产业体系和市场体系的构建和完善也面临着新的挑战。云南省作为欠发达地区本身拥有着民族文化多样性的优势，在文化产业上具有重大潜力，但是在将优势转换为经济价值助力跨越式发展的过程中，受到文化市场机制不健全的制约，转换的效率低下。

三　构建现代公共文化服务体系

党的十八大以来，以习近平同志为核心的党中央站在时代高度，对现代公共文化服务体系建设做出了一系列重要部署。党的十八大将公共文化服务体系建设作为全面建成小康社会的重要内容，明确提出了到 2020 年“公共文化服务体系基本建成”的战略目标。党的十八届三中全会将构建现代公共文化服务体系、促进基本公共文化服务标准化均等化作为全面深化改革的重点任务之一。紧紧围绕“四个全面”战略布局，加快构建覆盖城乡、便捷高效、保基本、促公平的现代公共文化服务体系，是当前各地各级文化部门的重要战略任务。

截至目前，云南省新建和改扩建了一批图书馆、文化馆、博物馆及基层综合性文化服务中心，为2861个村级综合文化服务中心配置了设备；建成“文化云南云”，省级16个、州市共1021个公共文化场馆各类文化活动信息9000余条上线，注册用户8.4万多人，推广覆盖人群71万人次，成为继上海、河南之后全国第三个公共文化服务大数据平台；河口县“国门文化形象工程”被列为第四批国家公共文化服务体系示范项目，顺利完成曲靖市第三批国家公共文化服务体系示范区以及弥渡县“大喇叭小广场”建设、昭通市“西部贫困地区精神文化家园建设”示范项目；昆明市及红河州、昭通市2个项目获得第四批国家公共文化服务体系示范区（项目）创建资格；完成县级文化馆图书馆总分馆制试点工作并进行了检查验收；全省公共文化服务体系进一步健全和完善。

云南省在公共文化资源配置向基层倾斜、增加优质公共文化产品供给、提高公共文化服务效能方面成果显著。但仍需要在公共文化服务体系建设协调机制、完善公共文化服务评价工作机制，合理划分各级政府基本公共文化服务支出责任，建立健全公共文化服务财政保障机制，按照基本公共文化服务标准，落实提供基本公共文化服务项目所需资金，保障公共文化服务体系建设和运行。

四 提高文化开放水平

党的十八届三中全会《决定》从全面建成小康社会、实现中华民族伟大复兴的中国梦的全局出发，把提高文化开放水平作为全面深化改革开放的重大任务，做出一系列战略部署。这反映了我们党高度的文化自信和崇高的文化追求，反映了我们党对文化建设规律的深刻认识和全面把握。我们要认真学习贯彻《决定》精神，顺应时代发展潮流，增强文化开放意识，努力在新的广度和深度上提升我国文化开放水平。

（一）积极做强现代民族文化

当今世界，文化已经成为国家核心竞争力的重要因素，在综合国力竞争中的地位和作用日益凸显，在信息技术高度发达的今天，云南省作为面向南亚东南亚辐射中心，主动融入“一带一路”中积极做强现代民族文化支持，支持重点媒体向国内国外发展，培育外向型文化企业，支持文化企业到境外开拓市场，借助重点开发开放试验区“境内关外”的特点，做强民族文化产业。鼓励社会组织、中资机构等参与孔子学院和海外文化中心建设，承担人文交流项目。目前，中柬文化创意园①将建成柬埔寨最大的文化主题园区，成为推动云南文化产业“走出去”的创新项目。云南在境外创办孔子学院 15 所，全省高校招收外国留学生 18778 人，其中南亚东南亚国家学生 15773 人。

（二）大力发展文化对外贸易

作为多民族地区，云南省相比其他省区市拥有民族文化多样性的资源优势，但文化产业，尤其是文化对外贸易的发展相对落后。在文化开放水平不断提升的同时，立足面向南亚东南亚辐射中心的定位，发展文化对外贸易，兑现文化的经济价值，无疑会给云南跨越式发展带来新的动力。

做好对外文化交流和文化贸易工作，关键是创新思路办法、拓宽途径渠道，形成全方位、多层次、宽领域的文化“走出去”格局。要坚持多管齐下，在推进政府主导的文化交流的同时，积极探索市场化、商业化、产业化的运作方式，发挥国有文化企业骨干作用，鼓励非公有制文化企业积极参与，加快培育一批有实力、有竞争力的外向型文化企业。要推动文化产品的内容创新，充分挖掘和展示中华文化的独特魅力，贴近国外受众文化需求和消费习惯，增强文化产品和服务的表现力、吸引力，形成核心竞争力强、附加值高的国际知名品牌。要积极探索符合国际惯例和市场运作规律的营销方式，推进出口平台和海外营销渠道建设，加大国际文化市场开拓力度。要充分利用高新科技改造传统文化产业，大力发展新的文化业态，努力形成对外文化贸易新的增长点。要落实完善配套政策，加大对重点企业和重点项目扶持力度，加快培养熟悉外贸业务的文化企业家和外向

① 《云南文投开工建设“中柬文化创意园”》，中国新闻网，http：//www. yn. chinanews. com/news/2018/0723/33930. html。

型人才，为推进文化产品和服务出口提供有力保障。

第六节 生态文明体制改革

生态文明排头兵建设是云南跨越式发展的重要内容。全面深化生态文明体制改革，就是要在加快建立系统完整的生态文明制度体系，加快推进生态文明建设的进程中，消除一切阻碍和制约社会主义生态文明体制的因素。云南必须加快建立自然资源资产产权制度、国土空间开发保护制度、空间规划体系、资源总量管理和全面节约制度、资源有偿使用和生态补偿制度、环境治理体系、环境治理和生态保护的市场体系、生态文明绩效评价考核和责任追究制度。

一 健全自然资源资产产权制度和用途管制制度

党的十八届三中全会《决定》提出要“健全国家自然资源资产管理体制，统一行使全民所有自然资源资产所有者职责”，这是健全自然资源资产产权制度的一项重大改革，也是建立系统完备的生态文明制度体系的内在要求。自然资源产权或自然资源资产产权问题，更是自然资源资产问题系列中最为基础、最为敏感的问题，也是最为棘手、最为困难的问题。解决不好产权问题，就会导致产权主体不明、自然资源资产的其他问题就无从谈起。

健全自然资源资产产权制度与管理体制的重要意义。明确产权主体，实现资源最佳配置。自然资源产权不清晰的直接后果就是造成资源的掠夺性使用。近年来，我国部分地区大气污染加重，雾霾围城的情景不断出现，就是因为大气作为“无主”资源被过度利用了。健全自然资源资产产权制度和用途管理制度，就是为明确环境、生态等公共自然资源系统的“主人”，赋予其保护自然资源的动力，让其获得使用这些自然资源权利的同时，承担起保护自然资源的责任，解决公共资源的过度使用问题，实现自然资源的最佳配置和使用。

云南跨越式发展中“生态文明建设排头兵”定位的实现，打造世界一流的“绿色能源”“绿色食品”“健康生活目的地”三张牌，离不开更完善的自然资源资产产权制度和用途管理制度的保障。

二　划定生态保护红线

为加快推进生态文明建设，加强生态环境保护，党中央、国务院做出了一系列重大决策部署，明确要划定并严守生态保护红线。习近平总书记在中央政治局第六次集体学习时强调，要牢固树立生态红线的观念，在生态环境保护问题上，就是要不能越雷池一步，否则就应该受到惩罚。为贯彻落实党中央和国务院的决策部署，云南省委、省政府高度重视生态保护红线划定工作，将划定生态保护红线、严格生态红线管控列为全面深化改革的重大任务。

生态保护红线的划定将对云南生态环境保护和经济社会发展产生深远影响。一是生态保护红线划定，使全省约 59% 的森林、42% 的灌丛、33% 的草地和 59% 的湿地等重要生态系统保护得到加强，强化了生态系统之间的有机联系，系统保护了生物多样性、水源涵养及水土保持等。二是生态保护红线划定，将自然保护区、世界自然遗产地、九大高原湖泊、牛栏江流域水源保护区、公益林、原始林、极小种群物种分布栖息地等保护地以及干热河谷区、东南部喀斯特地带、海拔 3800 米树线以上区域等生态敏感脆弱区域纳入生态保护红线进行严格保护，使全省 90% 以上的典型生态系统和 85% 以上的重要物种保护得到加强，为遏制森林、草地、河湖等生态功能退化，抑制物种及遗传资源流失和生物多样性丧失，控制水土流失、土地石漠化等突出生态问题打牢了基础。三是生态保护红线的划定，将六大水系上游区，特别是金沙江、怒江、澜沧江、伊洛瓦底江等约 70% 的面积纳入生态保护红线；九大高原湖泊 100%，金沙江、澜沧江 60% 以上，红河、怒江 50% 以上的自然岸线纳入生态保护红线，将对维护好大江大河上游水源涵养功能，保持水土，保护水资源、水生态及水环境发挥重要作用。四是生态保护红线的划定，将国家公园、森林公园、风景名胜区、地质公园、湿地公园、重点城市集中式饮用水水源地、水产种质资源保护区、重要湿地、重要种质资源保护区（点）等划入生态保护红线，保护了最基本的生态资源和生命线，保障了全省 80% 以上城镇人口饮水安全，同时引导人口分布、经济布局与资源环境承载能力相适应，促进各类资源集约节约利用，为经济社会可持续发展提供生态支撑。

云南省生态保护红线具有明确的空间边界，是维护国土和区域生态安全的底线。根据云南省人民政府发布的《云南省生态保护红线》，全省生态保护红线面积为11.84万平方千米，占云南省土地面积的30.90%。生态红线是社会经济发展不可突破的保护地，它保护的是对维持生态安全格局、保障生态系统功能，支撑社会经济可持续发展具有关键作用的区域。要真正发挥生态保护红线的作用，就要切实落实生态红线的保护制度。要牢固树立底线意识，将生态保护红线作为国土规划的“底图”和刚性约束。应强化自然生态空间用途管制，根据生态红线划定功能的不同以及空间分布情况，制定与生态服务功能保护相适宜的差异化管理制度，尤其是产业准入政策，严禁任意改变用途，防治不合理开发建设活动对生态保护红线的破坏，“不越雷池一步”。

三　实行资源有偿使用和生态补偿制度

分层级生态产品市场定价生态资源为绿色经济奠定基础，在正确全面地认识与把握“生态产品”的概念与内涵的基础上，分层级推进生态产品市场化改革是云南省解决生态资源定价问题的关键。当前云南的许多生态产品已经实现或正在实现其价值，但还不够充分与全面。建立自上而下，由低到高推进的市场体系，突出生态资源特别是保证生态资源的完整性与系统性，重视基层经济组织的作用与地位，赋予或明确各经济组织的市场法人地位，能够整体上统筹抓住根源上的生态环境问题，改善生态环境质量并为云南省生态文明时代发展绿色经济奠定合理的定价基础。

云南省在国有土地资源、水资源、矿产资源等资源有偿使用方面建立了一些制度，但需要进一步完善；国有森林资源和国有草原资源有偿使用制度亟须建立。随着云南省经济的迅速发展，资源短缺、生态环境问题开始出现，严重影响了云南省的可持续发展，一些州市片面追求经济发展，过度开发和消耗资源，忽视环境治理，造成资源枯竭，生态环境恶化，导致了生态环境破坏者和受害者的对立，生态环境受益者和生态环境保护者的利益失衡，加剧了社会矛盾，影响了社会稳定。云南省要避免走“先污染，后治理”的老路，就必须加快建设资源节约型和环境友好型社会。在“两型社会”建设和市场经济深入的背景下，云南省必须加快资源有偿使用和生态补偿制度。

四 改革生态环境保护管理体制

《中共中央关于全面深化改革若干重大问题的决定》提出，紧紧围绕建设美丽中国深化生态文明体制改革，加快建立生态文明制度，健全国土空间开发、资源节约利用、生态环境保护的体制机制，并对改革生态环境保护管理体制做出了具体部署。这对于进一步加强生态环境保护、大力推进生态文明建设具有重大作用。

改革生态环境保护管理体制是推进生态文明建设的迫切需要。推进生态文明建设，必须树立生态观念、发展生态经济、维护生态安全、优化生态环境、完善生态文明体制，把生态文明建设融入经济建设、政治建设、文化建设、社会建设各方面和全过程，形成有利于节约资源和保护环境的空间格局、产业结构、生产方式、生活方式。生态文明建设是环境保护的灵魂和目标指向，环境保护是生态文明建设的主阵地。然而，现行生态环境保护管理体制的权威性和有效性不够，难以对生态文明建设进行科学合理的顶层设计和整体部署，难以形成生态文明建设合力，迫切需要进行改革。改革生态环境保护管理体制，必将为推进生态文明建设注入强大动力。

改革生态环境保护管理体制是促进经济转型升级的重要抓手。良好的生态环境本身就是生产力，就是发展后劲，就是核心竞争力。我国经济正处于增速换挡、提高质量和效益的新阶段，只有转型升级才能持续健康发展。用生态文明理念分析环境问题，其本质是经济结构、生产方式和消费模式问题。加强生态环境保护，可以倒逼经济转型升级、优化经济发展；提高节能环保标准，淘汰落后产能，可以推进存量结构调整；提高环境准入门槛，引领新兴产业发展，可以实现增量结构优化。从现行环境监管体制看，政出多门、权责脱节、监管力量分散等问题明显存在，影响行政效能，削弱监管合力，环保引导和倒逼机制作用尚未充分传导到经济转型升级上来。改革生态环境保护管理体制，坚持在保护中发展、在发展中保护，有利于促进传统产业生态化改造升级，推动节能环保等战略性新兴产业发展，实现环境效益、经济效益和社会效益共赢。

改革生态环境保护管理体制是转变政府职能的必然要求，转变政府职能是深化行政体制改革的核心。转变职能不仅要把该放的权坚决放开、放到位，而且要加强和改善政府管理，把该管的事管住管好。环境保护是各级政府的重要职责，是必须提供的一项基本公共服务。环境保护不欠新账、多还旧账，需要进一步加强监管。目前，国家层面生态环境保护部门职能分散交叉较为突出，存在权力下放不够和监管不到位等问题，难以形成严格监管的强大合力；基层环保部门被赋予的职能和担负的任务不匹配，存在“小马拉大车”的现象。转变政府职能，深化行政体制改革，内在地包括改革生态环境保护管理体制。

第七节 党的建设体制改革

云南要实现跨越式发展，更需要加强和改善党的领导，集中力量，全省一盘棋，分步骤、分阶段实施，党组织的战斗堡垒作用是云南跨越式发展的领导体制基础。

党的十八届三中全会强调，要“加强和改善党对全面深化改革的领导”，指明了全面深化改革的一个重要原则和重大任务。要深刻认识党在改革开放和社会主义现代化建设中的核心领导作用，着眼于全面深化改革提出的新任务、新要求，在新的起点上进一步加强和改善党的领导，努力提高党领导和推动改革的能力，为全面深化改革提供坚强政治保证。

加强和改善党对全面深化改革的领导，说到底，就是在改革过程中，充分发挥党总揽全局、协调各方的领导核心作用，不断提高党的领导水平和执政能力，使党的意志主张体现在改革的所有内容和每个环节之中，确保改革取得成功。加强党对全面深化改革的统筹谋划和科学指导。全面深化改革是一个系统工程，必须统筹谋划改革的各个方面、各个层次、各个要素，使各项改革相互促进、良性互动、协同配合。党的十八届三中全会决定中央成立全面深化改革领导小组，负责改革的总体设计、统筹协调、整体推进、督促落实，目的就是要使改革的总体设计更加科学，各项措施得到有效落实。搞好统筹谋划和科学指导，前提是要统一思想认识。即把全党的思想统一到中央关于全面深化改革重大决策部署上来，正确处理中央和地方、全局和局部、当前和长远的关系，确保政令畅通，进而统一广大人民群众的思想，形成强大的改革合力。

加强和改善党的领导，是广泛凝聚全党全国共识、最大限度聚集推进改革合力的保证。全面深化改革是一个持续不断的过程，必然涉及各种社会关系、利益格局的调整。特别是随着改革进入攻坚期和深水区，改革的难度不断加大，改革的任务分外艰巨，没有坚强的政治领导、思想引导，改革就不可能顺利推进。只有加强党的领导，充分发挥党总揽全局、协调各方的领导核心作用，善于通过提出和贯彻正确的路线方针政策带领人民前进，善于从人民的实践创造和发展要求中完善政策主张，才能使改革发展成果更多更好地惠及全体人民，把党内外一切可以团结的力量广泛团结起来，把国内外一切可以调动的积极因素充分调动起来，从而汇合成推进改革开放的强大力量。

第三章

在全方位开放中推进云南跨越式发展

立足新时代新的历史方位，我国全面对外开放迎来新局面，呈现新特点，面临新形势，开启新征程。开放带来进步，封闭导致落后。习近平总书记指出，“中国开放的大门永远不会关闭，只会越开越大。中国推动更高水平开放的脚步不会停滞！中国推动建设开放型世界经济的脚步不会停滞！中国推动构建人类命运共同体的脚步不会停滞！”① 就云南而言，全方位开放既包括对国外的开放，也包含对国内的开放，既要注重对东部地区的开放，也要加强对中西部地区的开放，都不可偏废。全方位开放的战略部署将云南从区位劣势转变为区位优势，云南将区位优势转化为竞争优势的过程，就是云南实现跨越式发展的过程。新时代全方位开放不只是一个开放面向上从东部沿海开放向西部沿边开放的转变，习近平总书记强调的是构建开放型经济新体制，是推进开放型经济高质量发展。开放型经济以降低关税壁垒和提高资本自由流动程度为核心。云南省在我国构建开放型经济新体制中具有很强的比较优势。

第一节　云南在中国全方位开放中的战略地位

云南地处中国经济圈、东南亚经济圈和南亚经济圈的接合部，是中国连接南亚东南亚的国际大通道和面向印度洋周边经济圈的关键枢纽。拥有国家一类口岸 16 个、二类口岸 7 个，与越南、老挝、缅甸 3 个国家接壤；

---

① 《习近平：中国开放大门只会越开越大　强调三个“不会停滞”》，光明网，http://politics.gmw.cn/2018－11/05/content_31903112.htm。

与泰国和柬埔寨通过澜沧江—湄公河相连，并与马来西亚、新加坡、印度、孟加拉国等国邻近，是我国毗邻周边国家最多的省区市之一。云南省16个州（市）中有8个属边境州（市），共25个边境县（市），16个少数民族跨境而居，与邻国边境居民语言相通、风俗习惯相近，交往历史悠久。随着国家“一带一路”倡议、长江经济带战略等的深入实施，以及构筑人类命运共同体理念的不断倡导，我国沿海、沿江、沿边全面开放新格局正在形成，孟中印缅经济走廊、中国—中南半岛国际经济走廊等重大战略不断落实，中国与包括南亚、东南亚各国的务实外交沟通往来日益频繁，为交流互鉴、共同发展拓展出更加广阔的空间。云南置身于“一带一路”、长江经济带重大战略连接的交会点处，处于对外开放新前沿，处在南方丝绸之路上面向南亚东南亚一个非常重要的战略位置，应该应势而谋、顺势而动，以全方位开放促跨越式发展。

2015年1月19~21日，习近平总书记在考察云南重要讲话中，希望云南发挥沿边开放区位优势，主动服务和融入国家发展战略，努力成为我国对外开放新高地和面向南亚东南亚辐射中心。这一重要讲话对云南的发展提出了新要求、明确了新定位、赋予了新使命，为云南在新的历史起点上推进跨越式发展指明了新方向。“云南经济要发展，优势在区位，出路在开放”。沿边开放是云南的特色所在、优势所在、潜力所在与希望所在。发挥得天独厚的区位优势、抓住国家战略机遇、进一步扩大开放，是云南适应经济全球化发展的历史选择，是主动服务和融入国家发展战略的战略选择，是云南实现跨越式发展的关键一招。

改革开放40多年来，云南省坚持把对外开放作为重要战略任务来抓，努力贯彻落实国家对外开放战略和周边外交方针，深入学习习近平总书记考察云南重要讲话精神，按照建设对外开放新高地、面向南亚东南亚辐射中心新要求，积极探索沿边地区向国际社会开放的模式和路径，使对外开放不断取得了新的成效，形成了云南面向周边国家多层次、宽领域的开放格局。如今，云南与周边国家市场联系日趋紧密，跨境合作机制和平台日益完善，连接南亚东南亚大通道初具雏形，人文合作交往日益密切，对外影响力不断提升。2018年，云南省发展质量进一步提升，地区生产总值增长8.9%，增速比全国（6.6%）高2.3个百分点，排全国第3位[①]；“五网”建设稳步推进，82个县通高速公路、通车里程达5198公里，新开通动车线路3条，高铁运营里程达1026公里，昆明长水国际机场新开和加密国际航线13条，在建水网工程超过330项，新建4G基站3万个；对外开放不断深化，全省外贸进出口总额完成1973亿元，同比增长24.7%[②]；已建成滇中新区、瑞丽和磨憨（磨丁）国家重点开发开放试验区、红河和昆明综合保税区等7大类、17个开发开放合作功能区，拥有25个国家级口岸，中国（昆明）跨境电子商务综合试验区也获批实施；拥有“南博会”“旅交会”等国家展会。同年，云南省研究制定了加快建设面向南亚东南亚辐射中心的15个实施方案，持续优化口岸营商环境，通关速度提升60%、费用降低40%，通关便利化水平在全国排在前列。总体来看，云南已向跨越式发展迈出坚实的步伐[③]。而由于历史、地理区位和发展基础等方面的原因，云南经济发展基础差、底子薄；对外通道不畅，基础设施薄弱；生态环境脆弱，资源环境约束凸显；产业层次总体偏低，综合竞争力总体不强，使得云南省对外开放的规模和层次还处于较低水平，对外开放的广度和深度不够，开放通道不畅，开放载体集聚要素及带动发展的能力较弱，开放环境有待优化、开放水平有待提升，跨越式发展进程仍属于初级阶段。

云南省要以更加开放的思想、更加开放的政策、更加开放的举措、更加开放的队伍为闯出一条跨越式发展路子注入活力。下一步云南省应把扩大对外开放摆在更加突出的位置全力推进，主动服务和融入“一带一路”倡议、长江经济带发展战略，深化国际国内区域合作；建设沿边开放经济带、形成对内经济走廊，构建内外开放新格局；加强基础设施互联互通，提高对外开放支撑力；着力稳外贸稳外资，促进边贸转型升级与扩大投资；整合优化开发开放平台，做大做强一批重点开发开放试验区；积极申建

① 《8.9%，2018年云南省GDP增速全国排第三》，人民网，http://yn.people.com.cn/n2/2019/0128/c378439-32582278.html。

② 《8.9%，2018年云南省GDP增速全国排第三》，人民网，http://yn.people.com.cn/n2/2019/0128/c378439-32582278.html。

③ 《2019年云南省政府工作报告》，中国政府网，http://www.yn.gov.cn/ztgg/2019gzbg/。

中国（云南）自由贸易试验区，推进口岸建设，深化通关便利化改革；打造“永不落幕的南博会”，高效发挥进博会优势，建成升级版南亚东南亚进口商品展示交易中心；全力推进跨境合作各类业务，做好跨境合作大文章。充分发挥区位优势、资源优势、开放优势，用好国际国内两个市场、两种资源，明确思路和途径，力争高水平对外开放实现质的提升。

第二节　主动服务和融入“一带一路”

“一带一路”是新形势下我国对外开放的重大战略部署。共建“一带一路”顺应了全球治理体系变革的内在要求，彰显了同舟共济、权责共担的命运共同体意识，为完善全球治理体系变革提供了新思路、新方案，也为新时代提升全方位对外开放水平提供了根本遵循。云南省是“一带一路”向西开放的“桥头堡”，“一带一路”沿线六条经济走廊中，与云南省密切相关的有两条——中国—中南半岛经济走廊和孟中印缅经济走廊。同时，云南是中国—东盟自由贸易区合作的前沿省份，与缅甸、越南、老挝陆地接壤，在“一带一路”自由贸易区建设中具有得天独厚的优势。因此，云南应自觉肩负责任和使命，主动服务和融入国家战略，切实将云南放在全国发展大局中谋划和布局，抓住新一轮扩大开放新机遇，把握下一阶段推动共建“一带一路”向高质量发展转变的基本要求，找准跨越式发展的支撑点和突破口，提升云南服务全国发展的能力。

自“一带一路”倡议提出以来，云南本着共商、共建、共享原则，以政策沟通、设施联通、贸易畅通、资金融通、民心相通为重点主动服务和融入“一带一路”建设，以建设面向南亚东南亚辐射中心为目标，全方位、多领域、深层次推进国际开放型经济建设，并取得瞩目成绩。

一　多层次开展政策沟通

在政策沟通方面，云南着力发展与世界各国的友好合作关系，先后与38 个国家的75 个省和城市缔结了友好关系。全力配合国家推动中国—中南半岛经济走廊、孟中印缅经济走廊、中缅经济走廊、中老经济走廊建设，积极参与澜沧江—湄公河合作机制建设，推动中老泰经济走廊和滇老泰合作试验区建设工作，不断完善与越北、老北、泰北等合作机制。目前云南已与9个国家建立了11个双边地方合作机制。这些国际区域合作的不断深化为云南在“一带一路”建设中创造了良好的政策环境。

二　多途径扩展设施联通

在基础设施互联互通方面，云南在打造路网、航空网、能源保障网、水网、互联网五大基础设施网络上取得突破。中越、中缅通道境内段已实现全程高速化，中老通道境内段高速公路年内建成通车；泛亚铁路东线境内段已全线建成通车，泛亚铁路中线、西线境内段正抓紧建设；全省运营机场15个，开通航线429条，是开通南亚、东南亚航线最多的省，2019年初开通的“芒市—曼德勒—芒市”国际航线，进一步提升了德宏傣族景颇族自治州对外开放水平，方便中缅两国之间的商贸、旅游往来；已建成河道外供水的水库6271座，蓄水库容130.1亿立方米，供水能力187亿立方米；滇中饮水工程全面开展；我国第四大能源进口通道中缅油气管道已经建成运营；中缅、中老光缆传输系统建成投入使用。

在“一带一路”机遇下，云南省要加快综合交通基础设施网络建设，全力推进县域高速公路“能通全通”工程，使通高速公路的县超过90个、通车里程接近6000公里。开工建设渝昆高铁，加快玉磨、大瑞、丽香等铁路项目建设，确保成昆铁路扩能改造竣工、成贵高铁云南段建成通车。加快昆明国际航空枢纽建设，推进蒙自、昭通、大理、丽江等机场项目建设。进一步新开、加密通往南亚东南亚的国际航线，增加通往中东、北非地区重要城市航线班次，开发链接南亚东南亚货运枢纽的全货运航线，建设延伸至西亚、非洲、澳新地区的货运航线，并逐步拓展至欧洲的货运航线；加快推进昆明—河内、昆明—曼谷、昆明—仰光泛亚铁路建设，积极协调增开中欧、中亚班列，推动与越南、老挝、缅甸、泰国等签订跨境公路运输协定，开通货运班车。加快水利基础设施与能源基础设施网络建设，加快现代信息基础设施网络建设，完善4G网络全覆盖，启动5G商用试点。继续抓好国际光缆、国际通信枢纽建设。加快物流基础设施网络建设，积极推进昆明、大理等物流枢纽建设，加快15个省级重点物流产业园和129个县级物流集散中心建设，新增一批5A级物流企业。加快建设县、乡、村三级物流网，建设一批乡村新型商业中心和服务站点。抓好全国供应链创新与应用试点，稳步发展航空物流，加快口岸物流配套设施建设。

三　多措施强化贸易畅通

在贸易畅通方面，第一，云南省不断发展与共建“一带一路”国家和地区的贸易合作，2018年1～7月全省外贸进出口完成1073.7亿元，同比增长44.5%，增速排名全国第一。第二，云南省持续推进开放型经济发展平台，目前共有国家级经济技术开发区5个、国家级边境经济合作区4个、省际边境经济合作区5个、跨境经济合作区3个、红河综合保税区、昆明综合保税区和两个保税物流中心（B型）已获批运行。第三，不断扩大口岸开放，加快口岸基础设施建设，优化口岸布局，推进口岸打通关建设，目前云南拥有25个国际口岸，其中国家一类口岸19个，二类口岸6个，通关速度在全国处于领先水平。除此之外还搭建了高端交易和经贸往来的综合平台，第5届中国—南亚博览会暨第25届中国昆明进出口商品交易会成功举办，参展参会国家和地区从42个增加到87个。

四　多方位推动资金融通

改革开放40多年来，云南金融体系不断完善、金融市场不断发展、对外金融合作不断深化，是中国两个沿边金融综合改革试验区之一。2018年9月末，全省跨境人民币累计结算额为4459.77亿元。云南在全国首批试点个人经常项下跨境人民币业务，全省19家企业从境外借入人民币贷款，9家跨国集团企业搭建跨境人民币资金池。区域性货币交易“云南模式”不断完善。全国首例人民币对泰铢银行间市场区域交易在云南推出，并顺利完成从区域市场到全国市场的平稳过渡；银行柜台挂牌币种已涵盖周边国家货币。跨境金融基础设施建设稳步推进。银行机构与东南亚南亚国家银行机构建立了跨境人民币结算合作关系，形成清算行、代理行等多种结算模式，开发了“东盟七国产品体系”“越老缅产品体系”“南亚国产品体系”等跨境业务产品体系。

五 多领域深化民心相同

在“一带一路”倡议下，云南不断深化与周边国家在教育、卫生、文化、旅游、生态保护等方面的交流与合作。在教育合作方面，云南省高校积极“走出去”办学，在南亚东南亚国家设有12个境外办学机构、3个境外办学项目，与国外学校已合作举办15所孔子学院（课堂）。在卫生合作方面，积极在越老缅边境地区开展传染病联防联控国际合作。在文化交流方面，实施“国门文化”建设工程，相关州市成功举办系列跨境文化节庆活动。在旅游合作方面，举办“中国·昆明郑和国际文化旅游节”“中国国际旅游交易会”等大型会展、节庆活动，全方位展示“七彩云南，旅游天堂”的形象，积极拓展国内国际旅游市场。在生态保护合作方面，通过开展珍稀濒危动植物保护工作，参与生物多样性保护廊道建设示范等次区域生态环境合作交流，积极推进大湄公河次区域环境合作云南示范项目（三期）实施，深化与周边国家生态环境保护国际合作。

第三节 形成内外开放新格局

改革开放40多年来，云南省对外开放的基础和面临的国内外环境发生了根本性变化，开放布局需要完善与创新，开放程度需要深化，开放水平需要提高。云南省加强内陆沿边、边境、跨境建设和合作，把握好“一带一路”、长江经济带发展战略、双向开放等机遇，形成以沿边开放经济带为窗口、对内经济走廊为纽带的内外开放战略布局，合力推进沿边开放实现新突破，促进全省科学发展、和谐发展与跨越发展。

一 主动融入长江经济带

依托黄金水道，建设长江经济带，打造中国经济新支撑带，是党中央、国务院把握国内外发展大势做出的重大战略选择，是云南又一次历史性的重大机遇[①]。长江经济带战略主要解决的两大问题是：中东西部协调发展与建立对外开放新格局。五大任务是：综合立体交通走廊要建设、产业转型要升级、新型城镇化要推进、全方位对外开放新优势要培育、绿色生态廊道要建设。云南位于长江经济带的上游地区，既是西部欠发达地区，也是长江上游生态屏障的重点地区，同时又是长江经济带内陆面向西南开放的前沿地区，是长江经济带各省区市走向东南亚、南亚的重要战略支点。云南省全面深入学习贯彻习近平总书记重要讲话精神，充分认识推动长江经济带发展的重大意义，提高思想站位，增强政治自觉，坚决贯彻落实党中央决策部署，在全省形成“共抓大保护、不搞大开发”的思想自觉和行动自觉，主动服务和融入长江经济带建设，深化国内区域开发合作，推动全省经济的高质量跨越发展。

云南省主动对接、积极融入长江经济带的总体发展布局，依托长江黄金水道功能，提升金沙江水道连接长江通达太平洋的江海联运物流能力；借助综合立体交通网络，促进云南通道建设的内联外通；优化长江经济带沿江城镇化空间布局，加快滇中区域性城市群新发展；培育对外开放新优势，为云南对外开放注入新活力；改善铁路、航空、内陆水运条件，打造中国—东盟自贸区升级版。除此之外，云南充分发挥长江经济带发展战略的作用，推动长江经济带和孟中印缅经济走廊、GMS 经济走廊各区域间的对接，实现内外双向开放新突破。

二　建设沿边开放经济带

自 1992 年沿边开放战略实施以来，沿边地区开放发展已取得显著成绩，经济社会发展取得长足进步，人民生活水平显著提高。随着“一带一路”、长江经济带发展战略的深入实施，云南省发展空间越来越广阔，面临诸多有利机遇。但受自然条件、历史基础和周边环境的影响，沿边地区开发开放还面临不少困难，迫切需要加快开发开放步伐。《云南省沿边开放经济带发展规划（2016—2020 年）》提出，未来 5 年，云南建设将以滇

---

① 《云南：主动对接积极融入长江经济带》，中国经济网，http：//district. ce. cn/newarea/roll/201601/08/t20160108_8150630. shtml。

中城市群为核心，以昆（明）—保（山）—芒（市）—瑞（丽）、昆（明）—磨（憨）、昆（明）—河（口）3 条大通道为主线，滇缅（云南—缅甸）、滇老（云南—老挝）、滇越（云南—越南）3 个国际经济合作圈为支撑的“一核三线三圈”沿边地区开发开放空间新格局，着力增强沿边开放经济带发展活力。推动沿边地区联动内外、协作发展，提升开放发展能力和水平，促进形成新的经济增长带，实现云南省对外开放和区域发展新突破。

云南省要在党的十九大、十八大和十八届三中、四中、五中全会和习近平总书记系列重要讲话精神的指导思想下，坚持创新、协调、绿色、开放、共享的发展理念，努力开创沿边开发开放新局面，加快建设面向南亚东南亚辐射中心。一要进一步优化沿边开发开放总体布局，以国际大通道为轴线，以沿边重要城镇为支点，抓紧制定沿边开放的专项规划，着力构建优势突出、特色鲜明、整体协调、差异化发展的沿边经济新格局。二要进一步加快国际大通道建设，扎实抓好公路、铁路、航空、水利、能源、信息、口岸等通道建设，为提升沿边开放水平奠定坚实基础。三要进一步办好沿边产业园区，发挥瑞丽沿边重点开发开放试验区、边境（跨境）经济合作区等各类园区的载体功能，建设产业布局合理、链条清晰、功能互补、土地利用高效的沿边开放园区体系。四要进一步加强沿边重要城镇建设，提升芒市、瑞丽等边境口岸城市、边境县城和孟定、猴桥等一些重点边境口岸城镇的综合承载能力，提高对周边国家的辐射力、带动力、影响力。五要进一步加强与周边国家的交流合作，推进对外贸易转型升级，抓好出口生产基地建设，深化投资合作，积极参与区域经济合作，搭建与周边国家各界交流和沟通的桥梁，继续办好昆交会等会展活动。六要进一步加强招商引资工作，坚持对国内、国外开放“两手抓”，鼓励开展“一对一、点对点”精准招商，集中力量引进一批旗舰型企业和重大项目；鼓励省内国有企业、中央驻滇企业和入滇民营企业进入沿边地区发展；突出壮大民营经济①。

在优化云南省开发开放布局上，要按照对缅、对老、对越开放 3 个战

① 《以边合区为突破口　云南将全面提升沿边开放水平》，《云南日报》2012 年 8 月 22 日。

略方向，依托滇中城市群，推动滇中与沿边地区优势互补、资源共享、产业对接，逐步形成以滇中城市群为核心，以昆保芒瑞、昆磨、昆河3条大通道为主线，滇缅、滇老、滇越3个国际合作圈为支持的“一核三线三圈”沿边地区开发开放空间新格局。形成内外联动，开放发展，推动云南省与毗邻国家互联互通、经贸合作、人文交流，加强与周边省区市等国内其他区域的深度合作，为建设面向南亚东南亚辐射中心提供支撑①。

三　加快建设对内经济走廊

合理推进沿边开放实现新突破，要形成全方位内外开放新格局。云南还需依托西南腹地和对外开放优势，对内形成多条经济走廊，促进外联内引新开放格局形成。目前，云南规划了云南金沙江开放合作经济带及三条经济走廊。

第一，云南金沙江开放合作经济带。云南金沙江开放合作经济带（以下简称“经济带”）西北连澜沧江开发开放经济带，东北接长江黄金水道，是云南省融入长江经济带的建设前沿、重要的资源富集区、省际合作的重点区域。经济带作为长江黄金水道的重要组成部分，与西藏、四川、贵州、重庆等省（自治区、直辖市）相邻相依，连接滇中城市经济圈、成渝经济区和黔中城市群，是长江经济带面向南亚东南亚开放的重要战略支点。

第二，昆明—文山—广西北部湾—广东珠三角经济走廊。以南（宁）昆（明）铁路、云桂铁路、贵（阳）昆（明）铁路、广（州）昆（明）高速公路和西江航运干线为依托，建设昆明—文山—广西北部湾—广东珠三角经济走廊，重点发展特色旅游、生物医药及矿冶加工产业，推动泛珠三角区域与东南亚、南亚地区合作的全面对接。

第三，昆明—昭通—成渝经济走廊。以成（都）昆（明）铁路、内（江）昆（明）铁路、沪昆铁路、沪昆客运专线、渝昆高速公路、兰州至磨憨213国道和金沙江航道为依托，建设昆明—昭通—成渝经济走廊，连接成渝经济区、黔中经济区，沟通长江沿线，促进长江上游地区经济发

① 《云南省沿边地区开发开放规划（2016—2020年）》。

展，推进与长三角地区经济合作。重点发展特色优势农产品加工、清洁能源、装备制造、矿冶加工和石油化工产业，承接长三角地区产业转移。

第四，昆明—丽江—香格里拉—西藏昌都经济走廊。以滇藏铁路、滇藏公路为依托，建设昆明—丽江—香格里拉—西藏昌都经济走廊，充分利用世界自然遗产和文化遗产、民族文化、生物多样性等方面的优势，重点发展雪域高原民族特色文化旅游产业、生物产业、可再生清洁能源产业，有序发展矿产业①。

第四节　提升内外开放大通道

“基础设施建设既是云南经济发展的动脉、区域经济合作的基础，更是稳增长、利当前、促长远的强劲动力。”在某种程度上，交通、能源、通信等基础设施的建设，决定了云南全方位对外开放的实际水平。云南省强力推进路网、航空网、能源保障网、水网、互联网五大基础设施网络建设，坚持互联互通，加快形成有效支撑云南跨越式发展的现代化基础设施网络。

一　加强面向西南开放的国际大通道建设

扩大和加强陆路与东南亚、南亚国家的交通联系，推进我国经云南通往东南亚、南亚国际大通道境内段建设，重点加紧中缅国际铁路中国境内最后一段——大（理）瑞（丽）铁路建设。加快沿边通道连接贯通，重点建设兴边富民沿边干线公路。积极促进国际通道境外段建设，构建云南省通边达海的沿边交通网络。

二　加强云南与内陆腹地的交通联系

加快完善从上海、重庆、成都和南宁等方向进入云南的快速铁路通

① 《云南省加快建设面向西南开放重要桥头堡总体规划（2012—2020年）》。

道，建设杭州—长沙—昆明铁路客运专线、云桂铁路，加快成昆和南昆铁路扩能改造，研究建设渝昆铁路。开展滇藏铁路前期工作。加快推进内陆腹地连接云南公路高速化改造，推进北京—昆明、杭州—瑞丽、重庆—昆明、上海—昆明、汕头—昆明 5 条国家高速公路建设，规划建设蒙自经文山至砚山高速公路。

三　构筑面向西南开放的空中走廊

构建以昆明新机场为我国西南门户枢纽，丽江、西双版纳、迪庆、芒市、文山等干支线机场为辅助，布局合理的机场体系。进一步完善昆明新机场配套设施，建设红河、泸沽湖、沧源、澜沧机场，改扩建腾冲机场，研究迁建普洱、昭通机场。逐步增加口岸机场数量，建成一批通用机场。拓展、增加从昆明直飞东南亚、南亚、非洲、中东、欧美和澳大利亚等地区重要城市的国际航线。到 2020 年，力争民用运输营运机场达到 16 个，始发航线达到 410 条。截至 2018 年底，云南各机场开通航线 524 条；昆明机场已开通连接东盟 10 国、南亚 5 国首都及重点旅游城市的航班，南亚东南亚通航点达 34 个。

四　建设区域性国际化能源保障网

加快“三基地一枢纽”建设。以重点电源为支撑，构建全覆盖、强支撑的内外送电网，建设跨区域电力交换枢纽。以中缅油气管道为依托，构建成品油、天然气稳定输送体系，建成国家重要的跨区域能源互联互通枢纽。到 2020 年，以清洁能源为主的电力装机总量达到 1 亿千瓦，电网线路总长度达到 43 万公里，油气管道总长度达到 8500 公里。

五　建设安全可靠的水网

建设以滇中引水工程为骨干，大中型水源工程为支撑，农田灌溉渠系为基础，水电站水资源综合利用水系连通工程为补充的水源工程网。以六大城市群为主体，点线面相结合建设城镇供水网，全面实现农村饮水安全。建设与经济社会发展和环境改善要求相适应的污水处理网。到 2020

年，水利工程年供水能力达到200亿立方米，城镇供水普及率达到95%，县城以上城镇污水处理率达到87%。

六　建设共享高效的互联网

加快高性能骨干网、城域网和接入网建设，大力发展物联网、大数据、云计算和移动互联网，建设覆盖城乡、服务便捷、高速通畅的宽带基础设施，建成面向南亚东南亚的通信枢纽和区域信息汇集中心。截至2018年底，云南与越南、老挝、缅甸3国已实现电网互联；国际通信服务范围覆盖泰国、柬埔寨、印度等东南亚南亚国家。预计到2020年，光缆长度达到5万公里，移动基站达到27万个，宽带接入用户达到970万户①。随着5G时代的来临，加快"数字云南"建设，推动高水平对外开放也成为必然趋势。要立足服务和融入"一带一路"建设，从连接"数字丝绸之路"入手，以云南为中心，为周边国家网络提供服务②。

第五节　优化开发开放平台建设

重点开发开放试验区、沿边国家级口岸、边境城市、边境经济合作区和跨境经济合作区等沿边重点地区是我国深化与周边国家和地区合作的重要平台，是沿边地区经济社会发展的重要支撑，是云南跨越式发展的重要载体。云南开发开放平台不少，但做得不够实，"块头"不大，效果不明显。云南省应加强各类重点开发开放试验区、边（跨）境经济合作区、综合保税区建设，优化管理体制和运行机制，合理布局开放合作功能区，找准定位、错位发展，积极承接产业转移，促进要素资源聚集，推动企业技术创新，打造外向型经济发展示范区。大力整合优化各类开发开放平台，集中力量做大做强一批重点开发开放试验区，着力提升开发开放平台的辐

① 《中共云南省委关于深入贯彻落实习近平总书记考察云南重要讲话精神闯出跨越式发展路子的决定》。

② 《推动改革开放走深走实》，《云南日报》2019年2月1日。

射力、影响力。

一　推动重点开发开放试验区建设

目前云南省拥有瑞丽、勐腊（磨憨）重点开发开放试验区，这两者是加快沿边地区开发开放步伐、完善我国全方位对外开放格局的重要举措。有利于构建“一带一路”面向西南开放的桥头堡，推动中老全面战略合作伙伴关系发展，深化澜沧江—湄公河次区域合作，为面向南亚东南亚辐射中心建设搭建了重要平台。勐腊（磨憨）重点开发开放试验区位于云南省西双版纳傣族自治州的最南端，是我国对中南半岛合作的重要前沿，战略地位十分重要。瑞丽重点开发开放试验区位于云南省西部的德宏傣族景颇族自治州，是中国面向西南开放窗口中的窗口、前沿中的前沿，是已经建成的中缅通信光缆、中缅输油气管道和规划建设的泛亚铁路西线及昆明—皎漂高速公路的出入境枢纽，是中国通往印度洋最近的陆路通道[①]。云南省要紧紧依托重点开发开放试验区的区位优势，全面贯彻落实党的十九大、十八大和十八大二中、三中、四中全会精神，按照党中央、国务院决策部署，紧紧抓住共建“一带一路”的重大机遇，以制度创新为核心，以形成可复制、可推广的经验为基本要求，解放思想、先行先试，着力促进基础设施互联互通，深化投资贸易合作，发展外向型产业，加快新型城镇化建设，保障和改善民生，推进生态文明建设，优化发展环境，努力把试验区建设成为中老、中缅战略合作的重要平台、联通我国与中南半岛各国及印度洋沿岸国家间的综合性交通枢纽、沿边地区重要的经济增长极、生态文明建设的排头兵和睦邻安邻富邻的示范区。

二　创新跨境经济合作区发展模式

跨境经济合作区是指在两国边境附近划定区域，赋予该区域特殊的财政税收、投资贸易以及配套的产业政策，并对区内部分地区进行跨境海关特殊监管，吸引人流、物流、资金流、技术流、信息流等各种生产要素在

① 瑞丽国家重点开发开放试验区官网，http：//www. rlsyq. gov. cn/。

此集聚，实现该区域加快发展，进而通过辐射效应带动周边地区发展。跨境经济合作区发展模式是云南推动沿边地区开发开放、加强与周边国家经贸合作并形成与周边国家和地区共同发展，以及面向南亚东南亚辐射中心建设的重要举措。云南要实现跨越式发展，就要站在全局和战略高度，主动服务和融入国家发展战略，规划引领、创新驱动，合力推进跨境经济合作区各项工作，打造具有核心竞争力和独特吸引力的合作区。

目前，云南省先后推进了中缅瑞丽—木姐、中越河口—老街、中老磨憨—磨丁 3 个跨境经济合作区建设，且 3 个合作区都是在中国—东盟自由贸易区框架下的小区域合作，是小范围内区域经济一体化的实现。不仅有货物与服务的免税贸易和商品的自由流动，还包括生产要素的自由流动，如劳动力的自由流动、投资自由化以及金融自由化等一些超越自由贸易区的内涵。3 个跨境经济合作区在提升云南沿边开放水平方面都初有成效，但仍存在贸易失衡、投资风险、产品竞争、互联互通及产业对接等问题。云南要实现跨越式发展，需创新现有跨境经济合作区发展模式，突破现有合作区建设局限性①。

三 提升边境经济合作区发展水平

边境经济合作区是中国沿边开放城市发展边境贸易和加工出口的区域，对发展我国与周边国家（地区）的经济贸易和睦邻友好关系、繁荣少数民族地区经济发挥了积极作用，是云南对外开放的重要一翼。

自 1992 年以来，国务院在云南省共批复了四个边境经济合作区，云南河口边境经济合作区、畹町边境经济合作区、瑞丽边境经济合作区及临沧边境经济合作区，使云南沿边开放不断实现新的突破。云南省要提升边境经济合作区发展水平，进一步扩大外贸企业开拓力度，不断扩展贸易对象，充分利用好境内境外两种资源、两个市场，坚持基础现行、开放引领、产业支撑、城市带动“四轮驱动”，着力培育特殊产业，完善与越、缅、老，甚至美、英、法等国家的合作机制，提升对外辐射力、吸引力和

---

① 李涛：《云南省在推进跨境经济合作区建设中的难点与突破》，《东南亚纵横》2013 年第 9 期。

影响力，使云南边境合作发展日新月异。

四 加强综合保税区建设

综合保税区是我国开放层次最高、优惠政策最多、功能最齐全、手续最简化的特殊开放区域。是设立在内陆地区的具有保税港区功能的海关特殊监管区域，由海关参照有关规定对综合保税区进行管理，执行保税港区的税收和外汇政策，集保税区、出口加工区、保税物流区、港口的功能于一身，可以发展国际中转、配送、采购、转口贸易和出口加工等业务[①]。综合保税区是支撑区域经济开放的一个重要平台，是拉动经济发展的“火车头”，依托综保区开放平台，可引导从事物流业、制造业的企业落户，带动区内外企业联动发展，促进新型产业落地、传统产业转型升级。

2013 年 12 月 16 日，国务院批准设立云南省首个综合保税区——红河综合保税区。红河综合保税区地处滇南中心城市群核心区——红河州州府所在地蒙自市，是云南辐射南亚和东南亚的前沿。向东融入北部湾、延伸珠三角；向西互动孟中印缅沿边经济开放带，延伸昆皎经济走廊；向南贯通昆河海经济走廊，延伸东盟；向北对接滇中经济区，延伸成渝经济区。交通网络完善，公路、铁路骨干运输网络已形成，区位得天独厚、投资氛围浓厚。加强红河综合保税区建设，可提高云南与东南亚周边国家经济互补性和合作潜力，并进一步在中国—东盟自由贸易区、中越“两廊一圈”发展战略中，发挥重要前沿门户作用。除此之外，红河综合保税区与国家级城镇化健康发展综合改革试点、国家级蒙自经济技术开发区和中国河口—越南老街跨境经济合作区相互呼应，可形成红河州全面深化改革、全方位对外开放开发的格局，有利于形成优势互补、政策叠加、产业匹配的裂变效应。红河综合保税区已取得一定的成效，进出口贸易总额已从 2015 年的 3 亿多美元增长到 2019 年的 18.23 亿美元[②]。近年来，红河综合保税区复制自贸区先进经验推广的“先进区后报关”“批次进出、集中申报”“智能化卡口验放”“统一备案清单”“无纸化通关”等 9 项措施，极大提

① 360 百科，https://baike.so.com/doc/5682320-5894997.html。

② 中国海关数据库。

高了通关效率。未来红河综合保税区将从以出口导向为主转向兼顾国际国内市场转型，从服务区内企业为主向区内外企业兼顾转型。

继2011年《国务院关于支持云南省加快建设面向西南开放重要桥头堡的意见》发布以来，2016年2月3日，国务院正式批准设立昆明综合保税区，其成为昆明市积极融入“一带一路”，主动适应新常态，谋求新发展的“新引擎”。昆明市是中国毗邻东盟国家最多、距离最近、开放程度最高的中心城市。面向南亚、东南亚、西亚、南欧和非洲，是南北方向国际大通道和东西方向第三座亚欧大陆桥的交会点，也是东盟“10+1”自由贸易区、大湄公河次区域经济合作圈、泛珠三角区域经济合作圈“三圈”交会点①。加强昆明综合保税区建设，要用产业链思维谋划保税区发展，引资金、引技术、引管理，形成良好的互动格局，为云南省其他州市经济发展构建平台，依托长水国际机场，利用保税区海关优惠政策提升机械制造、电子产品加工、珠宝玉石加工、保税物流等产业开放发展。

五　建设境外工业园区

境外工业园区是中国企业“走出去”的一种模式创新，对抵御贸易保护主义和逆全球化势头，推动企业转型升级，实现高质量发展具有重要意义。云南省要在关键区位建设境外工业园区，集聚云南省对外投资企业，服务当地中资企业，拓展投资辐射功能。积极促进省内各高新区、开发区、工业园区到南亚东南亚国家建设工业园区；建立云南省和各州市的对外投资促进会、行业协会等组织，服务我国企业“走出去”；在征求对外投资企业意见建议基础上，完善和细化《云南省进一步引导和规范境外投资方向实施方案》；在总结老挝赛色塔工业园、缅甸曼德勒工业园、密支那工业园等已有境外工业园区建设经验与教训的基础上，出台云南省促进境外工业园区建设的扶持政策措施。

六　打造内引外联的商贸服务平台

首先要利用好进口博览会。进口博览会是以习近平同志为核心的党中

① 昆明综合保税区网站，http：//kmzhbsq.kunming.cn/。

央坚定支持贸易自由化和经济全球化、主动向世界开放市场、着眼新时代推进新一轮高水平对外开放做出的一项重大战略部署和战略决策。

在2018年举行的首届中国国际进口博览会上，云南交易团共2328家企业和单位报名注册，2588人赴上海参加，现场采购食品及农产品、医疗设备、大宗化工品、智能和及高端装备、电子及家电等产品成交31.03亿美元，有力促进了云南省消费升级和产业转型升级。在展会期间与星巴克集团（中国）有限公司、易可达贸易公司、东方国际集团、上海绿地集团、中国跨境电商协会等企业和单位进行工作座谈，抢抓机遇，积极对接东部产业转移、绿色食品市场开拓、跨境电商综试区等商务发展业务，放大进博会溢出效益①。

云南省要紧抓中国国际进口博览会这一重大机遇，积极展现云南对外开放的良好形象；要积极参与，用好平台，紧密结合自身发展需要，充分利用国际资源要素，加快推进八大重点产业、战略性新兴产业发展和打造世界一流“三张牌”，着力扩大成交规模，提升云南省市场开放水平，助力云南高质量跨越式发展。

其次是建设好“永不落幕的南博会”。长期以来中国都是南亚国家主要的贸易伙伴和外资来源国，南亚国家则成为中国重要的海外工程承包市场和投资目的地。中国—南亚博览会的举办是中国政府为发展与南亚国家关系的又一举措，能够进一步促进资本、产业、商品、技术、信息等要素流动，不断加强在要素支撑下各领域双边、多边深度交流融合。中国—南亚博览至今已成功举办5届，经过5年的培育与发展，南博会在我国全面深化与南亚、东南亚乃至世界各国多边外交、经贸合作和人文交流中发挥了重要的平台作用。

打造南亚东南亚进口商品为主的商品展示交易中心，设立南亚东南亚国家形象馆和国别特色商品交易馆，实现国家整体展示与特色商品交易结合，保税商品展示和完税商品销售融合，“线上线下”并行，打造批发零售兼顾，集经贸、文化、旅游、投资、服务等于一体的双向交流综合功能

① 《首届中国国际进口博览会云南省交易团工作走在全国前列》，中华人民共和国商务部网站，http://www.mofcom.gov.cn/article/resume/n/201811/20181102812167.shtml。

平台。发挥云南特殊地理区位优势，充分发挥南亚东南亚辐射中心作用，打造“永不落幕的南博会”，为扩大进口促进对外贸易平衡发展助力。

第六节　深入推进通关便利化

一　加快推进中国（云南）自由贸易试验区建设

建设自由贸易试验区是党中央在新时代推进改革开放的一项战略举措，在我国改革开放进程中具有里程碑意义。自由贸易区内允许外国船舶自由进出，外国货物免税进口，取消对进口货物的配额管制，也是自由港的进一步延伸，是一个国家对外开放的一种特殊的功能区域。

2019 年 8 月 2 日，《国务院关于印发 6 个新设自由贸易试验区总体方案的通知》（以下简称《通知》）印发实施，中国（云南）自由贸易试验区（以下简称“自贸试验区”）正式设立。自贸试验区实施范围包括昆明、红河、德宏三个片区，总面积 119.86 平方公里。改革试验、开放试验是自贸试验区的首要任务，国务院批准实施的《中国（云南）自由贸易试验区总体方案》（以下简称《总体方案》）将加快转变政府职能列为主要任务的第一条，足见改革试验的重要性和核心作用，行政管理与流程优化、外籍及港澳台人才发展环境优化、事中事后监管体制机制创新，是确保在云南省内进行高质量自由贸易的先决条件；外商投资的国民待遇体制、投资促进与保护机制等投资领域改革的深化与探索，是自贸试验区建设的重点、难点内容；贸易转型升级、金融领域开放创新、沿边经济社会发展模式创新、加快建设辐射中心等，都突出了改革创新和开放创新的内容。虽然《总体方案》指出了需要深化改革和创新的领域和任务，但仍然只是指出了方向，在实际操作层面，仍然需要实际管理部门和业务工作者大胆创新探索，在法律框架范围内，以企业、外商和跨境人员的需求为导向，以优化营商环境和商务服务为重点，开展积极试验探索。

南亚东南亚国家具有自身的特殊性，越南、老挝、缅甸三国也各具特色，导致云南的对外开放与其他省区市有巨大差异，东部沿海地区的对外开放经验难以复制运用到沿边开放，也难以推广复制到云南省的对外开放质量提升上。云南要通过自身的研判和分析，探索适合周边国家、适合南亚东南亚国家特点的对外辐射与对外开放举措。如在周边国家金融发展程度不高、信用程度较低的情况下，探索具有风险分摊和跨境保险支持的跨境融资服务；如在优质医疗资源不足，医疗服务水平不高的情况下，探索通过引进国内外医疗资源，建设区域性国际诊疗保健合作中心等，全力打造世界一流的健康生活目的地；再如周边国家边境地区劳动力来河口、瑞丽、磨憨等地务工，具有务工外籍人员知识层次较低和跨境频繁等特点，在其他地区都没有形成良好的可借鉴经验，必须以在边境口岸和工业园区从事劳务的外籍工人的需求为导向，加快探索建立外籍务工人员有效管理的长效机制。

二　推进口岸建设

口岸是对外开放的门户，更是对外经贸合作的桥梁。云南省一类口岸共 18 个，以陆运口岸为主。陆运口岸 11 个，分别是瑞丽、勐腊（磨憨）、河口、畹町、金平（金水河）、麻栗坡（天保）、腾冲（猴桥）、孟定（清水河）、勐海（打洛）、江城（勐康）、马关（都龙）口岸；港空口岸 4 个，分别是允许外籍飞机进出的昆明国际机场航空口岸和西双版纳国际机场航空口岸、丽江机场口岸、芒市机场航空口岸；水运口岸 3 个，分别是允许外国船舶入出境的景洪港、思茅港、关累港水运口岸。二类口岸 7 个，均为陆运（公路）口岸：与缅甸接壤的孟连、沧源、南伞、陵川（章凤）、盈江、片马口岸，与越南接壤的田蓬口岸。

2018 年以来，云南省边检机关努力推进勤务工作规范化、口岸管控精准化、队伍业务专业化、服务管理精细化“四大工程”建设，制定出台了 15 项“放管服”措施，为服务云南沿边开发开放、实现高质量跨越式发展、更好服务和融入国家发展战略营造了优质高效的通关环境。在全省口岸（通道）新建 50 条自助查验通道，实施出入境船舶网上报检、出入境流量高峰预警等便利措施，开设生鲜食品（花卉）快速通道 5148 次，为企业节省资金逾 4000 万元，紧急开通生命绿色通道 627 次，救助急重病人 724 人，为 6.2 万人次跨境学童提供快速通关服务，全省边检机关检查出入境人员 4584 万人次，同比增长 14.46%，查验交通运输工具 987 万辆

（架、列、艘）次，同比增长22.20%，口岸通关服务更加便民、惠民。进出口环节验核的监管证件数量比2017年减少1/3以上，口岸整体通关时间压缩一半，进出口环节合规成本减少一半①。

云南省口岸建设虽已取得一定成绩，但仍存在口岸开放不对等的问题。如我国口岸开放、通关便利化政策措施和监管手段虽相对灵活务实，但周边国家缺少与之相匹配的政策，应引起重视。应从省级层面争取中央在云南部分口岸进行试点，下放口岸审批事权，让部分口岸在先行先试、大胆创新方面有一定自主权，发挥云南省不同领域、部门与周边国家建立的沟通机制作用，及时跟踪研判周边国家相关管理体制机制运行及法规政策变化信息，更加灵活、主动和务实地制定对应之策。同时建议加大对周边国家口岸基础设施和技术手段的援建力度，帮助周边国家提升口岸产品通关查验能力。除此之外要进一步优化口岸营商环境，围绕简政放权，减少进出口环节审批监管事项；加大改革力度，优化口岸通关流程和作业方式；提升通关效率，提高口岸物流服务效能；加强科技应用，提升口岸管理信息化、智能化水平；完善管理制度，促进口岸营商环境更加公开透明。

第七节　大力推进跨境经济合作

云南边境线长，中央给予的支持政策不少，跨境经济合作潜力巨大。

一　推进跨境电子商务快速发展

发展跨境电子商务对云南省主动服务和融入国家发展战略，培育经济发展新动能，推动形成全面开放新格局，建设我国面向南亚东南亚辐射中心具有重要意义。2018年7月24日，国务院下发了《国务院关于同意在北京等22个城市设立跨境电子商务综合试验区的批复》（国函〔2018〕93

① 《云南边检机关2018年查验出入境旅客4584万余人次》，中国日报中文网，http://cnews.chinadaily.com.cn/a/201901/10/WS5c36b6caa31010568bdc2a2a.html。

号），批准昆明市设立跨境电子商务综合试验区（以下简称“试验区”），给云南省发展跨境电子商务及促进云南高质量跨越式发展带来重大战略机遇。

根据《中国（昆明）跨境电子商务综合试验区实施方案》（云政发〔2019〕6号）的总体要求、主要任务、创新举措和保障措施，推进电子商务线上公共服务平台建设与线下产业园区平台建设，建设跨境电子商务信息共享体系、金融服务体系、智能物流体系、信用体系、统计监测体系、风险防控体系，加强电子商务国际合作，培育壮大跨境电子商务市场主体，加强政策支持力度，加快推进中国（昆明）跨境电子商务综合试验区建设，大力发展跨境电商，形成“永不落幕的南博会”新支撑。

二　推进跨境人民币业务及跨境金融发展

云南金融基础设施不断完善，跨境人民币业务创新已显现“红利”，这将有力促进金融对外开放，助力云南跨越式发展。

自2013年11月21日，经国务院批复同意，中国人民银行等11部委联合印发《云南省广西壮族自治区建设沿边金融综合改革试验区总体方案》，自2013年以来，云南金融业发展迅速，2014～2017年，人民币存款增加9278亿元，增长了45%；人民币贷款增加9628亿元，增长了61%；直接融资增长44%，保险资金运用增长306%；保险保费收入增长了91%，保险赔付增长了79%。金融业增加值2017年达到1194亿元[①]。云南金融机构与周边国家银行机构建立了跨境人民币结算合作关系，形成清算行、代理行等多种结算模式，开发“东盟七国产品体系”“越老缅产品体系”“南亚国产品体系”等跨境业务产品体系。多家驻滇银行机构设立沿边金融合作服务中心、泛亚业务中心、泛亚跨境金融中心、离岸业务创新中心等区域性功能性总部，开辟跨境清算的新渠道[②]。

跨境人民币业务地域范围已覆盖82个国家和地区，2017年上半年，

① 《云南跨境金融合作成绩斐然》，人民网，http：//yn.people.com.cn/n2/2018/0629/c378439－31757099.html。

② 《云南跨境金融合作成就展亮相南博会》，《云南日报》2018年6月15日。

全省跨境人民币结算量达 267.9 亿元，对东盟跨境结算量达 165.1 亿元，比上年同期提高了 9.2 个百分点。云南省在全国首批试点个人经常项下跨境人民币业务，到 2018 年 9 月末，跨境人民币累计结算额为 4459.77 亿元，结算量较试点前翻了两番多，实现了经常账户项下向资本及金融账户项下的延伸。完成了跨境人民币贷款试点任务，全省 19 家企业从境外借入人民币贷款，9 家跨国集团企业搭建跨境人民币资金池，实现了跨国企业集团境内外成员企业之间的跨境人民币资金余缺调剂和归集业务。缅甸央行也已正式宣布增加人民币等作为官方结算货币，这对未来做好跨境人民币结算业务是一个重要利好。

在进一步全面扩大对外开放工作中，要积极引进南亚东南亚大型银行来滇设立分支机构或合资机构，促进跨境金融发展。鼓励市场主体在跨境交易中使用人民币计价结算。支持试验区内银行与境外银行间建立代理结算关系。支持银行拓展境内外联动的跨境人民币结算有关产品，促进贸易投资便利化。推进人民币与老挝基普的柜台以及区域挂牌兑换业务。创新非居民人民币个人银行结算账户管理模式。允许符合条件的中资银行在试验区内开展居民与非居民账户分离业务试点，实现分账核算管理，探索试点居民账户与境外账户、居民账户与非居民账户之间的资金可自由划转。扩大并规范非居民账户开立。推动探索跨境人民币流通管理云南模式。依托边交会、边贸会等各类经贸往来平台，促进跨境金融合作与交流。加强推介与宣传力度，扩大跨境人民币业务的社会认知度和参与度。

三 探究跨境旅游业发展

中国和南亚东南亚国家是当今世界经济发展最具活力和旅游发展最具潜力的地区之一，进一步加强中国与南亚东南亚各国之间的跨境旅游合作，既是顺应经济全球化和区域经济一体化发展的必然要求，也是推进我国与周边国家共同发展的实际需要，还是增进民众之间相互了解和友谊的重要举措。云南是中国唯一可以同时从陆上沟通东南亚、南亚的省份，再加之丰富的旅游资源、独特的地理气候环境、珍贵的自然文化遗产、热情好客的人民，在开展与南亚东南亚跨境旅游合作方面，云南兼具天时地利人和优势。

旅游是加快中国与南亚东南亚国家合作的优先领域，加快推进边境旅游发展和跨境旅游合作是开拓云南高质量跨越式发展的新动力。近年来云南主动服务和融入“一带一路”倡议，在与南亚、东南亚国家合作跨境旅游线路打造、旅游市场拓展等方面取得很大进展。据云南省文化和旅游厅通报，2013～2017 年，全省接待海外游客从 533.5 万人次增加至 667.69 万人次，年均增长 5.8%，居全国第 5 位；接待国内游客从 2.4 亿人次增加至 5.67 亿人次，年均增长 24.0%，居全国第 12 位；旅游业总收入从 2111.24 亿元增加至 6922.23 亿元，年均增长 34.6%，居全国第 8 位。2019 年上半年，全省累计接待国内游客 3.95 亿人次，同比增长 17.7%，累计接待海外旅游者 387.3 万人次，同比增长 6.74%。全省共实现旅游业总收入 5232.99 亿元，同比增长 18.48%，其中实现旅游外汇收入 24.72 亿美元，同比增长 7.77%；实现国内旅游收入 5069.35 亿元，同比增长 18.87%①。云南省已走出了一条符合云南实际的特色旅游发展道路，并迅速发展。2017 年，云南积极开展中老、中缅、中越跨境旅游合作区建设方案的编制工作，并编制完成了《云南省边（跨）境旅游专项规划》，旨在通过跨境旅游合作区建设，与周边国家实现“资源互享、产品共推；客源互送、企业共赢；信息互通、市场共管；人才互动、设施共建”的交流合作格局，促进边境地区外向型经济发展。近年来，在中国—中南半岛经济走廊、孟中印缅经济走廊、澜沧江—湄公河合作框架下，云南与周边国家先后达成《昆明共识》《昆明行动愿景》，积极探索开展双边、多边旅游交流与合作，为开展跨境旅游合作打下了坚实基础。

云南省在跨越式发展新征程上，一是要提高通关便利化程度、提升便民便利水平。推进沿边旅游城镇及口岸的基础设施和服务设施建设，实现口岸旅游管理协调服务一体化。推动建立无障碍旅游区，实施更加便利的签证政策和通关手续，加密和增开国际航线，完善跨境旅游服务保障体系，加强旅游保险、旅游救援合作，推动建立旅游纠纷调解机制、旅游安全预警机制、突发事件应急处理合作机制，为游客往来创造更多便利。二

---

① 《2019 年上半年全省旅游经济指标情况》，云南省文化和旅游厅网站，http：//www.ynta.gov.cn/Item/43966.aspx。

是要积极推进跨境自驾游的发展。积极培育跨境连锁型、网络化租赁车旅游服务企业，发展跨境落地自驾、异地租还车、分时租赁车等新业态，统一旅游服务标准，建立完善自驾游信息管理服务系统、自驾游服务网点体系、应急救援体系等，培育开发国际自驾旅游精品线路。不断加快旅游产品结构转型升级步伐，创新发展跨境旅游，探索设立边境旅游试验区、跨境旅游合作区。

四　开展跨境动物疫病区域化管理

为主动融入“一带一路”，推进云南面向南亚东南亚辐射中心建设，充分利用两个市场、两种资源，推动云南高原特色农业“走出去”，创新国家边境动物疫病防控新机制，打击牲畜活体及产品走私行为，强化边境动物疫病防控，促进动物及其产品国际贸易，全面提升云南省沿边开放的层次和水平，促进边境地区社会经济持续健康发展。2017 年 5 月 3 日，农业部商务部海关总署质检总局联文复函，支持云南省在边境地区开展跨境动物疫病区域化管理试点工作，明确德宏州瑞丽市为试点地区。这将缓解我国动物产品的供求压力，保障国内动物生产安全、公共卫生安全，促进边境地区经济发展。

五　大力推进跨境物流产业发展

物流贯穿三次产业，连接着消费和生产两端，在经济跨越式发展中发挥着重要作用。云南极为重视现代物流产业发展，在“五网”基础设施建设中明确要求要推进现代物流网建设。随着跨境电商的兴起，云南企业和国外合作伙伴联系日益紧密，跨境物流的快速发展势在必得。

近年来云南省着力培育现代物流产业，在跨境物流、智慧物流、冷链物流、城市配送等重点工程上实现了新的发展，在龙头企业培育、重大项目建设、供应链创新与应用等重点工作上实现了新突破，全省现代物流产业异军突起，产业规模和影响力不断扩大。据云南省商务厅统计，2017 年以来 5A 级物流企业从 1 户增加至 8 户，新加坡丰树集团、上海天地汇等世界500强及国内知名物流企业落户云南省，国家供应链创新与应用试点企业数量居全国前10位。全省现代物流产业增加值2017年实现1414亿元，同比增长13.9%，超额完成年度目标任务①。2018年，全省现代物流产业增加值实现1635亿元，同比增长15.7%，占整个服务业增加值的19%，占全省地区生产总值的9.14%②。云南已设立200亿元的全市场化现代物流产业投资基金，境外物流公司已覆盖老挝、缅甸、越南、泰国等国家和地区。

在未来，云南省要进一步贯彻落实《云南省加快推进现代物流产业发展10条措施》，加强跨境节点建设，完善境外物流服务网络，推进跨境物流企业集团组建工作，开展跨境物流体系建设创新改革试点；推动国际班列和铁路货运发展，鼓励云南省有实力的物流企业"走出去"开拓国际物流市场。

---

① 《云南省现代物流产业加快发展》，中华人民共和国商务部网站，http：//www.mofcom.gov.cn/article/resume/dybg/201811/20181102802586.shtml。

② 《1－8月全省现代物流产业增加值（预计）实现1193亿元》，云南省人民政府网，http：//www.yn.gov.cn/sjtj/sidt/201910/t20191005_182945.html。

第四章

按三个定位推进云南跨越式发展

从习近平 2015 年考察云南讲话中可以看出，云南跨越式发展，是在主动服务和融入国家发展战略中才能实现的，如果不主动服务和融入，或者说服务和融入得不好，是不可能实现跨越式发展的。而这个主动服务和融入的过程，就是把云南建设成为我国民族团结示范区、生态文明建设排头兵、面向南亚东南亚辐射中心的努力过程，这三个定位建成之时，也就是云南跨越式发展实现之日。

第一节　面向南亚东南亚辐射中心建设与全面开放的跨越

建设面向南亚东南亚辐射中心是云南省在主动服务和融入“一带一路”倡议，从开放末端走向开放前沿的持续动力，更是在经济全球化和金融国际化的世界经济新趋势下，实现云南全面开放的跨越式发展。

一　增强经贸合作辐射力

经济全球化是社会生产力发展的必然要求和科技进步的必然结果，习近平总书记出席亚太经合组织工商领导人峰会并发表主旨演讲，强调世界经济发展要坚持开放、发展、包容、创新、规则导向。云南省在构建开放型的经济新体制下建设面向南亚东南亚的经济贸易中心，以开放、发展、包容、创新、规则导向提升经济贸易辐射能力是支撑云南省建设面向南亚东南亚辐射中心的新鲜血液。

云南省是中国、南亚、东南亚三大经济区的接合部，具有位置优、市场广、与两亚经济互补性强的优势。2017 年 3 月 11 日，云南省出台了

《云南省人民政府关于印发云南省建设面向南亚东南亚经济贸易中心实施方案的通知》(云政发〔2017〕13号),指导并落实了经济贸易中心建设的总体要求、发展目标和主要任务。在内外经济建设中加强城镇群互补互动和加快生产要素集聚来打造经济增长极和增长带;在设施联通中统筹推进周边互联互通网络建设;在合作平台的设立中建设省内功能合作区、推动境外园区发展、扩大口岸开放;在要素集聚的举措里推动商贸中心、物流中心、国际航空枢纽、电子商务中心、会展中心功能模块完备;在企业转型升级的进程中改造创新传统产业、培育新优势产业、推进重点产业发展,鼓励企业深化国际产能合作;同时强化市场管理体系和社会信用体系,保证营商环境的法治化、国际化和便利化。

云南省在中国和南亚合作中具有重要地位,中国—南亚博览会永久落户云南省,且云南省是我国唯一一个与南亚开展全面经济合作的省份。2000年云南省与南亚八国贸易总额为0.579亿美元,2017年上涨了10倍,为5.87亿美元①。其中印度2017年与云南省贸易总额为3.82亿美元,占南亚八国与云南双边贸易总额的65.07%②,且2000~2017年与云南省贸易总额在南亚八国中遥遥领先。尼泊尔与云南省双边贸易经历了从零贸易总额到持续3年的低水平低增速贸易总额的阶段,从2012年起开始迅速增长,到2015年达到了0.33亿美元,虽然2016年其与云南省贸易总额下降到180万美元,但仍高于贸易往来起步阶段的水平。截至2017年,尼泊尔、阿富汗和马尔代夫与云南省双边贸易仍有很大的发展空间。虽然云南省与南亚八国的双边贸易总额有了总体可观的增长,但是其占云南省对外贸易总额的份额仍然偏少。南亚市场广阔,云南省与南亚经济贸易合作具有可寻利益汇合点和地缘人文后发优势,云南省在建设面向南亚东南亚辐射中心的过程中推进经济贸易的往来是开放省内经济、开拓南亚市场的良好契机。

东南亚是我国与“一带一路”沿线国家和地区中最重要的贸易伙伴。2000年云南省与东盟国家贸易总额为6.27亿美元,2017年云南省与东盟国

① 《云南省2017年国民经济和社会发展统计公报》。

② 《云南统计年鉴(2018年)》。

家贸易额总额为130.90亿美元，相比2000年上涨了约20倍，2017年云南省与东盟国家贸易总额占云南省对外贸易总额233.94亿美元的55.95%[①]。

在共建“一带一路”大背景下，云南省积极融入和服务国家与南亚、东南亚国家构建命运共同体，联通中国、南亚、东南亚三大市场，秉持全方位对外开放新格局的理念，建立合作共赢、互惠互利的良好关系，以扎实的步伐融入世界经济体系。云南省建设面向南亚东南亚经济贸易中心是告别以往传统经济发展理念，并以自身优势促进内部经济发展和完善经济对外开放机制的跨越式发展。

二 增强科技创新辐射力

科技创新是贸易互通、资金融通、道路联通等方面的助推力，同时科技合作是发挥中国—东盟自贸区升级版、大湄公河次区域升级版等区域合作高地优势的催化剂。以科技为切入点建立云南省面向南亚、东南亚的区域科技创新中心，不仅顺应了国家产业从劳动密集型向资本、知识密集型转型升级的大趋势，同时也是让云南省在传统产业转型升级和对外经济合作中寻求科技创新的新路径。

在以科技为切入点开展对外合作方面，先后成立了以云南省为依托的两大中心。为了加快建设中国与南亚技术转移协作网络以及转移信息和对接的平台，并有效率地组织技术转移活动，2014年6月6日，中国—南亚技术转移中心在第二届中国—南亚博览会上正式揭牌。2015年第三届中国—东盟技术转移与创新合作大会上，中国—东盟创新中心正式成立，汇集了各类创新要素和资源，促进了中国与东盟技术、人才、项目和企业的对接，强化了双方科技创新的合作。2017年是将科技资源的配置作为云南省政府财政支出的集中领域的一年，更是使“科技入滇”得到进一步深化的一年，云南省制定了科技创新中心的实施方案，落实了《建设面向南亚东南亚科技创新中心专项规划》，预算3年将投入6000万元财政经费支持科技研发，并且由中国—南亚技术转移中心和云南省科学技术厅成功举办了2017年南亚东南亚技术转移对接洽谈会。

① 《云南统计年鉴（2018年）》。

除了对外科技技术交流以外，云南省也着力强化自身科研能力。2017年省政府对高校、研究所及达到规模的企业投入补助资金3.42亿元，较上年增长了23%。在科技专项项目方面，搭建了云南省北斗位置服务综合平台、云南省遥感卫星应用综合服务网络平台；开展了液态金属材料的新材料重大专项、碳纳米纸等前沿新材料的研发及成果转化工作；设立了云南省铝合金材料及应用工程技术研究中心，组织策划了铝产业重大科技专项；培育发展了铝—空气电池、铝合金材料、高端钛材等新材料产业。

经济基础是发展科技水平的支撑条件，科技创新也是经济发展的强劲动力，云南省经济发展进入了换挡提速的新常态，体现在科技创新对外合作平台顺利建设和省内科研强化工作取得明显进展等方面。科技创新领域的交流合作是云南省面向南亚东南亚辐射中心的顶层设计，建设面向南亚东南亚的科技创新中心使云南省改变传统要素生产模式，走上以科技引领社会发展和进步的跨越式发展道路。

三　增强金融服务辐射力

实现云南省与南亚、东南亚高效率的资金融通是建设辐射中心的重要环节，也是促进双边经济贸易合作的助推力。将云南建设为面向南亚东南亚金融服务中心不仅促使省内金融领域在换挡加速地建设中实现补短板、创新化、开放化的跨越，同时也为建设辐射中心增添了金融内涵。

云南省沿边金融特色鲜明，是全国首个与周边国家进行金融合作的国家，泛亚金融和跨境金融具有驱动优势。近年来在秉持“共商、共建、共享”的原则下，云南省以人民币区域化和跨境结算机制创新为目标，不断健全自身金融组织体系和扩大金融交流合作。2016年12月省政府出台《云南省人民政府关于建设面向南亚东南亚金融服务中心的实施意见》，提出云南省金融辐射中心发展的总体要求，要将昆明建设为区域性国际金融中心，同时落实沿边金融综合改革的试验区，在健全金融组织体系、建设资本市场和强化保险服务功能等方面提升金融服务云南省实体经济的保障水平，以互设银行机制、跨境融资、跨境结算和跨境人民币创新业务等方式加快与南亚东南亚地区的金融互通、货币流通、资金融通。

目前除了东帝汶和文莱以外，我国在其他九个东南亚国家都设立了中资银行，其中，中国工商银行、中国农业银行、中国银行、中国建设银行、交通银行和招商银行6家中资银行在新加坡设立了分行，云南省的富滇银行也于2014年跨出了跨境设立银行的第一步，在老挝建立了分行，并且在全国首次推出人民币对老挝基普的直接定价，是国内首家获批挂牌东南亚国家货币的城市商业银行。东南亚国家在中国设立银行机构时间短、规模小。2015年，菲律宾、新加坡、马来西亚和泰国分别在中国设立了各国银行机构分行或者代表处，2017年11月23日，新加坡大华银行昆明分行正式开业，成为云南省内的第八家外资银行。相比于东南亚国家，南亚国家与我国银行机构互设交流较少，2011年我国分别在印度和巴基斯坦设立了中国工商银行分行。

2017年云南省人民币跨境结算达到了515.97亿元，其中缅甸成为云南省人民币跨境结算的第一大市场，业务占比为37.41%，越南、新加坡、缅甸排名第三至第五。为了规范人民币与南亚东南亚国家边境贸易货币的兑换结算金融服务窗口通道，2014年国家外汇管理总局批准云南省德宏州开展经常项下人民币兑缅币特许兑换业务试点，随后分别又在西双版纳、红河复制推广人民币对基普、泰铢、越南盾个人本外币特许兑换业务。

由于环境、地缘和基础设施的原因，云南经济水平长期落后于我国东部沿海沿江省区市，实现金融开放化、创新化的跨越式发展对云南省既有改变发展理念、创新发展路径的挑战，但同时也是完善金融体制、提升金融服务水平、实现金融开放的机遇。实现面向南亚东南亚辐射中心金融服务中心的建设，是克服历史存留的难题，把握新时代给予的机遇，全面建成区域经济新增长极的跨越式发展。

四 增强人文交流辐射力

推动云南省与南亚、东南亚国家的人文交流合作和文化贸易联通是增进国家和人民互信的有效途径，也是促进区域合作深化发展的重要桥梁和纽带。云南省建设面向南亚东南亚人文交流中心，不仅拓展了自身整体发展的深度和广度，也是在国家发展的角度下追求互利共赢的“云南定位”。

南方丝绸之路承载了我国文化的西传，而中国文化的传播扩充了南亚、西亚、中亚与欧洲地中海文明的内容，云南省处于连接我国与东南亚、南亚的纽带区域，必定在“一带一路”倡议中扮演人文交流合作的窗口角色。2016 年 12 月，云南省出台了《云南省建设面向南亚东南亚人文交流中心规划（2016—2020 年）》（以下简称《规划》），是在主动融入“一带一路”倡议的背景下，发挥云南省地缘、人缘和文缘的优势，通过人文交流增强我国与南亚和东南亚国家人民之间的互信互通，打造“滇字号”人文品牌的指导政策。《规划》提出在 5 年间，云南省将在文化艺术、新闻出版广播电视、教育、卫生、体育、旅游、文化产业、智库等领域，构建多手段、多平台、多渠道的人文交流合作机制。

教育是人文交流合作的基础性领域，2017 年云南省外国留学生总人数排名进入全国前十位，约 1.88 万人，其中，南亚东南亚国家留学生占比最高；同时，云南省在外举办孔子学院增至 15 个，国家留学基金委设立专项资金资助云南省非通用语种人才出国留学。2018 年 6 月 13 日，云南—南亚东南亚教育合作论坛在昆明开幕。论坛期间云南省教育厅分别与孟加拉国教育部、英国总领事馆文化教育处签署了“教育合作备忘录”和“教师发展合作意向书”，旨在进一步加强云南省与南亚、东南亚国家在教育领域和文化学术领域的合作效应。文化企业“走出去”是人文交流合作的重要形式，云南杨丽萍文化传播股份有限公司、云南新华书店集团有限公司等 11 家文化企业入选 2017 ~ 2018 年度云南省文化出口重点企业名单，大型原生态歌舞集《云南映象》等 8 个项目入选 2017 ~ 2018 年度云南省文化出口重点项目名单。昆明新知集团有限公司在云南、四川、贵州、湖南四省建立了 68 个连锁书城，除了在国内扩大产业规模，其还在柬埔寨、老挝、马来西亚、缅甸、斯里兰卡、泰国、尼泊尔、南非和印度尼西亚建立了 9 个国际连锁华文书局。

人文交流合作是云南省建设面向南亚东南亚辐射中心的软实力，近年来云南省坚持与邻为善、以邻为伴，本着合作共赢、务实有效的原则，把人文交流作为一项长期性、基础性和战略性的工作，有效地推进了与邻国的相互信任、相互了解和双边友谊。改革开放 40 多年来，中国已经在人才培养合作、文化产业“走出去”和中国传统文化传播等方面实现了一定程度的跨越式发展；在新时代的发展机遇下，云南省明确自身新定位，建立人文交流中心，实现追溯历史地缘人缘和文缘优势、坚定文化自信立场和拓展对外交流合作渠道的跨越式发展。

五 强化基础设施辐射力

实现与南亚、东南亚各国基础设施的互联互通是建设辐射中心的首要领域，同时也是与南亚、东南亚开展各项合作的重要基础。强化基础设施建设不仅能更好地切合国家开放战略下的基础设施网络机制，使云南省沿着“一带一路”的开放路径“走出去”，也有助于云南省在自身落后的基础设施优化进程中实现跨越式发展。

云南省地理位置优越，使其在交通设施联通和跨境电力、电信、能源管道等网络连接中具有较大潜力。在以习近平同志为核心的党中央指导下，云南省明晰了“省域腹地—边境口岸”形成的对外辐射经济走廊，并已全力投入省内区域中心城市驱动沿边，沿边开放联动辐射南亚、东南亚的工作中。2017 年云南省人民政府办公厅批准了《云南省沿边城镇布局规划（2017—2030 年）》，强化了“昆明—芒市—瑞丽—曼德勒—皎漂”“昆明—景洪—磨憨—万象—曼谷”“昆明—蒙自—河口—河内—海防”“昆明—隆阳—腾冲—密支那—印度”“昆明—临沧—孟定—曼德勒”“昆明—普洱—孟连—缅甸掸邦”“昆明—文山—麻栗坡—河江”“昆明—文山—富宁—北部湾”8 条经济走廊支撑带的服务保障作用①。

中国—中南半岛经济走廊是以云南昆明和广西南宁为起点，服务于中国与东盟合作往来的“一带一路”建设六大经济走廊之一，经过缅甸、泰国、越南、老挝、柬埔寨、马来西亚、新加坡 7 个东南亚国家，目前通往老挝、越南的高速公路省内段已经建成，通往越南的新滇越铁路也已经通车，正在建设中的中老铁路有望在 2021 年正式通车。

孟中印缅经济走廊是连接中国西南部、印度东北部、缅甸、孟加拉国的经济走廊，以交通干线和综合运输通道为发展主轴，昆明、曼德勒、达卡、吉大港、加尔各答等经济城市和港口为其主要节点。目前中国与缅甸和孟加拉国在加强公路和铁路网络建设中达成了积极共识，然而国家之间

---

① 《云南省重点建设 8 条经济走廊》，中国政府网，www. gov. cn/xinwen/2017 - 08/20/content_5219047. htm。

地理国情和经济发展水平存在差距使得孟中印缅经济走廊的建设遇到了困境。

“一带一路”愿景规划中，中国—中南半岛经济走廊和孟中印缅经济走廊的规划建设一方面可以促进我国与南亚和东南亚国家之间经济要素的流动，另一方面以要素的流动带动了云南省和南亚、东南亚经济的互利共赢。云南省带着新时期国家发展的使命，以重要的沿边开放枢纽重新对自身进行了定位，强化自身基础设施建设是云南省打破基础设施落后导致的经济发展瓶颈并实现基础设施的全面化、开放联通化的跨越式发展。

第二节　民族团结进步示范区建设与多民族齐奔小康的跨越

云南省是我国的民族大省，25 个世居少数民族、15 个特有少数民族、16 个跨境少数民族、11 个“直过民族”，形成了大杂居、小聚居的团结状态，投映了我国多民族统一大家庭的美好图景。习近平总书记考察云南时，要求云南努力成为我国民族团结进步示范区，着力推进民族团结进步事业，这是符合中华五千年民族团结文化背景和云南多民族省情的，也是将马克思主义民族团结理论运用于云南的民族工作实践之中，促进了云南省实现全民建设小康、推进社会主义现代化跨越式发展。

一　推进公共服务均等化

推进民族地区公共服务水平的均等化是建设民族团结进步示范区的民生工程，也是“打赢扶贫攻坚战、全面建成小康”的必然选择。实现民族地区与非民族地区的公共服务均等化，不仅诠释了社会发展水平和社会福利水平的均等化，也体现了“各民族都是一家人，一家人都要过上好日子”的坚定信念。

近年来云南省经济总体保持快速发展，但作为一个欠发达的边疆民族省份，省情特点决定了云南公共服务均等化建设存在诸多挑战。2017 年云南省委、省政府印发《云南省建设我国民族团结进步示范区规划（2016—

2020年)》，并将其列为云南省“十三五”省级重点规划之一，规划中提出“坚决打赢脱贫攻坚战，加快民族地区基础设施建设，推进基本公共服务均等化，持续增加民生福祉”。云南示范区建设“五同”的制度设计，把推进基本公共服务均等化作为“头号”民生工程来抓。

在基础教育发展方面，云南推出一系列大力发展民族地区义务教育和提高全省教育均衡水平的政策，如实施“两免一补”政策和“三免费”教育政策、创办寄宿制民族中小学、举办民族特色大中专班等，解决了民族地区普及九年义务教育问题。2017年末，在八个少数民族自治州中，除了西双版纳傣族自治州和怒江傈僳族自治州，其余六个自治州初中入学率都在90%以上。在公共医疗卫生发展方面，2016年始云南省实施了《云南省医疗卫生服务体系规划（2016—2020年)》，公共医疗卫生的发展是衡量居民生活质量水平不可缺少的方面，也为民族团结进步示范区的建设提供了健康保障，2017年末全省共有医疗卫生机构24688个，其中医院1252个。医疗卫生机构拥有床位数27.48万张，卫生技术人员28.39万人[①]。在养老服务发展方面，养老服务针对的服务对象是“三无”、低保、特困等低收入生活困难的老人，各个民族自治州城镇职工养老保险的参保人数都在逐年增加。在交通基础设施建设方面，近年民族地区取得了长足的进步，2017年怒江傈僳族自治州全州公路总里程达5740.9公里，40年间新增公路里程达5206.9公里[②]，迪庆藏族自治州公路全州公路通车里程为6309.752公里[③]，相比之下红河哈尼族彝族自治州公路设施建设较好，2017年底，红河州境内公路通车里程突破23297公里，其中高速公路通车总里程近700公里，全州实现了所有县市100%通高等级公路，所有乡镇、行政村实现100%通畅的目标[④]。

云南省内民族地区地理位置偏远，通信交通等基础设施长期不发达，其中独龙、德昂、基诺、怒、布朗、景颇、傈僳、拉祜、佤9个民族既属

---

① 《云南省2017年国民经济和社会发展统计公报》。

② 《大峡谷的腾飞之路——改革开放四十周年怒江傈僳族自治州交通发展变化纪实》，云南省交通运输厅网站，http://www.ynjtt.com/Item/224751.aspx。

③ 《迪庆州2017年国民经济和社会发展统计公报》。

④ 《红河州发展和改革委员会对政协红河州十二届一次会议第159号提案的答复》，中国政府网，http://www.hh.gov.cn/zmhd/jytabljg/2018njytabljg/2018nzxtabljg/201809/t20180927_302537.html。

于人口较少民族，也是从原始社会末期或奴隶社会直接过渡到社会主义社会的“直过民族”。此外，普米族和阿昌族也属于人口较少民族。由于历史、社会及地理条件等多重原因，人口较少民族与“直过民族”群众平均受教育程度普遍较低[①]。贯彻落实民族地区公共服务均等化的建设，是民族团结进步、边疆繁荣发展的保证，各民族同呼吸、共繁荣、心连心维护我国边疆稳定，是云南省实施开放经济政策的重要保证，云南省实现民族地区公共服务的均等化，必定能够推进云南在中国特色社会主义民族工作道路中的跨越式发展。

二　优化民族事务治理

民族治理现代化是国家治理现代化的重要组成部分，民族治理现代化的中心是民族事务治理体系和治理能力的法治化、制度化和规范化。云南省积极探索民族事务治理体系和治理能力的现代化是民族团结、宗教和谐、社会进步、边疆稳定的重要措施，也是建设云南省民族团结进步示范区的必要组成部分。在新形势下，如何在民族事务治理中取得突破性的进展，既要求继承民族工作的经验，也要与时俱进地把握民族问题和民族工作的特点和所面临的难点。

民族治理问题常常是民族问题、边疆问题、贫困问题的相互交织，并具有长期性、复杂性、群众性的特点。2016 年 5 月 23 日，省政府立足于云南省的省情，发布了《云南省宗教事务规定》（以下简称《规定》），《规定》以宗教事务的方针为指引，在宗教教职人员和信教群众合法权益的确定、宗教活动场所的新建改建、宗教培训机构和宗教网站的设立等方面进行了明确规定，并具体规定了宗教活动的安全管理。2017 年《云南省建设我国民族团结进步示范区规划（2016—2020 年）》6 个重点 30 个项目中提到，将民族事务治理作为规划的重点之一，并包含培养高素质少数民族人才队伍、完善民族工作服务管理体系、提升民族宗教事务法治化水平、构建民族宗教理论研究体系 4 个项目。

① 王增文：《重视发挥双语科普在云南直过民族和人口较少民族脱贫中的作用》，《中国民族报》2017 年 9 月 15 日。

在少数民族人才队伍培养方面，云南省对少数民族在公务员招录工作中进行适当倾斜以加强少数民族干部队伍的建设，在少数民族干部队伍的培训和选拔中也坚持了优先原则。2018 年 6 月 29 日，云南省举办了 27 个深度贫困县少数民族乡镇干部能力提升培训班，全省 10 个州市 82 名少数民族乡镇干部参与了本次培训①。在完善民族工作服务管理体系方面，云南省省会昆明市坚持把城市民族工作着力点放在社区，推进民族团结示范社区创建工作和少数民族流动人口服务管理工作，2017 年 12 月昆明市被国家民委办公厅确定为第三批 22 个少数民族流动人口服务管理示范城市之一②。在提升民族宗教事务法治化水平方面，不仅推进了《云南省民族宗教事务委员会民族宗教法治建设规划（2015—2020 年）》的贯彻实施，还抓好了“七五”普法规划的贯彻落实，组织开展“4·15”全民国家安全教育日法治宣传等教育学习活动，落实法律顾问制度，组织全省民族宗教系统开展行政执法资格培训。在构建民族宗教理论研究体系方面，2016 年云南民族大学经云南省民族宗教事务委员会批准成立了民族团结进步研究院，研究院以打造国内一流的民族团结进步理论与实践研究平台和智库、争取成为官方授权的民族团结进步创建活动第三方评估机构为目标。2018 年 10 月底，为了使理论知识转换为工作能力，云南省委党校组织分管民族宗教工作的各州市民族宗教委干部，举办了党的“民族宗教理论政策专题培训班”。

云南省是佛教、道教、伊斯兰教、基督教和天主教五大宗教聚集的省份，其中南传佛教是云南省独有的宗教，五大宗教交错和广泛分布，其中大多数信教人员为少数民族。协调处理好宗教民族工作，妥善安排好民族服务管理工作，加强民族事务法治工作建设是立足于云南省实际情况，处理复杂性、长期性民族事务问题的有效途径。科学规范的民族事务治理措施是建设云南省民族团结进步示范区的必要保障，也将助力于民族团结、边疆繁荣，并将使云南省在多民族一齐建设小康大家庭的进程中实现跨越式发展。

---

① 云南省民族宗教事务委员会。

② 《留下来融进来富起来——昆明市被确定为第三批“少数民族流动人口服务管理示范城市”》，云南民族网，http：//www.ynmzsb.cn/hp-nry.aspx？id=12672。

三　增强民族地区发展动力

基于历史、地理的原因，至今边远民族地区仍然是精准脱贫攻坚、民族团结进步和乡村振兴的主要障碍，增强民族地区发展的动力是引导全省全民族共同奔赴小康的活力源泉。向边远民族地区注入发展的内生动力，改善边民生活生产水平，增强各民族集聚的向心力和凝聚力就是要将发展特色优势产业、推进新型城镇化建设、提高科技和创新能力并加快沿边开放的四大要求同步实施。

为确保沿边地区能与全国全省同步全面建成小康社会，并在新时代中赋予沿边地区新气象，2018 年在《云南省深入实施兴边富民工程改善沿边群众生产生活条件三年行动计划（2015—2017 年）》的实施基础上，省委、省政府分析了发展现状并总结了实践经验制定了又一个“三年计划”，即《云南省深入实施兴边富民工程改善沿边群众生产生活条件三年行动计划（2018—2020 年）》。该计划以保山、红河、文山、普洱、西双版纳、德宏、怒江和临沧 8 个州市的 25 个边境市县中 110 个沿边乡镇的 878 个行政村和边境农场为实施对象，以沿边城镇建设和村寨建设为重点发展目标，并在支持沿边集镇建设，加强水运、道路等基础设施建设，培育农产品种植、畜禽产品养殖、旅游业等特色优势产业，完善教育、社会保障等公共服务，提升特色农产品商品交易、跨境旅游、跨境电子商务等沿边项目开放水平，加强沿边稳边固边水平等六方面做了具体规划①。

在发展特色优势产业方面，2016 年云南省出台了《中共云南省委　云南省人民政府关于着力推进重点产业发展的若干意见》，随后省委书记李纪恒在云南省产业发展工作会议上指出了产业发展在跨越式发展中的重要性，“离开产业发展谈跨越式发展，是无水之源、无本之木、无米之炊”。该意见指出在未来 5 年内将以创新、协调、绿色、开放、共享为统领，着重发展生物医药和大健康产业、旅游文化产业、信息产业、现代物流产业、高原特色现代农业产业、新材料产业、先进装备制造业、食品与消费

① 《云南省深入实施兴边富民工程改善沿边群众生产生活条件三年行动计划（2018—2020 年）》。

品制造业等八大产业①。同年由各重点产业领导小组，按照“成熟一支、设立一支”的原则设立8支重点产业发展子基金，同时设立1支并购基金和1支国际产能合作基金，通过社保、缓缴、降费、补贴等政策措施为企业减负。在推进新型城镇化方面，2016年云南省发布了《云南省人民政府关于深入推进新型城镇化建设的实施意见》，在不同视角下进行了战略部署；在区域城镇化视角下，谈到了从新型城镇化综合试点到城市城镇的培育；在区域升级改造视角下，规划了从提升城市功能到新农村建设辐射带动的策略；在动力机制发展视角下，部署了从完善土地的机制到创新融资机制的推进；在服务管理机制辅助视角下，制定了从完善城镇住房制度到健全新型城镇化工作的推进机制。在提高科技创新能力方面，依托特色优势产业的发展，云南省科技厅分层次实施了院士自由探索、科技领军人才培养、高端人才引进、创新团队培育、“两类人才”培养等5个科技人才计划，加大云南本土科技人才和创新团队选拔培养。以科技人才引领特色产业的创新发展，在工业领域，如乘用车柴油机、大型数控落地铣镗床等方面达到了国际先进水平，红外热成像系统、光学望远镜等技术达到了国内领先水平；在农业领域，核桃、杂交水稻、甘蔗、鲜切花等育种水平全国一流，花卉新品种数和种类居全国第一；在社会发展领域，在天然药物、生物疫苗、心脑血管药物开发等方面具有优势，形成了一批创新型企业②。在加快沿边开放方面，2016年云南省人民政府印发了《云南省沿边地区开发开放规划（2016—2020年）》，指出以滇中新区为核心，以昆保芒瑞、昆磨、昆河3条大通道为主线，以滇缅、滇老、滇越3个国际经济合作圈为支撑的“一核三线三圈”沿边地区开发开放空间新格局，为发展优势产业、健全政策保障机制、构建国际经济合作圈建立了实施载体。

云南省内的一些民族地区是又广又深的贫困集聚地，怒江傈僳族自治州是全国贫困发生率最高的深度贫困区之一，在这里有人数众多的“直过民族”，傈僳族、怒族、白族等少数民族世代居住在此，一些少数民族从

---

① 《云南：瞄准8大产业发力》，人民网，http：//yn. people. com. cn/news/yunnan/n2/2016/0414/c228496 - 28144016 - 3. html。

② 《科技人才为跨越发展提供有力支撑》，新华网，http：//www. yn. xinhuanet. com/live/2017/zflhm/index. htm。

原始社会、奴隶社会直接过渡到社会主义社会，社会发育程度较低。云南省以“全面实现小康”为目标，着眼于民族地区经济发展落后、基础设施薄弱的短板，促成民族贫困地区经济发展的“造血功能”，在以政策指引当地发展优势产业、使城镇化和工业化齐头并进、将“科技入滇”引领产业创新升级并以“一核三线三圈”承载对外开放合作的发展战略中，规划出一幅民族地区发展动力增强的工程蓝图。发展动力增强工程将促使云南省民族地区以先进高效的驱动力代替陈旧落后的发展方式，并实现民族地区自力更生的换血式跨越式发展。

四　打好精准扶贫攻坚战

党的十九大报告中明确指出，要坚决打赢脱贫攻坚战，让贫困人口和贫困地区同全国一道进入全面小康社会是我们党的庄严承诺。云南省是我国多民族集聚的大省，同时少数民族贫困人口占全省贫困人口比重也相当可观。在民族地区扎扎实实推进精准扶贫工作是以十九大精神为指导，建立云南省民族团结进步示范区必不可少的内容。

2015 年 1 月，习近平总书记调研云南时就强调了云南省要坚决打好扶贫攻坚战，加快民族地区经济社会发展，并提出“扶贫开发贵在精准、重在精准、成败之举在于精准”。2015 年 7 月 20 日，中共云南省委、云南省人民政府印发了《关于举全省之力打赢扶贫开发攻坚战的意见》，该意见提出了要以贫困地区跨越式发展和贫困群众脱贫致富为核心，沿着区域发展与精准扶贫、精准脱贫相结合的路径，在改革创新的驱动力下，大力实施新时期扶贫开发“63686”行动计划，即在 2015 年之后的 6 年中，坚决以脱贫、摘帽、增收为 3 个主要目标，推动产业扶持、安居建设、基础设施、基本公共服务社会保障、能力素质提升、金融支持 6 个到村到户做到精准扶贫和精准脱贫，突出民族地区、边境地区、革命老区，大力实施基础设施改善、特色产业培育、劳动力培训转移就业、移民新村建设、社会保障和社会事业发展、整乡整村整体推进、人口较少民族整族帮扶、生态建设 8 大工程，建立健全投入增长、项目资金整合使用管理、“三位一体”大扶贫、考核退出激励约束、“挂包帮”驻村帮扶、信息化动态管理 6 项体制机制，以确保如期实现全面小康。

2017年7月26日，云南省政府发布了《云南省脱贫攻坚规划（2016—2020年）》，确立了到2020年，稳定实现农村贫困人口不愁吃、不愁穿，义务教育、基本医疗和住房安全有保障，实现贫困地区农村常住居民人均可支配收入增长幅度高于全省平均水平，基本公共服务主要领域指标接近全省平均水平的总体目标，在产业发展脱贫的路径下，具体落实到特色产业扶贫、乡村旅游扶贫、电商产业扶贫、资产收益扶贫和农村科技扶贫五个方面；在转移就业扶贫的路径下，具体落实到职业技能培训、稳定转移就业两个方面；在易地安居脱贫的路径下，具体落实到开展易地扶贫搬迁、稳妥实施搬迁安置、促进搬迁群众脱贫和建设安全稳定住房四个方面；在教育扶贫的路径下，具体落实到提升基础教育、发展职业教育、减轻贫困家庭负担和乡村教师队伍建设四个方面；在健康扶贫的路径下，具体落实到完善医疗卫生服务体系、提高基本医疗保障能力、加大疾病预防控制力度、提升妇幼健康服务水平四个方面；在生态保护扶贫的路径下，具体落实到贫困地区生态补偿、贫困地区生态修复、贫困地区国土整治、生态监测系统建设四个方面；在兜底保障的路径下，具体落实到完善社会保障体系、完善社会养老服务体系、完善贫困救助体系三个方面；在社会扶贫的路径下，具体落实到定点帮扶、扶贫协作、企业帮扶、军队帮扶、社会组织和志愿者帮扶及国际减贫领域交流合作六个方面；在提升贫困地区区域发展能力的路径下，具体落实到特困地区重点帮扶、农村基础设施建设、农村人居环境整治、基本公共服务提升、公共文化体系建设五个方面。

2017年，省财政预算共安排省级财政专项扶贫资金46亿元，比2016年的31.15亿元增加了14.85亿元，增幅为47.67%，资金分配重点向贫困少数民族地区、贫困边境地区、贫困革命老区及集中连片特困地区倾斜，使资金向脱贫攻坚主战场聚集。省级财政专项扶贫资金主要用于支持贫困地区扶贫开发、改善沿边群众生产生活、推动直过民族脱贫攻坚、实施迪庆怒江14年免费教育等①。少数民族贫困人口占全省贫困人口的46.4%，精准扶贫与精准脱贫相结合的区域发展路径使云南省民族地区又广又深的

① 《云南46亿助推精准扶贫》，中国政府网，http://www.cpad.gov.cn/art/2017/5/17/art_5_63145.html。

贫困问题取得了阶段性成果，2017 年昆明寻甸回族自治县、巍山彝族回族自治县、普洱市的宁洱哈尼族彝族自治县等少数民族贫困县实现了脱贫摘帽，2017 年云南省全年实现 115 万贫困人口脱贫，实施易地扶贫搬迁 20 万人，实现转移就业 68.7 万人次，生态扶贫使 76.2 万贫困人口直接受益，精准资助贫困家庭学生 199.7 万人次，贫困人口全部参加基本医保和大病保险，围绕 4 类重点对象实施了危房改造 32 万户①。

云南省长期以来都是我国扶贫攻坚战的主战场，民族贫困、边疆贫困、贫困程度既深又广、扶贫开发难度高等问题都是云南省打赢攻坚战的挑战。扶贫对象精准、项目安排精准、资金使用精准、措施到户精准、脱贫成效精准是实现全面小康的关键，也将有效促进云南省解决民族贫困、边疆贫困和建立与完善民族团结进步示范区，实现民族大家庭共赴小康、一齐进步的跨越式发展。

第三节　生态文明排头兵建设与高质量发展的跨越

云南省地处长江、珠江、澜沧江、红河、怒江、伊洛瓦底江六大国内国际河流的上游或源头，生态区位重要，生态系统和生物多样性繁多，是西南重要的生态安全屏障。但由于地形地貌复杂多样和自然资源分布不均，再加上人为干扰因素，导致了云南省生态退化问题严重。2015 年习近平总书记考察云南时用生动的比喻说明了云南省生态系统对发展的重要性，“一定要像保护眼睛一样保护生态环境，坚决保护好云南的绿水青山、蓝天白云”。在经济发展和生态保护的双重压力下，云南省坚守住生态文明的安全底线是汲取了新中国成立初期对生态文明认知局限导致自然灾害频发的教训，也是继承了历代领导人生态文明可持续发展的指导思想，更是切合了党中央立足于全国、立足于当下远观未来的生态文明建设新战略。云南省建设生态文明排头兵，是总结以往发展的经验，将发展与

① 《云南脱贫攻工作打了“翻身仗》，中国产业经济信息网，http://www.cinic.org.cn/xw/fp/430970.html。

生态有机结合的高质量跨越式发展。

一 生态环境保护

中华传统文化提倡“和为贵”，除了体现在人与人的和谐相处，还体现在人与自然的和谐相处。生态环境的保护和改善是人与自然和谐相处最基本的态度，云南省生态环境脆弱敏感，资源开发与基础设施建设给生态环境的保护带来了一些压力，高原特色生物、湿地、湖泊的保护亟待加强。

2013 年 5 月 24 日，在中央政治局第六次集体学习时，习近平总书记强调要牢固树立生态红线的观念，在生态环境保护问题上不能越雷池一步，否则就应该受到惩罚。为贯彻落实以习近平同志为核心的党中央的指导思想，2018 年 6 月 29 日，《云南省人民政府关于发布云南省生态保护红线的通知》正式发布，以生物多样性维护、水源涵养、水土保持三大红线类型将生态保护红线分为“三屏”（青藏高原南缘滇西北高山峡谷区、哀牢山—无量山山地、南部边境热带森林区）和“两带”（金沙江、澜沧江、红河干热河谷地带和东南部喀斯特地带）的空间格局，并制定了 2020 年底前，完成生态保护红线勘界定标工作和基本建立生态保护红线制度的阶段性目标，2030 年生态保护红线制度有效实施，生态功能显著提升，生态安全得到全面保障的最终目标①。2018 年 6 月 5 日，云南省政府公开发了《云南省地方级自然保护区调整管理规定》，对自然保护区范围、功能区或名称和保护对象进行了条例式的管理。2018 年 10 月 16 日，云南省政府发布了《云南省生物多样性保护条例》，是全国第一部生物多样性保护地方法规，开创了我国生物多样性保护立法的先河。

2017 年云南省重点实施了碧水青山、净土安居、蓝天保卫 3 个专项行动，全省生态环境质量不断改善。在水环境方面，2017 年全省 26 条出境跨界河流监测断面中 22 个断面水质优符合一类标准、4 个断面水质良好符合二类标准，六大水系干流出境、跨界主要断面水质均达到了二类标准，

---

① 《云南省人民政府关于发布云南省生态保护红线的通知》，云南省人民政府网，http://www.yn.gov.cn/zwgk/zcwj/zxwj/201911/t20191101_184159.html。

符合水环境功能要求。按《地表水环境质量标准》（GB 3838—2002）和《地表水环境质量评价办法（试行）》评价，全省湖泊、水库水质优良率达到86.0%，比上年提高了2.2个百分点。在大气环境方面，按照《环境空气质量标准》（GB 3095—2012）对16个州市进行监测和评价，以空气质量指数衡量全省平均优良天数比例为98.2%，其中丽江优良天数比例为100%。在自然生态环境方面，全省森林覆盖率达到了59.3%，有了明显的提高，有纳帕海、碧塔海、拉市海、大山包4处国际重要湿地，还有巧家马树等15处被认定为省级重要湿地，并申报建设国家湿地公园18个和建立了各种级别湿地类型自然保护区17处，《云南省生物物种名录（2016版）》共收录了大型真菌、高等植物、脊椎动物25434个物种，且均达到了全国总物种数的50%以上①。

云南省生态环境质量保持全国领先水平，同时又是经济欠发达的边疆省份，承受着经济发展和环境保护的双重压力，但是在生态环境保护和经济发展的问题上始终坚持“生态立省、环境优先”的原则。云南省深刻认识到不能急功近利而因小失大，在提升社会生产力水平的同时，将保护生态环境作为生存之基和发展之道。保护生态环境是云南省在坚守住生态环境红线的原则下，实施与生态大省省情相符的高质量跨越式发展之举。

二　打造绿色食品品牌

“民以食为天，食以安为先”，食品的绿色和安全不仅关系到民众的身体健康和生命安全，还关系到国家的社会稳定和经济发展。“绿色食品牌”是云南省走绿色发展之路的根本之牌，也是云南省坚持绿色发展、建设生态文明排头兵必不可少的重要环节。

为打造世界一流“绿色食品牌”，引进和培育一批省内外大型优质企业，促进云南绿色有机农业及食品产业投资，加快实现高原特色现代农业绿色化、有机化、规模化、品牌化发展，2018年8月10日，云南省财政厅、云南省工业和信息化委员会、云南省农业厅、云南省林业厅、云南省商务厅和云南省招商合作局经云南省政府同意，联合发布《云南省培育绿色食品产业

① 《云南省2017年环境状况公报》。

龙头企业鼓励投资办法（试行）》，该办法表明，奖补政策包括在云南省内登记注册，具备独立法人资格，实行独立核算，投资茶叶、花卉、水果、蔬菜、坚果、中药材、肉牛、咖啡等重点产业的企业。同时，新投资上述产业，投资金额达到条件的外来企业已一并列入此奖补办法，奖补范围包括种植、养殖、加工和冷链物流等。奖补标准显示，新增种植、养殖、加工、冷链物流等资产性投资 5 亿元（含）至 10 亿元的企业，按 5% 给予一次性奖补。而企业新增种植、养殖、加工、冷链物流等资产性投资 10 亿元（含）以上的企业，则给予 10% 的一次性奖补。为推动云南省农业绿色创新发展，打造世界一流“绿色食品牌”，2018 年 8 月 31 日，中共云南省委办公厅、云南省人民政府办公厅印发《关于创新体制机制推进农业绿色发展的实施意见》，该意见从产地环境更加环保、资源利用更加节约高效和绿色供给能力明显提升三个方面设定了发展目标从转变农业发展方式、推动农业生产供给侧结构性改革的角度，要求落实构建人与自然和谐共生的农业发展新格局，推动形成绿色生产方式和生活方式。

近年来，云南省在落实“绿色食品”发展中，以鼓励食品产业注入“绿色”鲜活因素为路线，以形成“世界一流、中国最优”的食品产业格局为目标，深入贯彻落实习近平新时代中国特色社会主义思想和习近平总书记关于“三农”工作的重要论述精神。一方面，树立云南省食品企业的优秀榜样以引导企业和产品走上绿色发展道路，2018 年 11 月 23 日，在昆明举行云南省 2018 年“10 大名品”和绿色食品“10 强企业”“20 佳创新企业”表彰大会，评选表彰勐海茶业有限责任公司“大益”牌经典 7542 普洱茶（生茶）等“10 大名茶”、云南锦苑花卉产业股份有限公司“锦苑”牌玫瑰鲜切花等“10 大名花”、云南宏斌绿色食品集团有限责任公司“宏斌”牌小米辣等“10 大名菜”、昭通绿健果蔬商贸有限责任公司“满园鲜”牌苹果等“10 大名果”、云南三七科技有限责任公司“云三七”牌三七等“10 大名药材”，以及云南达利食品有限责任公司等“10 强企业”、香格里拉酒业股份有限公司等“20 佳创新企业”①。

另一方面，以科技创新为绿色发展保驾护航，云南省农业科学院在茶

① 《云南表彰 2018 年“10 大名品”和绿色食品“10 强企业”“20 佳创新企业”》，人民网，http：//yn. people. com. cn/n2/2018/1129/c378439 -32344748. html。

叶、花卉、蔬菜、水果、咖啡、中药、甘蔗、油菜几个领域开展产品质量精准检测，研发绿色高效技术，增强了科技创新对云南农业绿色发展的支撑服务作用。在茶叶方面，云南省农业科学院选育的“云抗10号”“紫娟”“佛香”等品种推广面积200余万亩，约占全省无性系良种面积的90%。在花卉方面，云南省农业科学院获新品种授权和标准的数量、推广应用均居全国第一，自主知识产权品种占全省的70%。在蔬菜方面，云南省农业科学院开展了白菜、甘蓝、芥菜、白花、青花菜、萝卜、辣椒等蔬菜品种选育，育成新品种22个，年均种植面积超过150万亩。在水果方面，“十二五”期间云南省农业科学院选育水果品种25个。在咖啡方面，云南省农业科学院咖啡新品种、新技术在全省的科技成果转化推广覆盖率在90%以上。在中药材方面，云南省农业科学院大力示范推广滇重楼、滇龙胆、秦艽、灯盏花、草果等10余个优良品种，推广滇重楼三段式栽培法、滇龙胆育苗技术等16项先进实用技术。在甘蔗方面，云南省农业科学院育成“云蔗”系列新品种，研发温水脱毒技术、全程机械化和轻简化栽培等技术，为云南甘蔗出糖率连续4年居全国第一提供了有力支撑。在油菜方面，云南省农业科学院自育品种种植面积占全省的80%，并创新提高了油菜“油用、菜用、花用、蜜用、肥用”综合利用价值，延伸油菜产业链①。

云南省有着多样气候类型、良好自然环境和良好市场口碑的资源禀赋，伴随着中国国民经济的显著增长和全球经济的一体化发展，人们对农产品和食品质量的要求越来越高，尤其是对无公害食品、绿色食品的要求越来越高。云南省打造世界一流“绿色食品牌”是在供给侧结构性改革与全方位对外开放的契机下，转变传统农业自给自足、相互隔离的发展理念，以技术、设施、产品等方面与国内和国外接轨为目标，保障居民饮食安全和促进绿色食品工业开放性、整体性、系统性发展跨越之路。

三　建设绿色能源强省

绿色能源是环境保护和良好生态系统的象征和代名词，开发可再生能

---

① 《省农科院助力云南省打造世界一流“绿色食品牌”》，云南网，http://yn.yunnan.cn/system/2019/09/02/030368749.shtml。

源与提高能源使用效率相结合，不仅能取之不尽从而创造更多的间接价值，而且还可以降低对煤炭的过分依赖，保障能源供应安全，同时还能减少废气排放，为改善环境质量做出贡献。云南省打好“绿色能源牌”是守住生态红线、坚持绿色可持续发展的必要措施，更符合云南省生态优势变为经济社会发展的后发优势和领先优势的发展道路。

云南省正处在转变经济发展方式、优化经济结构、转换增长动力的新发展阶段，绿色能源将在云南省高质量发展的实践中起到重要作用。为了将云南省建设成为绿色能源强省，打造“绿色能源牌”，2018 年 3 月 23 日，云南省正式发布了《云南省新材料产业施工图》，指出了“招商引资开放发展、转型提质链条延伸、骨干企业集群培育、载能产业突破发展”等实施路径。在对外合作中，主动承接国家对外合作和国内新材料产业的转移，发挥窗口和辐射中心作用；在产业转型升级中，充分发挥云南“有色资源王国”的资源优势，加快现有产业向终端、高附加值、技术密集延伸，特别是加强国际国内新材料产业顶尖科研团队和行业领军企业的引进和合作；在省内新材料龙头企业的优势下，加快重点骨干企业培育和产业集群建设；在产业发展的突破中，发挥云南省清洁能源大省的资源优势，重点突破载能型产业的发展；实施完成后，预计到 2025 年云南省新材料产业产值将超过 1400 亿元，成为推动云南省新旧动能转换的重要战略性新兴支柱产业。2018 年 9 月 11 日，云南省人民政府办公厅印发了《云南省加快新能源汽车推广应用工作方案》，明确了在 2018 年内昆明、曲靖、玉溪、楚雄、红河等滇中州市新增新能源汽车 5 万辆以上、新能源汽车保有量占全省汽车总量的 1% 和要完成在 2018 年新增公共充电桩 1.5 万个、公共充电桩总数达到 1.8 万个的主要目标，同时从财政优惠政策指引购买新能源汽车、重点行业领域新能源汽车的推广、公共机构带头推广新能源汽车、扩大公共领域新能源汽车应用规模、新能源汽车更替老旧汽车与鼓励购置、充电设施建设的全面覆盖六个方面进行重点任务的详细规划。2018 年 11 月 13 日，云南省能源局挂牌，重新组建的云南省能源局属于省政府直属机构，在政府职能关系上理顺了打好“绿色能源牌”的政府职能关系。

2018 年，云南省绿色能源装机比重达 84%，新增油气管道 460 公里，天然气消费量增长 30%，一批水电铝材、水电硅材、纯电动汽车项目落地开工建设，为了支持云南省绿色能源产业的发展，从平台、项目、人才引进全面布局，全省财政经费安排了近 1 亿元。省科技厅通过支持稀贵金属材料基因工程、铝基新材料研究与开发、稀贵金属新材料研究与开发、短流程高品质钛材生产及延伸加工成套技术研究与开发、液态金属新材料研究与开发、锡基新材料研究与开发重大专项等重大项目的实施，与贵金属集团、云南锡业集团等 10 多个单位建立了合作关系，良好和广泛的合作关系网络也是云南省达到“绿色能源牌”的基础平台。据云南省人大代表、昆明市副市长王冰介绍，2018 年 12 月 26 日，北汽昆明新能源汽车首辆新能源汽车下线；还有江铃汽车、东风、神州、五龙、宝龙等 6 个新能源汽车品牌将带来 100 万辆汽车的产能。新能源汽车在生产、推广和运用过程中，还有包括充电桩、电机、电池、电控组成的系列配套，将极大推动昆明实现绿色能源转化。

云南省是能源大省，生物质能、光热能等许多资源储备丰富，打造“绿色能源牌”使绿色能源成为支撑经济增长的第一动能，是顺应全球绿色发展的趋势下，兑现温室气体减排承诺并推进能源转型的重要举措，从而为云南高质量跨越式发展提供坚强的能源保证。

四　保障居民健康生活

现代化城市紧凑的生活节奏对居民的健康生活形成挑战，城市是居民工作和生活的栖息地，保障居民健康生活是城市的基本价值所在。“让云南人健康起来、让想健康的人到云南来”，把云南省打造成世人向往的健康生活目的地，不仅将“南天春不老，繁花四时香”的美丽云南与健康云南相结合，同时也将健康人民、健康环境和健康社会相结合，助力云南省全方位地建设生态文明排头兵。

随着人口老龄化程度的逐步加深，养老问题、老年人就医问题日益凸显，为了实现“老有所依”“老有所医”，满足老年人多层次、多样化的健康养老需求，2016 年云南省财政厅会同云南省民政厅、云南省卫生计生委等部门出台了《关于推进医疗卫生与养老服务相结合实施意见》，从建立健全医疗卫生机构与养老机构合作机制、支持养老机构创造条件开展医疗服务、增强城乡社区健康养老服务功能、大力发展中医药健康养老服务、支持社会力量兴办医养结合机构、鼓励医疗卫生机构拓展健康养老服务六个方面对云南省卫生计生委、云南省民政厅、云南省发改委和云南省财政厅等部门分别做了详细的工作任务安排。为了进一步推动云南省养老服务业的发展，2017 年云南省财政厅会同云南省民政厅制定了《云南省人民政府办公厅关于支持社会力量发展养老服务业的实施意见》，在扶持老年社区和老年地产建设、鼓励“医养结合”养老服务、鼓励发展养老旅游、支持融资信贷鼓励发展养老服务业发展、落实养老服务业税收优惠政策等方面做出了详细的安排。

近年来，云南省落实了打好“健康生活目的地牌”的政策和计划，从提升居民健康服务能力、推进医养结合模式的发展、支持大健康产业发展三个方面入手，探索“健康云南”的建设之路。为了不断提升居民健康服务能力，2016 ~2018 年，云南省财政厅筹措下达基本公共卫生服务项目补助资金 62. 57 亿元，将每人每年基本公共服务标准提升到了 55 元，并且免费为全省城乡居民提供健康档案、健康教育、预防接种、传染病防治、孕产妇保健、高血压等慢性病管理等国家基本公共卫生服务项目。为了推进“医养结合”模式发展，2016 ~2018 年，云南省财政厅筹措下达养老服务体系建设补助资金 9. 61 亿元，有力支持云南省养老服务体系建设，为医养结合工作推进提供基础。2016 ~2018 年，云南省级财政共筹措下达中医药事业发展专项补助资金 2. 94 亿元，其中，中央补助 1. 41 亿元，省级补助 1. 53 亿元。为了支持大健康产业的发展，云南省成立了规模 10 亿元的云南生物医药大健康成果转化与产业化投资基金，基金围绕健康、养老、养生、医疗、康体等大健康新型产业和成长性行业，重点投向新药研发、疫苗、优质中药材和健康产品原料、中药（民族药）、生物技术药、功能性保健品等，助推云南省生物医药和大健康产业跨越式发展，将“健康色彩”注入了人民群众的生活。

有了全民健康才能有全面小康，健康的生活环境是居民所需，是发展社会生产力的基本条件。云南省具有高森林覆盖率和物种丰富的优势，利用得天独厚的自然条件开辟出的广阔空间，非常适合成为世人高质量健康生活的理想之地。打造“健康生活目的地”为健康中国增添了亮色，同时亲近大自然的健康生活气息也为云南跨越式发展提供了优质的鲜活动力。

第五章

新时代云南跨越式发展的后发动力

目前，云南跨越式发展的外部环境和条件已经形成，习近平新时代中国特色社会主义思想为云南跨越式发展提供了指导思想，新发展理念为云南跨越式发展提供了重塑比较优势的意识氛围，全面深化改革为云南跨越式发展提供了制度保障，全方位开放为云南跨越式发展提供了市场条件和要素，三个定位更是为云南跨越式发展指明了方向。但这一切都是外因，外因要通过内因才能发挥作用。驱动云南跨越式发展的动力才是内因，只有动力强劲才能抓住机遇，才能把外部环境和条件转化为内生动力。在新时代，驱动云南跨越式发展的动力至少有科技创新、制度创新、需求升级、结构优化、绿色生态、民族团结进步、开放辐射等七个方面。

第一节　科技创新驱动

邓小平强调，科学技术是第一生产力。习近平强调，创新是引领发展的第一动力。抓创新就是抓发展，谋创新就是谋未来。适应和引领我国经济发展新常态，关键是要依靠科技创新转换发展动力。进入新时期，习近平总书记对科学技术创新赋予了更新的含义，党的十九大后习近平总书记不断强调，科学技术是世界性的、时代性的，发展科学技术必须具有全球视野，要积极主动整合和利用好全球创新资源，从我国现实需求、发展需求出发，有选择、有重点地参加国际科学技术装置和科研基地及其中心建设与利用。这为云南省在新时代发挥技术创新后发动力，实现跨越式发展指明了方向。

长期以来，云南省技术创新能力十分低下，无论是知识创造能力、知识获取能力还是创新环境与管理能力，同全国其他各省区市相比，都处于较落后的水平。在新时代下，习近平总书记曾经指出“企业是技术自主创新的主体”，这是云南省在新时期发挥技术创新后发动力优势，实现跨越式发展的核心所在，通过前几章分析可知，云南省拥有较好的异质性资源环境，这种环境可以促进企业通过创新型的技术获取超过平均水平的利润，是企业获取竞争优势的源泉。

新时期云南省企业发挥技术创新动力作用的途径主要有两条，一方面可以通过传统后发优势理论中技术创新的模式，利用成本较低的技术模仿方式实现“搭便车”的利益，通过对创新技术的直接利用获得利润。另一方面，可以利用较好的产学研合作基础，提升企业自身创新能力。这是一种更加自主的技术创新模式，是新时期发挥云南省技术创新后发动力，实现跨越式发展机制的全新实践与积极探索，这种模式在云南省已形成了灵活多样的不同结合，比较典型的合作方式及其作用机理如下。

第一，政府引导下的以项目为纽带方式。这种方式首先对云南省重点产业发展和特色产业培育产生影响，政府部门从实际出发，在应用开发型创新项目的安排上，有意识地推进科技与经济结合，在源头上解决科技创新与经济发展“两张皮”的问题，促使研发为解决产业发展提供支撑，然后在最短的时间内确定企业作为创新主体的地位，通过项目拉动，让这一初级的产学研模式在合作进程中固化并发展，有效地提升企业技术创新能力，进而实现研发成果向生产力的转化。

第二，技术入股、优势互补、共享成果方式。这种模式首先建立在校企自愿选择的基础上，以云南省企业的需求和发展为目标，选择优势科技机构，向企业注入科技创新要素，并占有企业一定股份，伴随着企业的成长，由高校等科研机构提供持续支撑，这样，高校等科研机构研发力量不断向企业集聚、成果不断向企业扩散，同时又获得了一定的收益回报，促进高校等科研机构的创新要素建设，新增创新成果反过来又源源不断向企业输送。

第三，在成果积累的基础上，依托研发机构，就地产业化方式。通过高校与科研机构长期积累与沉淀的一批可进行产业化的成果，分析新时期云南省内市场需求，以研发人员为技术主体，吸纳社会资源，致力于成果转化，实现云南省科技资产的重组、集聚。

此外，新时期下云南省技术创新过程中还要处理好企业创新中的非线性、波动与随机性过程，兼顾好技术创新的内生动力机制问题①。具体作用机理如图 5－1 所示。

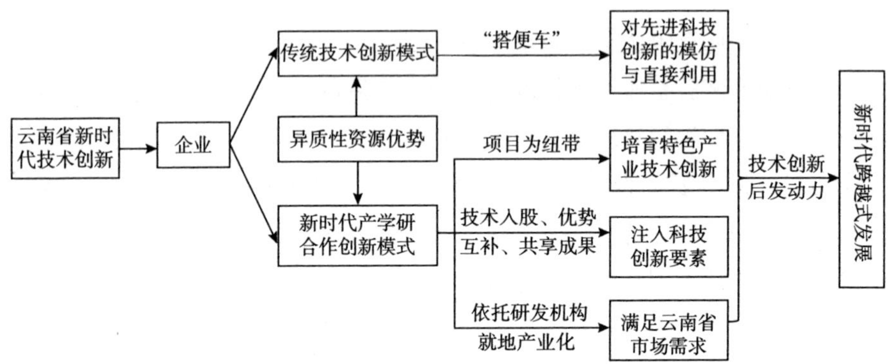

图 5－1　云南省技术创新动力推动新时代跨越式发展作用路径

第二节　制度创新驱动

习近平总书记多次强调，经济体制改革是制度创新的重要内容。在关于《中共中央关于全面深化改革若干重大问题的决定》的说明中，习近平总书记提出了一个重大理论观点——使市场在资源配置中起决定性作用和更好发挥政府作用，并做了深入的阐释。习近平总书记明确指出，市场决定资源配置是市场经济的一般规律，市场经济本质上就是市场决定资源配置的经济。他强调，健全社会主义市场经济体制必须遵循这条规律，着力解决市场体系不完善、政府干预过多和监管不到位问题，市场在资源配置中起决定性作用，并不是起全部作用。因为我国实行的是社会主义市场经济体制，我们仍然要坚持发挥我国社会主义制度的优越性、发挥党和政府的积极作用。制度创新的根本指向是坚持和完善基本

① 徐宝明：《关于云南省技术创新体系建设的实践与思考》，《云南科技管理》2009 年第 1 期。

经济制度。改革开放以来，我国所有制结构逐步调整，公有制经济和非公有制经济在发展经济、促进就业等方面的比重不断变化，增强了经济社会发展活力。习近平总书记指出，在这种情况下，如何更好地体现和坚持公有制主体地位，进一步探索基本经济制度有效实现形式，是摆在我们面前的一个重大课题。

传统的制度理论认为，制度创新的原因是不断扩大增长的市场规模以及不断发展的生产技术，在这种条件下，原有的制度体制中出现了获得利润的潜在机会，而这些获得利润的潜在机会在原制度中由于种种障碍不能够完全实现，这就推动了一些人为了抓住这些获利机会，更快、更多地获取利润去解决这些障碍，当获得的潜在利润大于这些障碍所造成的成本时，就出现了一项新的制度安排①。

进入新时代，云南省各产业与产品的特性、市场环境等方面均有了较大的优化与改善，这为落实习近平总书记关于制度创新的要求、发挥云南省制度创新的后发动力、实现新时代跨越式发展提供了良好的条件。结合新时代云南省的现状，其制度创新后发动力作用的发挥机理主要有两种方式，一种是区位潜在利益的诱致，另一种是资源潜在利益的诱致。

云南省地处我国西南边疆，与南亚东南亚的许多国家接壤，从区位潜在利益来看，新时代云南省制度创新主要通过企业制度创新、招商引资制度创新、新型城镇化制度创新来发挥作用。

企业制度创新。近年来，云南省委、省政府始终把国企改革作为重点工作，认真贯彻党中央关于国企改革的决策部署，紧密结合云南省实际情况，出台了《中共云南省委 云南省人民政府关于全面深化国有企业改革的意见》和 47 个配套文件，通过对国有企业的制度变革，推动了供给侧结构性改革的深入，使混合所有制改革也取得了相应的突破，重大整合重组加快推进，使资源得到了更加优化的配置，经营性国有资产在制度创新过程中得到了集中统一监管。通过这些方面的作用，制度创新的后发动力有力地推动了全省经济发展的质量变革、效率变革与动力变革。

---

① 科斯、诺思、威廉姆森等：《制度、契约与组织——从新制度经济学角度的透视》，经济科学出版社，2003，第 8 ~ 31 页。

招商引资制度创新。2017 年 9 月，云南省政府发布了《云南省省级重大招商引资项目推进工作办法》，为更好地发挥云南省的区位优势，更好地进行招商引资制度的创新，推动全省招商引资持续稳步发展起到了促进作用，通过对符合国家和云南省的产业政策和发展规划，符合环境保护、安全节能、资源节约集约利用等标准和要求，对云南省长远发展具有重要作用的项目的遴选，加强对责任链条的明确、推进机制的建立与健全、监督考评的强化等机制，强化了招商引资制度的创新，为招商引资制度创新后发动力的发挥提供了重要支持与保障。

新型城镇化制度创新。2016 年 7 月，为全面深入贯彻落实《国务院关于深入推进新型城镇化建设的若干意见》，加快推进云南省新型城镇化建设，云南省政府颁布了《云南省人民政府关于深入推进新型城镇化建设的实施意见》，对云南省城镇化制度建设做出了重要部署与指导。通过加快推进新型城镇化综合试点、加快推进农业转移人口市民化、全面提升城市功能等九个方面，对新型城镇化的制度创新做了部署，这也是发挥新型城镇化制度创新后发动力的关键所在。

此外云南省拥有丰富的矿产、水、森林等自然资源，具有无可比拟的资源优势，从资源潜在利益的诱致角度看，新时代云南省制度创新主要通过自然资源使用制度创新、旅游资源制度创新等方面来发挥作用。

自然资源使用制度创新。2017 年 12 月，云南省发布了《云南省人民政府关于印发云南省全民所有自然资源资产有偿使用制度改革实施方案的通知》，在云南省的国有土地资源、水资源、矿产资源等资源有偿使用方面建立了一系列的制度，提出了云南省全民所有自然资源资产有偿使用制度改革 2017 年、2018 年和 2020 年三个阶段的目标，并明确了每个阶段的改革重点任务，这也是云南省对自然资源制度创新方面的重要探索，推动了云南省制度创新后发动力作用的发挥。

旅游资源制度创新。2016 年 12 月，云南省政府颁发了《云南省全域旅游创建实施方案的通知》，提出了云南省全域旅游发展规划与纲要，主要包括旅游产品全域构建、公共服务设施全域配套、智慧旅游全域提升、旅游环境全域优化等方面，这也成了云南省旅游资源制度创新的动力机制，为云南省制度创新后发动力的发挥提供了重要保障。

由此可以看出，云南省区位潜在利益的诱致，以及资源潜在利益的诱致，是云南省发挥制度创新后发动力的重要推动力，具体作用机理如图 5－2 所示，这促进了新时代云南省跨越式发展的实现。

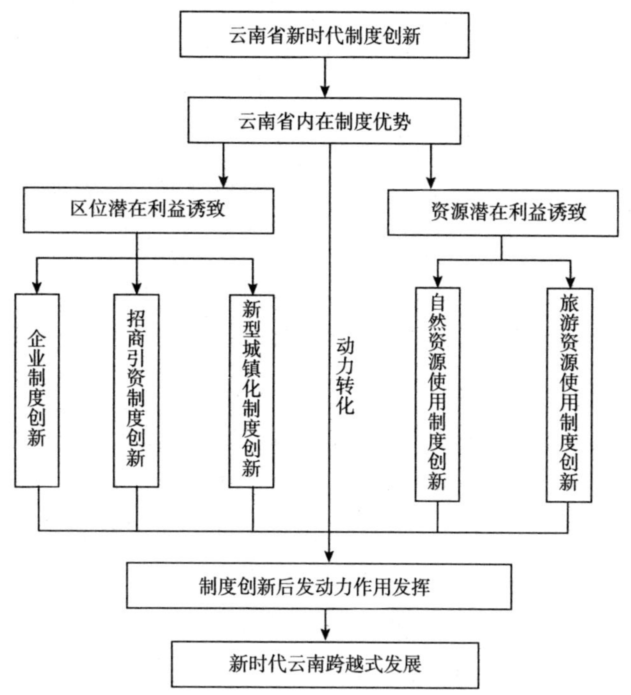

图 5－2　云南省制度创新动力推动新时代跨越式发展作用路径

第三节　需求升级驱动

进入新时代，在世界经济进入深度转型调整期的形势下，我们面临的机遇，不再是简单纳入全球分工体系、扩大出口、加快投资的传统机遇，而是倒逼我们扩大内需、提高创新能力、促进经济发展方式转变的新机遇。我们必须深刻理解、紧紧抓住、切实用好这样的新机遇，因势利导、顺势而为，努力在风云变幻的国际环境中谋求更大的国家利益。

从国内环境来说，习近平总书记指出，现在，我们站在了更高的起点上，我国发展仍然具备难得的机遇和有利条件，主要表现为经济社会发展基本面长期趋好，国内市场潜力巨大，社会生产力基础雄厚，科技创新能力增强，人力资源丰富，生产要素综合优势明显，社会主义市场经济体制机制不断完善。这实际上突出了新时期内部需求在我国经济发展过程中的重要作用，习近平总书记的论断也表明了需求升级是新时期经济增长的又一动力。

经济学原理表明消费需求既是社会再生产的起点，又是社会再生产的终点，它既可以成为经济增长的动力，又可以防止经济萧条，对经济社会产生重要影响。一方面，在改革开放后，随着我国整体经济的不断发展，社会主义市场经济不断完善，云南省经济取得显著增长，另一方面，进入新时期后，云南省人均可支配收入由 2013 年的 12577 元上升到了 2019 年的 22082 元①。

2018 年 9 月，《中共中央 国务院关于完善促进消费体制机制 进一步激发居民消费潜力的若干意见》出台，文件中明确指出消费是最终需求，既是生产的最终目的和动力，也是人民对美好生活需要的直接体现。加快完善促进消费体制机制，增强消费对经济发展的基础性作用，有利于优化生产和消费等国民经济重大比例关系。这为云南省新时代需求动力升级指明了方向，在云南省相对过剩的供给已经成为经济运行常规状态的情况下，新时代云南省消费需求的升级可以作为云南省经济增长的重要动力：如果消费需求规模越大，经济增长的市场容量约束也就越弱，实际供给量就越有可能接近潜在的供给量。当实际供给逐步接近潜在供给，经济就会呈现自主性的增长特征，表现为消费拉动投资，此时利润增长会导致消费增长，从而拉动投资再增长，如此不断循环，经济呈现了稳定性的自主增长。具体来说，需求升级动力作用机制可以从构建更加成熟的消费细分市场、壮大消费新增长点、健全质量标准和信用体系、营造安全放心消费环境、强化政策配套和宣传引导②等路径来发挥作用，结合这些指导性要求，

① 国家统计局。

② 《中共中央 国务院关于完善促进消费体制机制 进一步激发居民消费潜力的若干意见》。

加快改善居民消费能力和预期，这是新时代发挥云南省需求升级动力，推动跨越式发展的内在要求[①]。具体动力作用机理如图 5 - 3 所示。

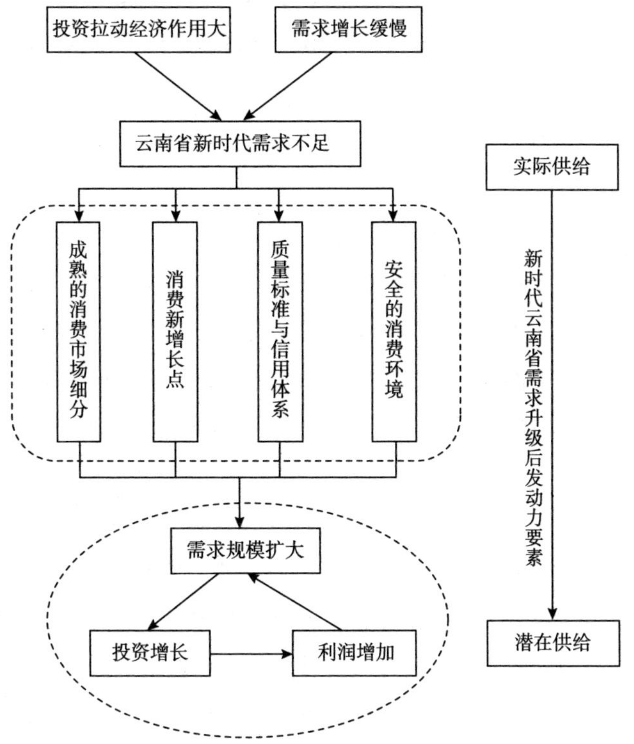

图 5 - 3　云南省需求升级动力推动新时代跨越式发展作用路径

第四节　结构优化驱动

2015 年 11 月，习近平在菲律宾马尼拉出席亚太经合组织（APEC）工商领导人峰会时，曾经指出，我们经济结构调整优化的前进态势没有变，新常态下，经济结构优化升级是非常重要的变化。我们强调坚持进行结构性改革，着力解决经济中的深层次和中长期问题，让中国经济走得更好、更稳、更远。

① 姬超：《经济增长理论的要素供给及其政治经济学批判》，《经济问题探索》2017 年第 1 期。

传统的经济增长理论对于优化经济结构的重要作用做了比较全面的解释，根据新时期习近平总书记对于经济结构重要性的论断，结合云南省新时代经济结构的实际情况，云南省结构优化动力主要可以从产品结构优化、消费结构优化、贸易结构优化与产业结构优化来发挥作用。其中产品、消费、贸易结构的优化最终结果是推动产业结构的优化，产业结构的优化反过来又可以进一步促进产品、消费、贸易结构的优化升级。

（1）产品结构优化升级。云南省一些重点产品在全国具有一定的资源优势、技术优势和市场优势。通过进一步加强产品结构调整，新时代云南省的产品市场将具有良好的发展前景。产品结构的调整会对技术产生冲击，从而带来技术的变革，技术会不断地进行创新。进入新时代，产品结构优化升级成为云南省发挥结构优化升级后发动力的重要方面。

（2）消费结构优化升级。2016 年 3 月，云南省政府颁布了《云南省人民政府办公厅关于加快发展生活性服务业促进消费结构升级的实施意见》，确立了坚持消费引领、强化市场主导、坚持创新供给、推动新型消费的基本原则。进入新时代以后，对于服务性消费的需求将成为消费的一个重点，这也是一种趋势，云南省委、省政府充分分析了云南省的实际情况，薄弱的消费始终在云南省没有发挥出应有的作用，出台这一实施意见后，云南省将从深化改革开放，改善消费环境，加强基础设施建设，完善消费质量体系，加大财税、金融、价格、土地政策引导，推动职业化发展，建立健全统计制度，加强组织领导等方面入手，大力推动云南省消费需求的发展，这为发挥新时代云南省消费需求后发动力指明了方向，也是推动云南省结构优化升级的内在动力。

（3）贸易结构优化升级。2018 年 11 月，云南省政府出台了《云南省人民政府办公厅关于扩大进口促进对外贸易平衡发展的实施意见》，该意见解释了云南省贸易结构优化升级的内在动力，提出从支持民生和发展所需产品进口、统筹用好两个市场两种资源、发挥云南省特殊区位优势、发挥好各类园区和平台作用、促进贸易方式结构转型升级几个方面改善原有贸易结构，实现贸易的进出口平衡发展，其中扩大进口是关键所在，这也是新时代发挥云南省贸易结构的后发优势，实现云南省结构优化的内在逻辑。云南省结构优化动力推动新时代跨越式发展作用路径见图5-4。

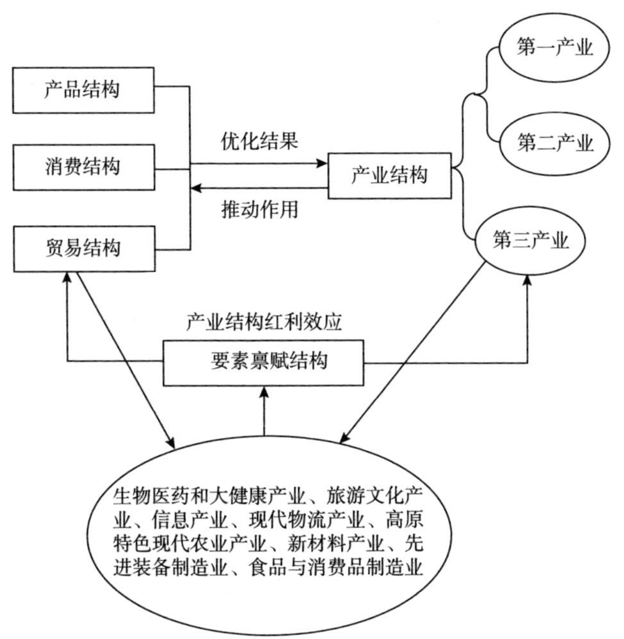

图5-4 云南省结构优化动力推动新时代跨越式发展作用路径

（4）产业结构优化升级。2016年4月，云南省委、省政府发布了《关于着力推进重点产业发展的若干意见》，明确了将生物医药和大健康产业、旅游文化产业、信息产业、现代物流产业、高原特色现代农业产业、新材料产业、先进装备制造业、食品与消费品制造业作为云南省新时代重点产业来发展。新时期云南省农业的发展将更多依赖于技术进步、劳动力素质提高所带来的行业自身效率的改善，工业为改善增速下滑态势将转变目前粗放的发展方式，提高产业集中度，支柱产业的比较优势会转变为竞争优势，服务业将积极谋求新型消费增长点，释放投资和需求规模，转变观念，利用好国际市场①。这是新时期云南省发挥促进结构优化升级，发挥

① 赵春雨、朱承亮、安树伟：《生产率增长、要素重置与中国经济增长——基于分行业的经验研究》，《中国工业经济》2011年第8期。

产业结构优化升级后发动力，实现结构优化的重要机理。

第五节 绿色生态驱动

2017 年 10 月 18 日，习近平总书记在党的十九大报告中指出，要推进绿色发展，加快建立绿色生产和消费的法律制度和政策导向，建立健全绿色低碳循环发展的经济体系。通过新时代习近平总书记对绿色生态重要作用、我国绿色生态发展现状的论断，可以看出我国正处在经济增长方式向绿色生态化发展转变的关键时期。而云南省在这一阶段具有无可比拟的生态后发动力优势。习近平总书记在考察云南时，曾指出云南省要建设成为我国生态文明建设排头兵，这也是基于云南省良好的生态优势。云南省拥有良好的自然环境、得天独厚的气候优势，在发展经济过程中，充分尊重自然规律，顺应生态规律，通过人与自然的和谐相处，可以更好地实现本地区的全面协调发展。当今世界，人们对生态、安全、健康和美好生活的绿色需求已经成为了一种趋势，绿色需求呼唤绿色产业革命，绿色、环保、低碳和循环的生产方式正在形成①。

2018 年 7 月，云南省颁布了《中共云南省委 云南省人民政府关于全面加强生态环境保护坚决打好污染防治攻坚战的实施意见》，根据云南省良好的生态环境基础，该意见确立了“五个最”、空间监管、问题导向、改革创新、依法监管的基本原则，树立了坚决打赢蓝天碧水净土三大保卫战、推动形成绿色发展方式与生活方式、改革完善生态环境治理体系、全面加强党对生态环境保护的领导的目标，这也成了云南省新时代发挥绿色生态后发动力的重要机理。长期以来，云南省环境污染小、空气质量好，这就需要打好蓝天碧水净土的保卫战，保护好原有的生态环境，“碧水蓝天净土”也是绿色生态的核心与根本所在，这也为绿色

---

① 孔令桥、张路、郑华等：《长江流域生态系统格局演变及驱动力》，《生态学报》2018 年第 3 期。

发展方式与生活方式提供了一个良好的环境，这两种方式涵盖了生产与生活的各个方面，是发展理念和实践的一场深刻变革，对于建设美丽云南、实现多民族的永续发展意义重大。形成绿色发展方式与生活方式后，建立一个完善的生态环境治理体系也就成了内在要求，良好的环境治理体系是实现生态环境可持续发展的重要保障。最后全面加强党对生态环境保护的领导目标，是在新时代发挥云南省绿色生态后发动力的整个过程中的最根本保障。四个目标之间的关系也形成了新时代发挥云南省绿色生态后发动力优势的动力机制，具体如图 5－5 所示。

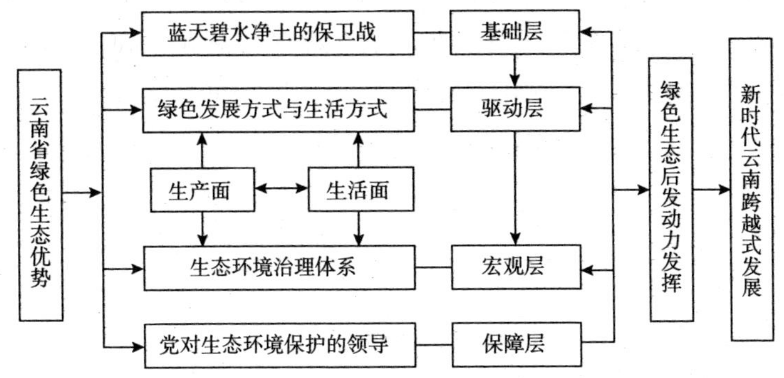

图 5－5　云南省绿色生态动力推动新时代跨越式发展作用路径

第六节　民族团结进步驱动

习近平总书记指出民族团结是全国各族人民的生命线，关乎国家长治久安、社会和谐稳定、人民幸福安康。2015 年，习近平总书记考察云南时指出，云南是全国民族工作任务最重的省份之一，云南民族关系亲密融洽，云南民族工作成绩突出，这是云南最宝贵的财富。进入新时代，云南省委、省政府也高度重视民族问题与民族工作，坚持把民族工作放到全省和全国工作大局中来谋划，用“五位一体”总体布局和“四个全面”战略布局统领民族工作。2017 年 2 月，云南省委、省政府印发了《云南省建设我国民族团结进步示范区规划（2016—2020 年）》，同年 4 月，在云南民族团结进步示范区建设工作推进会议上，云南省委书记、省民族团结进步示范区建设领导小组组长陈豪发表重要讲话，二者都指出云南发挥民族团结动力就是要牢牢把握各民族共同团结奋斗、共同繁荣发展的民族工作主题，按照“建设小康同步、公共服务同质、法治保障同权、民族团结同心、社会和谐同创”的内涵要求，努力把云南省建设成为民族团结的示范区，发挥民族团结的后发动力。云南省建设民族团结示范区的主要任务是民生持续改善工程、发展动力增强工程、民族教育促进工程、民族文化繁荣工程、民族团结创建工程、民族事务治理工程。其中民生持续改善工程是从民族地区基础设施方面进行民族团结推动，发展动力增强工程是从民族地区重点优势产业发展方面进行民族团结推动，民族教育促进工程、民族文化繁荣工程是从民族地区民生方面进行民族团结推动，民族团结创建工程、民族事务治理工程是从民族地区保障方面进行民族团结推动，这一系列的推动民族团结的要素构成了新时代云南省发挥民族团结后发优势，实现跨越式发展的内在推动力。具体如图 5 -6 所示。

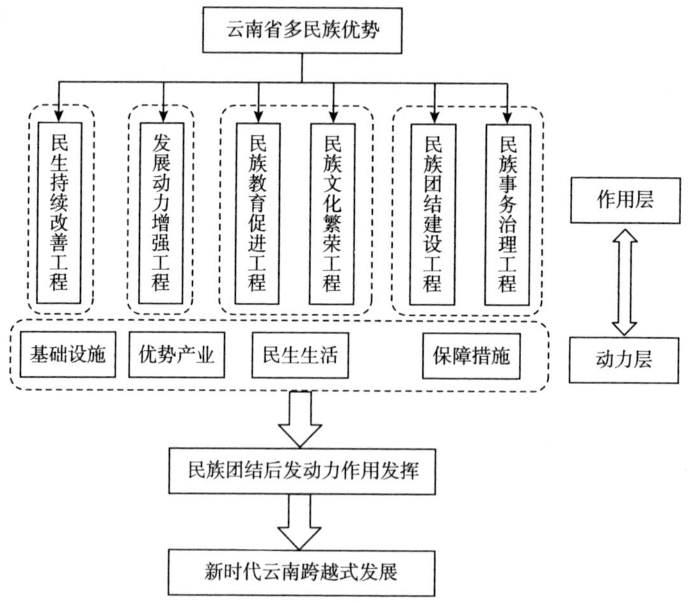

图 5 -6　云南省民族团结动力推动新时代跨越式发展作用路径

第七节 开放辐射驱动

习近平总书记在考察云南时曾指出云南省要努力建设成为面向南亚东南亚的辐射中心，这为云南省在新时期发挥开放辐射动力的后发优势指明了重要方向。云南省是我国从陆路进入南亚东南亚最便捷的省份，其最大的优势是区位，最大的潜力在开放。建设面向南亚东南亚辐射中心是国家充分发挥云南区位优势的新要求和新目标，也是云南省打造“一带一路”倡议的交会点、建设沿边开放新高地、推进跨越式发展的新路子①。

在习近平总书记提出要把云南省建设成为面向南亚东南亚的辐射中心后，2015 年 3 月开始，相继出台了《中共云南省委关于深入贯彻落实习近平总书记考察云南重要讲话精神闯出跨越式发展路子的决定》《中共云南省委 云南省人民政府关于扩大开放建设面向南亚东南亚辐射中心的意见》等政策文件，提出要充分利用好云南的区位优势，主动融入国家对外开放和区域发展新战略、新格局中，在服务全国大局中发展自己。2017 年 9 月，云南省长阮成发同志根据习近平总书记及党中央的指示，结合云南省实际情况，深刻总结了云南省面向南亚东南亚辐射中心建设的系列问题，提出云南省得天独厚区位优势、源远流长人文优势、日趋明显开放优势已经成为云南省发挥辐射作用的重要优势，也构成了云南省发挥辐射动力作用的重要基础。此外，阮成发同志指出，在推动云南省发挥对外辐射作用期间，云南省的朋友圈不断扩容、大通道建设不断推进、开放合作水平不断提高、资金融通不断扩大、民意基础不断厚植，取得的这一系列成绩已经成为云南省发挥辐射动力作用的重要拉动力。最后阮成发同志还指出，进一步完善辐射机制、拓宽辐射路径、扩大辐射成果是发挥云南省辐射中心作用的重点与方向，这实际上构成了发挥云南省对外辐射作用的内在推动力。阮成发同志关于云南省发挥辐射中心作用的系列论断是对习近平新时代中国特色社会主义思想在云南省的重要应用，实际上也解释了发挥云

① 陈利君：《云南建设辐射中心的内涵与对策建议》，《云南社会科学》2015 年第 6 期。

南省开放辐射动力的内在机理与作用机制（见图 5 -7），成为实现新时代云南跨越式发展理论体系的重要组成部分。

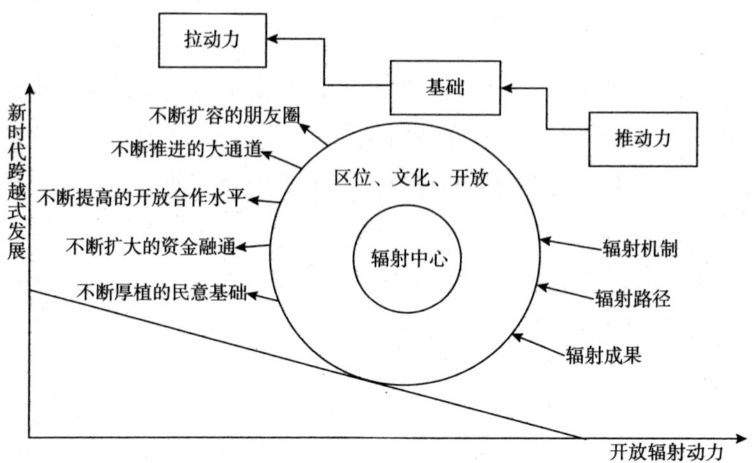

图 5 -7　云南省开放辐射动力推动新时代跨越式发展作用路径

第六章

新时代云南跨越式发展的战略重点

建设现代化经济体系与云南省跨越式发展紧密相连，二者形成双向互动、正向反馈的良好局面。建设现代化经济体系的过程，就是践行新发展理念、全面深化改革纵深推进的过程，就是推动质量变革、动力变革和效率变革的过程，就是经济发展提质增效、产业结构提档升级的过程；而跨越式发展也将是涵盖产业优化、结构均衡、区域协调、城乡融合、全面开放、市场有效、政府有为的全方位发展。“战略是谋划全局、决定长远的策略，战略上坚持持久战，战术上打好歼灭战”，云南实现跨越式发展需要着眼于长远和经济发展全局，进行战略布局和战略谋划，明确并牢牢把握战略重点，进而精准发力，精准施策。为此，本章将紧紧围绕现代化经济体系，从深入推进供给侧结构性改革、着力构建现代产业体系、大力实施乡村振兴战略、以城市群辐射带动新型城镇化建设四个战略重点出发，深入阐述云南省切实可行的实践路径和重点任务，为跨越式发展强化要素、制度保障支撑，夯实动力基础。

第一节　建设现代化经济体系

加快建设现代化经济体系是党的十九大提出的新时代我国经济建设的一个总纲领。目前，我国正处在转变发展方式、优化经济结构、转换增长动力的攻关期，建设现代化经济体系，是跨越这一关口的迫切要求，也是我国发展的战略目标。习近平总书记强调，“现代化经济体系，是由社会经济活动各个环节、各个层面、各个领域的相互关系和内在联系构成的一个有机整体”，云南省要实现新时代的跨越式发展，从速度经济追求阶段转向高质量经济发展阶段，必须基于建设现代化经济体系的整体框架和基本内容，寻求扎实管用的政策举措和行动。本节结合云南省实际省情、社情、民情，立足可行性和迫切性需要，着眼于社会主要矛盾的转变，提出新时代现代化经济体系目标约束下云南跨越式发展的战略重点选择，并对重点之一——深入推进供给侧结构性改革的路径选择以及现阶段的重点任务进行系统诠释。

一 云南省建设现代化经济体系的整体框架及基本内容

现代化经济体系是整个国家或区域相互联系、相互影响的经济系统，在发展总量和速度、发展水平和质量、发展结构和要素、空间布局的性状、体制机制运行、开放发展程度等诸多方面要体现现代化水平和状态，建设现代化经济体系，需要构建包括产业体系、市场体系、分配体系、区域发展体系、绿色发展体系、开放体系和经济体制在内的各个子系统，总体框架是要坚持一个方针，坚持一条主线，建设创新引领、协同的产业体系和“三有”经济体制[①]。

（一）建设现代化经济体系的整体框架

1. 坚持一个方针

坚持质量第一，效率优先。高质量发展是体现新发展理念的发展，是创新成为第一动力、协调成为内生特点、绿色成为普遍形态、开放成为必由之路、共享成为根本目的的发展，在此发展阶段，非均衡的赶超战略要逐步为均衡发展战略所取代。同时，实施信息分散收集和处理，让市场主体自己决策、责任自负的内生调节方式，将是最优的资源配置方式，也即发挥市场在资源配置中的决定性作用，从根本上提升经济运转、资源配置效率。

2. 坚持一条主线

即以供给侧结构性改革为主线，深化供给侧结构性改革是构建现代化

---

① 刘志彪:《建设现代化经济体系：基本框架、关键问题与理论创新》，《南京大学学报》（哲学·人文科学·社会科学）2018 年第 3 期。

经济体系的着力点和主攻方向。习近平总书记指出："供给侧结构性改革，重点是解放和发展社会生产力，用改革的办法推进结构调整，减少无效和低端供给，扩大有效和中高端供给，增强供给结构对需求变化的适应性和灵活性，提高全要素生产率。"给出了供给侧结构性改革的"问题—原因—对策"典型的"三段论"逻辑线路。当前经济面临的主要问题集中表现为供给侧的有效和高端供给不足、无效和低端供给过剩导致全要素生产率低下，这个问题的本质在于供给结构不能适应需求结构变化的结构性矛盾，而产生这个矛盾的根源是体制机制问题束缚了生产力，因此，相应的对策是用体制机制改革的方法调整结构、化解结构性矛盾，最终实现解放和发展生产力、提高全要素生产率的经济发展目标。也就是说，供给侧结构性改革，是针对由于供给结构不适应需求结构变化的结构性矛盾而产生的全要素生产率低下问题所进行的结构调整和体制机制改革①。

3. 建设四位协同产业体系

建设实体经济、科技创新、现代金融、人力资源四要素协同的产业体系。这是党的十九大报告提出的建设现代化经济体系的物质基础。创新引领、四位协同的现代产业体系强调增长要更多发挥高级生产要素的协同作用，更多依靠提高全要素生产率；强调国民经济中投入的生产要素最终必须要落实在实体经济上，鼓励金融服务实体经济，而且要用现代金融机制支撑科技创新和经济增长，故此需要重点关注和协调好实体经济与科技创新、实体经济与现代金融、实体经济与人力资源这三对关系，将高级生产要素全方面融入振兴实体经济实践进程。

4. 建设"三个有"市场经济体制

建设现代化经济体系的支撑即"三个有"的经济体制：市场机制要有效、微观主体要有活力、宏观调控有度。完善社会主义市场经济体制是构建我国现代化经济体系的制度保障。实践证明，我国现代化经济体系建设的每一次重大进步，都主要来自对旧有的不适合社会生产力发展的体制和机制的大胆改革和创新。党的十九大报告强调："经济体制改革必须以完善产权制度和要素市场化配置为重点，实现产权有效激励、要素自由流

① 黄群慧：《论中国工业的供给侧结构性改革》，《中国工业经济》2016 年第 9 期。

动、价格反应灵活、竞争公平有序、企业优胜劣汰。”其中改革政府与市场关系是经济体制机制改革的重点，一是更好发挥政府作用，不缺位、不越位、不失位；二是要把“放手”当作最大的“抓手”，明确政府的权力边界，对权力清单外的事务要多做“减法”；三是要“放手”不是“甩手”，为市场活动制定规范，并充当监控者和仲裁者，纠正市场自身的失败，在非营利性活动中发挥主体角色，为市场发展提供充足的外部经济性①。

（二）建设现代化经济体系的基本内容及战略转变要求

按照习近平新时代中国特色社会主义经济思想的丰富内涵，构建现代化经济体系主要包括七大体系和建设内容：一是创新引领、协同发展的产业体系，这是现代化经济体系的基础和核心；二是统一开放、竞争有序的市场体系，这是现代化经济体系配置资源的决定性机制；三是体现效率、促进公平的收入分配体系，这是现代化经济体系的激励机制；四是彰显优势、协调联动的城乡区域发展体系，这是现代化经济体系的空间布局结构，以时空压缩、增加密度和减少分割为核心；五是多元平衡、安全高效的全面开放体系，这是省内经济系统与外部世界的联结机制；六是资源节约、环境友好的绿色发展体系，这是现代化经济体系的生态环境基础；七是充分发挥市场决定作用，更好发挥政府作用的经济体制，这是现代化经济体系的制度基础。

上述七方面的内容体系也构成了支撑高质量发展的基本要素，面对社会主要矛盾的转变以及基本国情和省情，迫切需要转变过去行之有效但现在已不再契合发展要求的基本战略，具体包括，第一个基础战略转变，是要把非均衡战略转向均衡战略。要从片面追求经济速度，更多地转向保护生态环境、攻克关键技术、增加基本公共服务和基础设施、发展要素市场等。第二个基础战略转变，是要从提升储蓄规模、加大资本形成率转向建设创新引领、四位协同的产业体系。第三个基础战略转变，是要在商品市

① 刘志彪：《建设现代化经济体系：新时代经济建设的总纲领》，《山东大学学报》（哲学社会科学版）2018 年第 1 期。

场化配置基础上，重点强化要素市场化配置。在高质量发展阶段推动或加速结构转换，是建设现代化经济体系的微观基础条件。而推动结构高速转换，最主要取决于要素市场化配置的程度。第四个基础战略转变，过去长期实施的效率优先、兼顾公平的分配原则，要转向在效率基础上的共享性分配。第五个基础战略转变，空间上产业政策优先还是地区政策优先？需要找到平衡点。主要任务包括发展城市群落振兴乡村；建设世界级先进制造业集群，实施区域协调发展战略等。第六个基础战略转变，需将绿色化内化为收益、福利和财富，将资源优势、自然禀赋优势转变为竞争优势、产业优势。第七个基础战略转变，出口导向的全球化要转向基于内需的全球化。这是创新驱动经济形成的必要条件，也是建设独立自主的现代化经济体系的基本要求。第八个基础战略转变，要建设面向高质量发展的经济体制和机制，主要内容包括：硬化所有权的约束，即预算约束硬化；建设为高质量而竞争的地方政府机制；产业政策要逐步让位于竞争政策；建设法治化的政府宏观调控体系①。

二 现代化经济体系目标约束下云南省跨越式发展的战略重点选择

现代化经济体系所包含的七个主要内容勾勒出了现代化经济体系的整体图貌和框架，围绕供给侧结构性改革这一主线，重点在于构建现代化产业体系、城乡区域融合一体化发展等，而破除体制机制弊端的制度创新与供给又将是各领域、各环节改革的首要前提和保障。立足于该目标约束和省情特殊性，云南如何做出正确的战略重点选择并采取针对性、精准化、具体化、可操作的政策举措加以贯彻落实，关系到目标实现进程的快慢及改革成效，是跨越式发展的关键内容。现阶段的战略重点可概括为以下四个方面。

（一）深入推进供给侧结构性改革，有效促进三大变革实现跃升

供给侧结构性改革是一项全面的改革，也是一项系统工程，其主要内

① 刘志彪：《建设现代化经济体系：基本框架、关键问题与理论创新》，《南京大学学报》（哲学·人文科学·社会科学）2018 年第 3 期。

容覆盖总供给的各组成部分，涵盖不同层次的结构问题，综合了“加减乘除”的应用，作为首要抓手的“三去一降一补”，针对的是产业、产品和服务层次的供给侧结构性问题，而在重要领域和关键环节的体制机制改革，包括政府体制改革、财税金融改革以及要素市场改革等，则主要针对供给主体和供给制度等更深层次的结构性问题①。以资源型和重型化为显著特征的经济结构，使得云南省经济结构严重失衡，钢铁、煤炭等资源型产业产能过剩严重，实体经济内部产品、企业和产业层面均暴露出发展不平衡、不充分的问题，突出表现在重轻工业失衡、“两头在外”缺乏省内产业关联、省内消费需求满足依仗省外输入。同时云南省第一产业比重要高于全国平均水平，作为国民经济基础产业的农林牧副渔占比较高，为打造高原特色现代农业品牌，农业供给侧结构性改革必不可少。另外，云南省金融效率指数在全国居于中上水平，但是金融深化指数和金融结构指数却低于大多数省区市，处在中下位置，尤以金融结构欠佳，从侧面反映出省内金融资源配置不当和多层次资本市场建设滞后，资本市场的广度和深度暂时还不能触及广大的民营、中小企业，在以银行为主导的金融体系下，融资难、融资贵问题依然突出。上述这些问题既是内外部宏观经济环境使然，也有体制机制障碍和利益固化藩篱因素的作用，实现由政府主导型经济运行机制转变为市场主导型运行机制，根本落脚点在于深入推进供给侧结构性改革，针对质量变革，持续深入推进和巩固“三去一降一补”兼顾改革成本的合理分担问题；针对动力变革，加快新旧动能高效接续转换；针对效率变革，以产权制度和要素市场化配置为重点持续推进市场经济体制改革，打造“有效市场、有为政府”，最大限度增强微观主体活力，筑牢现代化经济体系的制度基础。

（二）着力构建现代化产业体系，持续注入强有力动力源泉

新旧动能转换要求发展现代产业体系，在大力引进战略性新兴产业和培育壮大重点支柱产业的同时，也要对传统产业进行改造升级。云南省长期以来产业结构呈现资源型、重型化特征，全国已进入工业化中后期，而

① 陈东琪：《通向新增长之路——供给侧结构性改革论纲》，人民出版社，2017，第86页。

云南才进入中期的低门槛，存在严重的滞后性。沿着第一产业、第二产业和第三产业的发展轨迹，第三产业的发展依附于工业化和城市化，但云南的第二产业更多是靠资源优势支撑，“两头在外”的产业格局使得只能锁定在资源型、重型加工制造分工环节，这就意味着云南本地消费市场需求的工业化过程并不在省内，相反带动了省外相关产业的发展①，这也在一定程度上影响了生产性服务业的发展，造成工业结构与就业结构的失衡。另外，政府部门长期把云南定位为农业、资源和旅游大省，装备制造业处于投资不足、信贷困难、发展缓慢、自生自灭的状态，更加剧了结构失衡的矛盾。过度依赖资源型、重型工业和对本地市场需求满足的薄弱能力迫切要求云南省构建以市场需求为导向的现代产业体系。跨越式发展之路本质上是一条赶超之路，构建现代化产业体系就是从产业层面实现赶超。立足于本土优势和“信息化、智能化、网络化、开放化”的潮流趋势，把握新一轮科技革命和产业变革的重大机遇，逐步摆脱跟随发展、模仿创新的路径依赖，现阶段需要遵循“开放型、创新型和高端化、信息化、绿色化”的思路方向，聚焦于生物医药和大健康产业、旅游文化产业等八大重点产业和打造世界一流“绿色能源牌”“绿色食品牌”“健康生活目的地牌”，重点把握省内先进制造业高质量发展、现代服务业发展、延伸拓展产业链以及数字经济新业态这一实现赶超的重要路径，加大对烟草、非烟轻工、冶金、能源、建材、化工和建筑业等传统优势产业的改造提升，着力发展新一代信息技术、高端装备、新能源汽车和新材料、现代生物、节能环保和新能源、数字创意、航空产业等战略性新兴产业。

（三）全面实施乡村振兴战略，有力推进“三农现代化”建设步伐

农民的土地问题、农民的收入问题、农民工问题、农民自身的能力发展问题、农业生产经营问题、工农城乡关系问题、农业劳动力结构失衡问题、农村空心化问题、农民进城、农村社会矛盾问题……一直都是摆在全

---

① 梁双陆、李娅等：《云南优化经济结构转变发展方式研究》，社会科学文献出版社，2017，第31页。

面建成小康社会，实现城乡一体化发展过程中现实的棘手、紧迫问题，解决这些问题也始终是政策的出发点和人民群众的关切点。党的十九大提出了乡村振兴战略，提出“产业兴旺、生态宜居、乡风文明、治理有效、生活富裕”的总要求，聚焦三农问题的解决。云南省地处西南边陲，集“边疆、民族、山区、贫困”于一体，脱贫攻坚任务艰巨，作为实现全面建成小康社会和城乡区域协调发展补短板的重要抓手，三农占据关键地位。跨越式发展的过程，伴随着城乡融合发展，农业产业结构提档升级，农民就业创业和增收渠道拓宽，农村人力资本充实，农村生产、生活、生态环境优化，而农村农业农民现代化的实现，既可发挥直接作用，也将会从产业集聚、要素配置、区域协调、基层治理、文化传承、就业吸纳等渠道间接作用于其他领域，夯实跨越式发展的基础，跨越式发展与乡村振兴之间是双向互动的关系。因此，以农业供给侧结构性改革为主线，云南省大力实施乡村振兴战略，是筑牢跨越式发展根基的重要战略选择。立足于农业农村农民现代化，以多种形式适度规模经营和新型农业经营主体为核心转变农业经营方式，全面深化以土地、产权、户籍、农产品市场化定价为核心的农村改革，完善落实集体所有权、稳定农户承包权、放活土地经营权的政策体系，完善三农支撑要素保障和支持保护政策。走城乡融合发展之路，统筹推进乡村振兴与新型城镇化协调发展，聚焦迪庆、怒江、昭通等深度贫困地区，坚决打好精准脱贫攻坚战。同时，通过农村三次产业融合发展，大力发展农产品精深加工和农业新业态、新模式，拓宽农民增收渠道，进而推动形成工农互促、城乡互补、全面融合、共同繁荣的新型工农城乡关系。

（四） 合理优化城镇空间布局，稳妥带动新型城镇化建设

城乡区域协调发展，推动城乡一体化建设是解决三农问题的一个重要任务。《云南省新型城镇化规划（2014—2020 年）》在优化城镇空间布局和形态上明确了发展思路和方向：按照主体功能区定位推动区域发展，优化开发承载能力减弱的区域，集约高效开发重点开发区域，做好限制开发区域的点状开发、面上保护。并遵循云南省“强区、富带、兴群、促廊”的城镇空间发展战略，加快建设滇中城市聚集区、沿边开放城镇带、五个

区域性城镇群和七条对内对外开放经济走廊城镇带，形成以“一区、一带、五群、七廊”为主体构架的点线面相结合的全省城镇化空间布局。把城镇群作为云南城镇化的主体形态，通过规划引导和基础设施网络建设，加快推进城镇群发展。有序推进各级城市（镇）发展，做强昆明特大城市，做大区域中心城市，做优州（市）域中心城市，做精县域中心城镇，做特省级重点镇、其他发展镇，促进大中小城市、小城镇和广大农村合理分工、功能互补、协同发展。整体而言，城镇空间布局和结构的优化是跨越式发展时空分布的表征和地理依赖，关系到农村三次产业融合发展和农村转移人口市民化进程的速度和成效，通过城镇群的集聚要素效应和配置要素效应，倒逼城乡一体化政策和辅助性改革落地实施（生效）。鉴于云南自然地理环境的特殊性，做大县域经济，创新城镇发展形态更凸显其价值意义，需要进一步完善城乡规划，优化城镇布局，以昆明为核心，加快推动滇中、滇西、滇西南、滇东南城市（镇）群建设，打造提升民族文化型、生态自然型、沿边口岸型等小城镇，其中提升县城、中心镇的就业吸纳能力和发展壮大具有比较优势的产业结构是重点；开发山地城镇、特色小镇、田园城镇、山水城镇等新模式是突破口。

上述四大战略重点均是现代化经济体系框架内的总抓手和关键“牛鼻子”，也可以说是社会主要矛盾的主要方面，具有全局联动性，其中供给侧结构性改革是主线，其余三个重点分别是供给侧结构性改革在产业选择和空间布局上的实践。

三 新时代云南省深入推进供给侧结构性改革的路径选择

（一）新时代供给侧结构性改革的推进路线

供给侧结构性改革，是在认识、适应和引领“新常态”的新阶段和中国特色社会主义新时代，实现“强起来”的伟大历史飞跃过程中，以“攻坚克难”的深化改革为核心内涵，进一步解放生产力、实现动力机制和经济体系转型、社会形态升级进步的系统工程。面对区别于西方经济学家倡导的“结构改革”，“结构性改革”既包括“结构改革”的内涵，还包括产业比例结构、行业比例结构、区域结构等各种比例关系的调整等，即除了包括全面体制机制改革、改变经济动力结构进而优化经济结构的内涵以外，还包括直接对要素结构的调整优化，以及对企业、产业和区域结构的调整优化的内容。鉴于此，供给侧结构性改革存在两个可能的推进路线，一个可能的线路是政府通过全面深化体制机制改革，进一步建立和完善市场经济体制，通过市场机制来改变经济增长的动力结构以及经济的企业结构、产业结构和区域结构，化解供给结构不适应需求结构的矛盾，解决供给侧问题，提高供给质量，改善经济运行；另一个可能的线路是政府在现有的体制机制框架下直接对经济结构进行调整，包括处置僵尸企业、化解产能过剩、用强选择性产业政策培育战略性新兴产业等[①]。

（二）新时代供给侧结构性改革的根本抓手

新常态下需要更大程度依赖于科技提供第一生产力和制度改革带来最大红利，着力提高全要素生产率，在大力推动科技创新的同时，必须配上制度创新[②]，这也是支撑高质量发展的关键要素之一。全要素生产率来源之一是技术进步，省内的技术进步则源于技术引进、自主创新、消化吸收再创新，另一个来源则是资源配置效率的提高，这来自矫正市场失灵和政府失灵两个方面。解决失灵的手段在于制度创新、变革和体制机制改革，尤其需要突出强调深化社会主义市场经济改革，正确处理好政府与市场的关系，构建现代化的社会主义市场经济体制，实现市场机制有效、微观主体有活力、宏观调控有度。

体制机制改革和制度创新是贯穿于供给侧结构性改革所有环节、领域，乃至全过程的核心任务，破除体制机制的束缚和利益固化的藩篱，又将对供给侧集中发力，即放松约束，提升激励，优化结构，为增加优质高端供给和要素供给带来持续、稳定的促进作用，形成良性循环。这也是供给侧结构性改革着眼长远的根本抓手——深化市场经济体制改革。根据党的十九大报告，经济体制改革围绕如下两项重点开展。

---

① 黄群慧：《论中国工业的供给侧结构性改革》，《中国工业经济》2016 年第 9 期。

② 张江洋、钱敏：《基于资源错配理论的供给侧结构性改革制度红利研究》，《北京工业大学学报》（社会科学版）2018 年第 6 期。

首先，完善产权制度，立足现实需求，亟待明晰产权的领域集中在三方面：一是五大生产要素中非常重要与关键的和土地等自然资源相关的产权问题，包括各类自然资源资产（土地、林权为代表）的产权归属关系和权责关系、农村集体产权（集体建设用地、农民承包地、宅基地等）的确权、交易、流转和退出制度、城市土地70年产权到期续期及相应的土地流转制度问题等；二是社会主义框架下的所有制改革及民企产权保护问题，重点在于国企改革、国有资产管理体制改革；三是知识产权保护问题，完善有利于激励创新的知识产权归属制度，明确规定并有效保护职务发明人的产权权益①。

其次，要素配置方式是一个经济是否有效率、效益的核心，同时也是市场能否发挥资源配置决定性作用的重要基石。实现要素市场化配置，需要着重在加快要素价格市场化改革、深化要素市场改革和转变政府职能、激发微观经济活力三方面下功夫，其一，价格体系的基础性改革；其二，以增加高级生产要素供给为根本，紧密围绕人口政策调整、土地制度改革、财税金融体制改革、创新驱动发展战略全面实施四大抓手，推动劳动、土地、资本和技术要素市场改革向纵深发展；其三，以激发微观主体活力为目标的政府职能、架构体系改革，持续落实简政放权（精简职能）、减税降费和“放管服”改革，创新优化制度要素供给，营造高标准、法治化的营商环境。

（三） 新时代云南省供给侧结构性改革的路径选择

深入推进供给侧结构性改革，立足于体制机制改革这一根本抓手，遵循“巩固、增强、提升、畅通”的方向要求，云南省的路径选择可基于如下四方面。

1. 优化产品要素供给，提高供给体系质量

围绕增加优质供给，培育新经济、新业态、新模式、新产品，着力提升产业链水平，以“传统产业 + 支柱产业 + 新兴产业”迭代产业体系为突

---

① 贾康、彭鹏、刘薇、余贞利：《实施供给侧改革战略方针需要基础性改革的支撑与配套》，《国家行政学院学报》2017 年第 6 期。

破口，聚焦八大重点产业[①]，建设“两型三化”[②] 现代化产业体系，全力打造世界一流的“绿色能源牌”“绿色食品牌”“健康生活目的地牌”，打造“智慧旅游、全域旅游”，抢抓数字经济发展机遇。

立足于增加要素供给，在优化传统人力、土地、资本要素供给的基础上，创新和增加技术、人才、制度要素供给，涉及人口政策优化、土地制度改革、金融生态优化、科学技术创新、政府职能改革，同时持续推进综合交通、水利、能源、信息、物流为主要内容的“五网”基础设施建设，为经济社会发展提供正的外部经济性。

2. 统筹推进技术和制度创新，提高全要素生产率

针对提高全要素生产率，以创新驱动为重点，推进创新型云南建设，辅以要素资源的优化配置，引导企业生产者在微观层面进行管理改革，主动在中观和宏观层面进行制度变革，极力矫正要素配置扭曲。同步建立以企业为主体、市场为导向、产学研深度融合的技术创新体系，完善科技成果转化体制机制，建立增加全社会研发投入的激励机制和奖助补贷优惠政策。

3. 扶持实体经济振兴，畅通经济系统循环

重点关注省内制造业高质量发展要求，以全产业链发展为目标，从育龙头、搭平台、创品牌、占市场、解难题等方面同步发力，做大做强做优重点支柱产业链，培育壮大产业集群，促进产业高效集聚发展，与此同时着力解决中小微企业融资难、融资贵问题，健全政银企协调沟通机制和融资担保机制，实现审批畅通、融资畅通、进退畅通、接续畅通、流转畅通、信息畅通，严控资源要素“脱实向虚”“内部打转、嵌套循环”。

四　新时代云南省深入推进供给侧结构性改革的重点任务

新时代云南深入推进供给侧结构性改革的重点任务，依据目标导向和问题导向相结合的原则来确定，整体目标与分步推进相融合，在兼顾长短

① 生物医药和大健康产业、旅游文化产业、信息产业、现代物流产业、高原特色现代农业产业、新材料产业、先进装备制造业、食品与消费品制造业。

② 创新型、开放型、高端化、信息化和绿色化。

期以及战略战术方面各有侧重，有所区别。在持续推进“三去一降一补”任务的同时，需要妥善处理好改革成本的公平合理分担问题，新旧动能有效、接续转换问题，全面深化市场经济体制改革下的产权制度完善和要素市场化改革问题以及对供给主体结构的调整，下一阶段的改革重点在于围绕“重要领域”和“关键环节”的体制机制改革和供给主体改革，着眼于构建长效体制机制、重塑中长期经济增长动力，触及存量利益格局中的深层次问题，敢于破除制约发展的一切思想障碍、体制弊端和制度藩篱。简言之，在巩固“三去一降一补”成果的基础上，由表及里、由浅入深一步一步向前推进落实“破立降”改革任务，并在每一阶段和每一项改革措施均辅以制度创新等配套改革，通过体制机制改革来不断优化供给侧主、客体结构。

（一）加快新旧动能高效接续转换，推动动力变革

现阶段处于新旧动能接续转换的过渡时期，新动能和旧动能之间并不是非此即彼的排斥关系，而是要在培育和发展新动能的同时，着力改造提升传统动能，也即加法减法一起做。首先做好减法，以烟草、冶金、能源、建材、石油和化学工业、建筑业等优质骨干产业为重点，去除传统产业无效供给的同时加速推动转型升级，加快制定传统行业“僵尸企业”辨识标准和退出处置机制，深入推进“僵尸企业”处置和相关善后工作。以此为前提，全面提升传统行业科技创新能力，一是完善传统产业供给体系，立足国内、国际两个市场，统筹布局产业网络、价值网络和创新网络，重塑产业链、价值链和市场链；二是加速传统产业与新一代信息技术的深度融合，引入信息化、智慧化技术平台，提升传统行业对市场需求的响应力，推动智能制造和绿色发展；三是破除体制机制束缚，促进科技创新与制度创新融合互动，为新动能的成长壮大营造健全良好的制度和市场环境，使政府的服务水平和监管模式适应和契合现阶段的创新实践。其次，做好加法，培育壮大新动能，围绕“八大重点产业”和“绿色能源牌、绿色食品牌、健康生活目的地牌”，持续推进一批工业和农业精深加工大项目落地，以“一部手机游云南”“一部手机云品荟”“一部手机办事通”系列项目为突破口，以资源数字化、产业数字化、数字产业化为主

线，建设“数字云南”，发展数字经济。既要认识到“新不足以补旧”的现实难题，也要注意警惕“高端过剩”和“高端同质化”问题，避免形成新的重复建设。

（二）全面深化市场经济体制改革，推动效率变革

长期依靠投资拉动，云南省逐渐形成政府主导经济运行的增长机制，工业结构始终未摆脱对资源型、重型工业的路径依赖，以国有企业为主并过度依赖政府垄断的资源型、重型工业又表现出内部自我循环和与省内产业关联弱化的特征。在此背景下，让经济回归正常的市场经济体制机制运行方式极为迫切。

党的十九大报告强调，经济体制改革必须以完善产权制度和要素市场化配置为重点。经济体制改革仍是围绕市场、企业和政府三个层面和核心要素，着力推动完善现代市场体系、释放微观主体活力、提升政府治理能力的“三位一体”建设。现阶段，需要重点把握和关注如下两大任务。

1. 完善产权制度

作为构建和完善现代市场体系微观基础层面的改革的重要组成部分，产权体系与价格机制形成现代市场体系的基石。完善产权制度就是要加强产权保护，以公平为核心原则，使各种所有制经济公平参与市场竞争，其产权受到法律保护并接受监督管理；就是要保证各类性质不同的产权在市场交易中拥有平等权利，保护社会组织、公民的合法财产不受侵害。这进而对更加完善市场经济条件下的产权契约关系和信用关系提出更高要求，确保社会正常的信用秩序。

要达到产权有效激励的目标，完善产权制度主要包括以下三个方面。第一，补齐产权制度中的短板，完善物权、债权、股权、知识产权等各类产权法律法规制度，形成清晰界定所有、占有、支配、使用、收益、处置等权能的完整制度安排，确保各类产权归属清晰、权责明确、保护严格、流转顺畅，更好地发挥产权激励对解放和发展生产力的促进作用。第二，健全完善自然资源产权、国有产权、集体产权、居民财产权、知识产权等制度，一是构建自然资源资产产权制度，明确产权主体，赋予修复生态的自然人或法人长期的使用权，根据不同情况允许不同强度的开发。二是保

障国有资本收益权和企业自主经营权。三是全面完成农村承包地、宅基地、农房、集体建设用地确权登记颁证，赋予农户对宅基地充分的用益物权，可以长租、流转、抵押、继承，完善农村集体经济组织成员认定办法和集体经济资产所有权实现形式，健全农村产权交易流转和退出机制。四是完善有利于激励创新的知识产权归属制度，明确规定并有效保护职务发明人的产权权益。五是完善居民财产权保护制度，抓紧出台住宅建设用地等土地使用权到期后续期的法律安排。六是建立企业家充分行使经营权的激励机制，使其得到市场评价的报酬，调动国有企业领导人的积极性。第三，加强产权保护。从立法上赋予私有财产和公有财产以平等地位并给予平等保护，在执法、司法和行政实践中加强对市场主体间产权纠纷的公平裁决①。

这其中又以作为五大要素的土地（自然资源）相关产权问题、所有制改革（包括民企产权保护问题）和知识产权保护问题显得尤为突出和严峻。

2. 实现要素市场化配置

供给侧结构性改革，要解决的核心问题是矫正企业内部、企业之间和产业之间的要素配置扭曲，而这也是提高全要素生产率的重要渠道之一。围绕实现要素自由流动和发挥价格机制作为市场“无形之手”的信息传导、资源引导渠道作用的目标，深化要素市场化改革的途径如下所述。

（1）加快完善要素价格市场化形成机制。目前已经实现了高度的商品市场化配置，价格成为调节商品配置的主要机制，在要素市场化配置中，发展得比较彻底和充分的主要是货币市场、技术、信息等市场，而资本市场和劳动力市场的功能还不够完善，能源价格市场形成机制略显滞后，尤其是在国有经济部门（包括国有企业、国有银行等）和政府主导型运行机制下，资本、技术、资源、土地等生产要素被锁定、控制和垄断，进而引致更扭曲、低效的资源配置。故此，价格领域的基础性改革，需要着重解决普遍存在的多元结构并轨运行局面，首先，清除云南资源型、重型工业

① 王喆、汪海：《现代化经济体系建设与新一轮经济体制改革方略》，《改革》2018 年第 10 期。

结构长期积累的诟病，重点在于理顺基础资源、能源产品比价关系和价格形成机制，针对煤炭等各类矿产基础资源和石油、天然气（一次能源）以及电力（二次能源）等关键能源产品的比价关系和价格形成机制中仍存在的扭曲、僵化等严重问题以及对“去产能、降成本”成效的显著关联效应，需要抓住时机、攻坚克难，推动建立与完善市场化价格机制，并有意识地设计运用资源、环境税收和其他经济手段，形成以比价关系和价格形成机制引领低碳、绿色发展而克服环境危机因素的“非常之策”。其次，要对土地资源的“招拍挂”式单向价格提升定价方式，结合相关改革综合改进和优化，一方面合理实现土地价值并对接相关财税等方面的改革，另一方面避免价格畸高妨碍城镇化进程，形成良性循环。再次，对资本和劳动形成合理的、市场化的定价机制，对应二者的收益分配，辅之以政策引导的市场化调节手段和必要的再分配机制，从而理顺国民经济中的收入分配链条，形成既具备有效内生激励，又能够真正地兼顾效率与公平的基础性制度框架。最后，推动形成知识创新等全要素投入的市场化价格机制，对接知识产权领域和科研创新、一线激励知识价值创造的基础性改革，将其打通而整体推进①。

（2）深化五大要素市场改革。增加要素供给，解除供给抑制，放松供给约束，尤其是人力资本、科学技术等高端要素，是供给侧结构性改革的题中应有之义，要素市场改革正是出于破解五大关键要素所面临的制度陈旧、不适应市场经济发展需要、严重供给不足等现实困境的目的。

第一，调整完善人口政策，夯实供给基础。长期以来数量控制型的人口政策框架以及人口要素所面临的政策名义的行政性约束加上家庭生育决策的经济约束（含预期因素）的双重作用，使得人口红利行将消失，老龄化问题日益严峻。因此，迫切需要调整人口政策，从人口供给侧改革着手，建立健全科学系统的人口制度和政策体系，夯实经济长远增长的人口基础：一是在党的十八届五中全会宣布全面“放开二孩”后，还应动态推进，后续优化，严密监控政策效果，做好应对不同情况的政策储备；二是

① 贾康、彭鹏、刘薇、余贞利：《实施供给侧改革战略方针需要基础性改革的支撑与配套》，《国家行政学院学报》2017 年第 6 期。

切实将以计划生育为核心的人口控制，过渡到以优生和提高人口质量为核心的人口战略，并进一步调整为以教育和提升创新能力为核心的人力资本战略，从数量管控思维转向以质量优化为核心的新战略，同时向全面放开家庭自主生育决策过渡，着力提高人口素养；三是促进人口流动、适当吸引移民的政策也应成为人口政策的重要内容，一方面以城乡基本公共服务一体化作为制度依托，另一方面也需要适度放开移民、积极引入相关创新人才和熟练技工；四是尽快完善与人口流动密切相关的户籍制度改革、社会保障制度改革等，真正形成统一的劳动力市场①。

第二，推进土地制度改革，释放供给活力。合理的土地制度安排对于激励生产要素和公共产品供给，释放供给活力，促进经济增长和经济发展方式转变，发挥着重要的微观管理和宏观调控功能。现有制度框架下土地按照用途大致可划分为农用地、城镇建设用地和集体建设用地，因而在推进土地制度改革过程中，需要分类施策，采取差异化和有针对性的政策思路。土地制度改革的核心在于确认土地的归属、利用和收益分配问题，从长期来看，土地制度改革的目标是改变土地政策二元分割格局，实行集体土地和国有土地的“同地、同权、同价”以及市场化流转、配置。短期来看，农用地的关键核心是经营权流转和适度规模经营问题，建设用地的焦点是集体建设用地，其涉及乡镇企业存量用地的盘活调整和宅基地的整合复垦与建设用地指标置换，是未来城市持续扩张的主要土地来源，而城镇建设的重点是存量土地的调整和结构优化，地方政府手中仍握有包括大量工业用地在内的存量土地，这些土地可通过“棚户区改造”“旧城改造”等方式进行更集约化利用，提高土地利用效率，统筹城乡土地配置。

一是完善土地经营权流转制度，有序推进土地流转和适度规模经营，在土地确权和所有权、承包权、经营权三权分置的基础上，鼓励农民在保持农村土地集体所有权性质不变的前提下，保留承包权，将经营权转让给其他农户或其他经济组织；二是深化城市建设用地管理制度改革，优化土地利用结构，提高土地利用集约化程度；三是探索建立农村集体经营性建设用地入市制度和农村宅基地制度，形成城乡统一的建设用地

① 国家行政学院经济学教研部编《中国供给侧结构性改革》，人民出版社，2016，第45～49页。

市场。

与此同时，辅以土地确权，“三权分置”，兼顾国家、集体和个人的土地增值收益分配机制、土地征收制度、耕地保护制度等配套改革措施。

第三，深化金融市场改革，破除金融抑制。防范化解重大风险作为三大攻坚战之一，要求牢牢守住不发生系统性金融风险的底线，同时增强金融服务实体经济的能力，加大对经济社会发展中重点领域、薄弱环节的金融支持力度，强化对三农、中小微企业、民营企业的倾斜扶持，有效降低实体经济融资成本，促进金融与实体经济的良性互动和健康发展。在当前以银行主导为特征的金融体系中，一定时期内信贷融资仍然是大部分中小民营企业的主要资金来源，云南省深化金融市场改革重点在于银行业结构优化、资本市场壮大、金融开放巩固三方面。首先，银行业结构优化强调政策性银行、大中小银行、正规与非正规金融机构之间的协同发展、分工协作和优势互补，以建立多层次银行业结构为突破口，其中需要重视重塑农村金融生态问题，推进“三农”金融服务由解决金融缺失向解决金融薄弱转变。云南省农业大省和少数民族大省的典型特质，决定了多元化、特色化的金融支持路径和方式，商业性金融机构在农村金融配置中的主体地位不仅体现在国有大型商业银行所提供的金融产品和服务上，而且突出农村商业银行、村镇银行、小额贷款公司等新型金融机构或地方性银行的“软信息”处理、网点、服务群体覆盖面广等“小银行优势”。培育发展民营银行，使民营银行准入标准透明化并适度降低，同时进一步完善存款保险制度，因地制宜提供包括普惠金融、基础设施金融、产业金融、科技金融在内的相关金融服务产品，是一定时期内的首要任务。其次，资本市场壮大，大力、稳妥建设区域性股权市场，根据《云南省区域性股权市场监督管理实施细则（试行）》的要求，适当培育上市企业和中小板上市企业，实施企业上市倍增三年行动。同时，也要注意到资本市场收购兼并功能对化解产能过剩、改造传统产业的作用。最后，金融开放深化，依托于沿边金融综合改革试验区、重点开发开放试验区、沿边国际级口岸和跨境经济合作区等载体，扩大跨境人民币结算范围，推动货物贸易、服务贸易和其他经常性项目使用人民币结算，稳妥开展资本项目下人民币结算试点。除此以外，面对互联网金融突飞猛进的发展态势，监管部门对这一类新金融业态，要采取规范发展与保护创新兼顾的政策手段，在严格防范系统性金融风险的前提下，适当保留一定的试错空间。概括来说，深化金融市场改革是覆盖了金融组织结构体系、金融产品服务体系、金融市场体系、金融开放体系的系统性工程，任何一方都不宜偏废。

第四，实施创新驱动战略，拓展供给空间。创新是引领发展的第一动力，是建设现代化经济体系的战略支撑。其中技术创新作为现代化经济体系建设的“双擎驱动”之一，也是云南省实现跨越式发展的必要动力，充分发挥创新（科技）要素对经济发展的贡献和支撑作用，提高全要素生产率和成果转化率，是一个重要的着力点，党的十九大明确表明现代化产业体系必须强调科技要素的投入。现阶段，企业研发投入不足、技术创新人才缺乏的创新要素错配问题，严重制约了作为技术创新、开发和科技投入主体的企业的技术创新能力和吸收消化能力，进一步导致成果转化率低、核心竞争力不足。因此，围绕企业这一创新主体的技术创新要素合理配置、布局和流动以及自主创新基础上的引进、消化、吸收再创新成为当务之急，迫切需要建立以企业为主体、市场为导向、产学研深度融合的技术创新体系。具体来看，一方面采取激励机制，利用税收优惠、资金导向等方式，引导创新要素向企业流动集聚，提高企业研发投入的积极性，发挥知识产权对技术创新和成果转化的长期激励作用；另一方面推进合作创新和开放式创新，明晰各方利益共享和风险共担机制。与此同时，强化创新人才培养，培育创新驱动的发展土壤以及彻底扫除影响创新驱动发展的制度障碍，尤其是知识产权保护制度和成果转化制度，亦是实施创新驱动战略不可或缺的内容环节。

第五，创新优化制度供给，提供坚实保障。深化经济体制改革，实质上就是经济领域的体制机制创新，是完善现代化经济体系的制度保障。深入实施供给侧结构性改革的关键，是要以有效的制度供给，解决生产要素的合理配置问题，核心则在于使市场在资源配置中起决定性作用，除了前述关于发挥市场机制作用、推动现代社会主义市场经济体系建设方面的改革以外，还涉及政府职能与架构合理化方面的改革，在尊重市场规律的基础上，通过调整政府与市场的关系，用改革激发市场活力，用政策引导市场预期，用规划明确投资方向，用法治规范市场行为，使政府职能真正转到履行好宏观调控、市场监管、公共服务、社会管理、保护环境等基本职责上来，特别是要强化技术、质量、能耗、环保、安全等标准约束，以市场化方式引导企业准入、退出和兼并重组，围绕“扁平化”和大部制改革的内在逻辑，深化行政审批制度改革，加快“规划先行，多规合一”的制度建设①。创新制度供给需要遵循的基本原则包括以下三点。一是要更好而不是更多地发挥政府作用，要通过负面清单、责任清单等管理，适当减少干预。“更好”的标准是不缺位、不越位、不错位。二是要把“放手”当作最大的“抓手”，政府对权力清单外的事务要多做“减法”。三是要“放手”不是“甩手”，要为市场活动制定规范，进行监督和仲裁，纠正市场失败，在非营利性领域发挥主体作用，为市场发展提供充足的外部条件。而主要内容则突出以简政放权和减税降费为总抓手，增加公共品供给、提升公共服务能力为实施重点的表现特征②，推动“放管服”改革向纵深发展，首先要硬化所有权的约束，即预算约束硬化。这是高质量发展的效率基础。其次为高质量发展而竞争的地方政府机制。要求把为增长而竞争的旧式地方政府运作体制，通过输入新的高质量目标函数，改造为适应新时代、解决新的社会主要矛盾服务的新体制。再次为产业政策要让位于竞争政策。旧式的产业政策实质上是通过制造所有制歧视、产业歧视、内外经济主体歧视、地域歧视等，实现非均衡的快速增长。社会主义市场经济发展的深化，需要把它逐步过渡到公平竞争取向的竞争政策，尤其值得一提的是竞争政策为导向，还要求实施自由进出市场的反垄断政策。最后为法治化的政府宏观调控体系③。

（三）厘清政府与市场的关系，破除制度藩篱

市场在资源配置中起决定性作用和更好发挥政府作用是供给侧结构性改革遵循的根本逻辑，用改革的方法推进供给侧结构性改革，需要系统性

① 贾康、彭鹏、刘薇、余贞利：《实施供给侧改革战略方针需要基础性改革的支撑与配套》，《国家行政学院学报》2017 年第 6 期。

② 裴广一、黄光于：《建设现代化经济体系视域下供给侧结构性改革：理论、经验与路径》，《学术研究》2018 年第 7 期。

③ 刘志彪：《理解高质量发展：基本特征、支撑要素与当前重点问题》，《学术月刊》2018 年第 7 期。

的制度创新。政府是制定规则、创新规则、修正规则的主体，只有从干预微观经济活动和充当市场主体的现实状态，转变为为个人、企业和市场机构提供高质量的制度供给，进而以制度创新为核心进行职能改革，大力调整政府的管理方式和提高调控能力，才可能在减税费、减负担、松管制的同时，使供给侧结构性改革产生出刺激扩大内需、增进发展信心和促进新动能崛起的作用。

以政府改革推动供给侧结构性改革，关键需要在四方面下功夫：一是简政放权，精简职能，从政策安排和改革推进两个层面同时发力，大力裁并（或撤并）冗员机构、人员和依赖公共财政的事业单位；二是减税降费，分配改革，将简政放权后可能节流下的财政收入作为减税降费幅度的可选择空间，并实施结构性减税，把政府多拿的部分向企业、居民合理转移；三是放松管制，市场决定，精兵简政在创造减税降费可能性空间的同时，也会在供给侧产生放松管制的直接效应。简政放权和放松管制集中在消除市场准入壁垒、矫正要素市场与商品市场的不匹配，实现关键要素市场化配置、打破地区市场分割和行业垄断，也即合力建设一个统一开放、竞争有序的现代市场体系；四是加强监管，优化服务，规范市场秩序，扭转监管缺位、监管空白和监管低效并存的局面。与此同时，还需推进国有企业和垄断行业改革，有序退出在一般竞争性领域的经营投资活动①。

第二节　构建两型三化现代产业体系

构建实体经济、现代金融、科技创新和人力资源协同发展的现代产业体系是建设现代化经济体系的物质基础，也是与现代化经济体系建设相适应的基本内容之一。协同发展的产业体系主张基于产业生态系统的视角，构筑现代化经济体系的产业内核，以现代化经济体系为目标导向，在坚持包括市场主导、政府服务和社会协同，拓展产业链、完善供应链和提升价

---

① 刘志彪：《深化经济改革的一个逻辑框架——以“政府改革”推进供给侧结构性改革》，《探索与争鸣》2017 年第 6 期。

值链以及供给侧创新、需求侧导向和人才为本在内的三大原则基础上①，更多发挥高级生产要素的协同作用，更多依靠提高全要素生产率，并突出强调国民经济中投入的生产要素最终必须落实到实体经济上，鼓励金融服务实体经济，用现代金融机制支撑科技创新和经济增长，从而着力提高产业供给体系的质量，增强经济质量优势，促进经济高质量发展。本节将具体围绕协同发展的现代产业体系的内涵要求和“两型三化”的发展要求，结合云南实际，提出云南省构建现代产业体系的思路方向和任务措施。

从要素投入维度诠释产业体系强调要素间的互动关系，但具体至构建现代化产业体系实践上，仍需要以产业结构形态为载体，包括横向产业体系下不同类型行业及其相互关系，纵向产业价值链下研发设计、生产制造、流通销售等不同价值链环节及其相互关系，前述三大要素投入均覆盖横向或纵向划分的产业体系各部分，而各部分又最终归属于实体经济。云南省实现跨越式发展，现代化产业体系是支撑，《云南省产业发展规划(2016—2025年)》《云南省国民经济和社会发展第十三个五年规划纲要》等顶层设计已勾勒出八大重点产业的目标任务和“传统产业 + 支柱产业 + 新兴产业”迭代产业体系的整体架构和整体方向，现阶段的主要任务和难点在于如何将“科技创新、现代金融、人力资源”三大要素高效衔接、配置和深度融入重点产业培育壮大、传统优势产业改造提升、战略性新兴产业加快发展的实践之中，也即解决三大要素“配置多少”“如何配置”“流向何处”三个问题。

一　云南省构建现代产业体系的方向和思路

现代化经济体系目标约束下的现代产业体系具有产业结构高级化、产业发展集聚化、产业竞争力高端化等现代化特征，是以创新为主要动力、以产业集群为载体的产业网络系统②，由主要依靠投资拉动产业规模扩张转变为更多强调结构调整、提升和产业转型升级；由过度依靠出口维持产

① 顾乃华、唐荣：《构建与现代化经济体系相适应的协同发展产业体系》，《暨南学报》（哲学社会科学版）2017年第12期。

② 斯劲：《现代产业体系的形成机理研究》，《经济体制改革》2014年第5期。

业增长转向依赖技术进步、生产率提高；倡导体现新技术、新方向和新动能的产业在区域内部的优势、主导地位，形成产业迈向价值链中高端的发展格局。

围绕以实体经济发展目标，依托于科技创新、现代金融、人力资源等投入要素协同发展的现代产业体系建设标准和开放型、创新型和高端化、信息化、绿色化的经济转型发展要求，现阶段云南省着重需要在抢抓新一轮科技革命和产业变革机遇的基础上，立足于技术重大进步以及消费者追求美好生活需要，特别是个性化、集成化与便利化消费趋势①的现实背景，需集中在要素禀赋升级、价值链升级、空间结构优化、省内产业联动融合发展、先进制造业发展、科技创新和产业创新双轮驱动、保持绿色循环低碳发展的持久动力、营造良好的产业外部环境等方面发力。

（一）以开放型为引领，拓展产业发展空间

进一步开放市场优化空间结构。现代化经济体系是一个开放的体系，进一步开放市场是构建现代产业体系的重要外生条件，具体包含两个方面：一是对内实现区域市场一体化，消除目前区域间市场分割、市场保护的障碍，使地区产业同构成为历史；二是对外降低产业与市场进入壁垒，引入全球性企业开展市场竞争，通过竞争优胜劣汰，促进技术创新和产业创新，并使创新者能够获得市场认可后的创新红利②。当前，开放型经济新体制为云南省的资源型、重型化产业转型升级创造了巨大空间，虽然云南在过去以出口导向型国际贸易为主的开放格局中有高运输成本的区位劣势，但新时期在以投资导向型国际直接投资为主的开放格局中，云南省开放前沿的区位优势正在得以实现。与此同时，长期的产业扩张中积累的较丰富的高级生产要素，可保证和支撑云南部分产业对外投资、向外扩散过程中需要的技术优势和竞争能力③，融入和服务于长江经济带和“一带一

① 芮明杰：《构建现代产业体系的战略思路、目标与路径》，《中国工业经济》2018 年第 9 期。

② 芮明杰：《构建现代产业体系的战略思路、目标与路径》，《中国工业经济》2018 年第 9 期。

③ 梁双陆、李娅等：《云南优化经济结构转变发展方式研究》，社会科学文献出版社，2017，第 56 页。

路”倡议，又提供了对内、对外开放的合作平台。“走出去”的同时，亦需要关注对跨国企业和省外企业的生产网络布局的吸引力，除了消除地区分割，市场壁垒等显性障碍以外，还要在良好营商环境打造上下功夫，主动嵌入国家价值链和全球价值链，结合孟中印缅经济走廊、中国—中南半岛经济走廊和澜沧江—湄公河合作机制，在资源承载能力和生态环境容量允许的范围内加快承接产业转移，积极主动参与国际产能合作，加快构建以滇中为核心、沿边为前沿、多点为支撑的“一圈一带多点”产业空间布局①，强化沿边开放经济带的开放窗口作用，把沿边开放经济带建设成为面向南亚东南亚辐射中心的前沿和窗口、外向型进出口加工基地、开放型经济建设新的增长极。

（二）以创新型为关键，加快产业动力转换

围绕科技创新、产业创新和体制机制创新，集中解决重大前沿、关键技术攻关、破除制度障碍和跨越“结构性”陷阱三大问题。

1. 以科技创新实现价值链升级

随着经济发展方式从要素投入驱动转向创新驱动，进一步加强科技创新能力为现代产业体系持续提供动力以摆脱产业发展对资源投入强度的高度依赖，已成为供给约束时代发展现代产业体系的重要内容。云南作为欠发达省份，要实现赶超和跨越式发展，发挥后发优势，最关键的就是提升科技含量。科技含量低已是制约云南新型工业化进程的显著瓶颈，是工业竞争力弱的根本原因，也是造成云南产业附加值缺口，陷入价值链低端锁定的关键因素。协同发展的现代化产业体系强调要使科技创新在实体经济中的贡献份额不断提高，以新一代通信技术、人工智能、互联网、物联网、云计算等为代表的新技术的迅猛发展，一方面正在改变着传统产业的技术状况和生产方式，另一方面则推动一大批新兴产业发展和新业态、新模式涌现，导致产业合作网络、产业链与价值链不同创新组合。整体而言，沿着创新驱动的内生式路径，价值链得以升级，技术含量和附加值全面提升，达到弥合价值链缺口、技术缺口的共赢局面。因此，既要聚焦产

---

① 《云南省产业发展规划（2016—2025 年）》。

业发展前沿、核心和关键技术问题，也要关注传统优势产业发展路径问题，加快实施重大技术改造升级工程，以创新驱动实现对传统优势产业的升级改造和战略性新兴产业的孕育挖掘，并以此迈向产业链的中高端，也是云南省弥补产业缺口的当务之急。

2. 以体制机制创新打破制度壁垒

强调市场对实体经济、科技创新、现代金融、人力资源协同发展的推动力量，最大限度激发市场主体活力，使企业成为协同发展和整合、提升产业链的核心主体，这是构建现代化产业体系所必需的外部环境，市场主导、政府服务和社会协同，任何一方都不可偏废。现代产业体系的构建实际上是生产要素有机组合与适时更新的过程，生产要素在各产业间的投向尤其是资源综合利用效率必然受到产业政策和经济体制的影响，因此需要持续深入市场经济体制改革，推进政府“减税降费”、“简政放权”和“放管服”改革，打破体制机制束缚壁垒，消除政府无效和越位的行政干预和垄断，实现关键要素市场化配置，扭转资源错配，形成放松管制和降低企业成本“双效应”的同时，强化政府在必要领域的监管职能，充分有效发挥政府的扶持和导向作用。

3. 以科技创新和产业创新合力摆脱“结构性”陷阱

战略性新兴产业是云南省实现可持续发展，建立竞争优势，最终实现赶超战略的产业支撑，而传统产业则是推动当前经济增长，平稳实现产业转型升级的基础保障。传统产业体系的蜕变是交织着新兴产业进入和传统产业改造的双向过程，同时新旧产业之间亦存在双向的知识溢出效应，通过知识和技术的学习、模仿、技术转让、研发合作等渠道达到双向互动的目的。但是，现阶段“新不足以补旧、民不足以补国、小不足以补大、虚不足以补实”① 的矛盾却始终存在，支持经济增长的传统产业发展动力减弱，而新动能、新经济和新业态尚在形成之中，也就意味着新旧产业间存在国内学者芮明杰提到的“结构性陷阱”问题②。摆脱产业体系的“结构性陷阱”，依赖于技术创新和产业创新，通过

---

① 陈东琪：《通向新增长之路——供给侧结构性改革论纲》，人民出版社，2017，第192~195页。

② 芮明杰：《构建现代产业体系的战略思路、目标与路径》，《中国工业经济》2018年第9期。

科技创新促进新兴产业与传统产业核心技术的创新，通过产业创新培育具有全球竞争力的新产品、新服务，形成基于创新能力、创新效率的内生比较优势。针对新旧产业的有序交替问题，《云南省产业发展规划（2016—2025年）》明确做出研判：未来10年，产业发展处于新旧动能转换的攻坚期，混合动能协同发力的加速期，产业发展的两个基本点是调结构和稳增长。调结构的着力点是发展八大重点产业，改造提升传统产业和培育壮大战略性新兴产业，稳增长则以“工业再造”为核心，推动制造业固本强基。

（三）以高端化为标杆，提高产业市场竞争力

1. 以人力资本积累促进要素禀赋升级

现代产业体系运行逻辑的基础是新的内生比较优势，人力资本积累是比较优势的重要组成部分，也是针对云南等西部民族地区通过内生增长打破“资源诅咒”的前提，亦是推动云南省要素禀赋升级的基本途径。党的十九大报告中提出的协同发展现代产业体系，从要素投入的视角更深化了对人力资源与实体经济关系的认识，人力资源是建设现代化经济体系的第一生产力，包括劳动力和人力资本两部分，而人力资本与人力资源相比，除了数量，更凸显劳动力能力素质与价值实现，表现为劳动者的知识、技能、经验和技术熟练程度[①]，通过效率提升来促进经济增长。人力资本积累的过程是劳动者通过吸收新知识、新技术提升智力水平和推进技术进步的过程[②]，也是提升人力资源整体素质的过程，要使人力资源支撑实体经济发展的作用不断优化，一方面需要从根本上提升实体经济的盈利能力，增强对优质劳动力的吸引力，另一方面也要加大对全社会人力资本的长期投资，以教育为总抓手，构建以高等教育为先导、以职业教育为主体、以基础教育为基础、以扫盲教育为辅助的教育体系。加大基础教育投入、推动基础教育不断变革，从提高劳动者的知识素养、内在品质入手，培养劳

① 付保宗、周劲：《协同发展的产业体系内涵与特征——基于实体经济、科技创新、现代金融、人力资源的协同机制》，《经济纵横》2018年第12期。

② 严红：《内生增长——西部民族地区打破“资源诅咒”的路径选择》，《生态经济》2017年第9期。

动者的学习能力与创新能力，通过教育改变观念、增加知识和提升素养，实现人力资本的增加和积累。

2. 以制造业升级壮大振兴实体经济

实体经济发展是总纲和目标，在现代化经济体系中起纲举目张的作用，任何脱离发展实体经济轨道，使虚拟经济自我服务、自我循环、自我强化的不良倾向，都会动摇国民经济的基础，都需要大力纠偏。根据黄群慧对实体经济分类的分层框架，第一个层次的实体经济（R0）是制造业，这是实体经济的核心部分，也是最狭义的实体经济；第二个层次的实体经济（R1）包括 R0、农业、建筑业和除制造业以外的其他工业，这是实体经济的主体部分，是一般意义或者传统意义上的实体经济；第三个层次的实体经济（R2）包括 R1、批发和零售业、交通运输仓储和邮政业、住宿和餐饮业，以及除金融业、房地产业以外的其他所有服务业，这是实体经济的整体内容，也是最广义的实体经济[①]。发展与振兴实体经济需要以提高制造业供给体系质量为目标，围绕提高制造业供给体系质量深化供给侧结构性改革，深入开展落实《中国制造 2025》云南行动计划，依托于生物医药和大健康产业、新材料产业、高原特色现代农业产业、先进装备制造业等八大重点产业，加大工业技术改造投资力度，扩大智能制造覆盖行业领域，推动制造业智能化，引进培育一批龙头企业，加快形成一批全链产业、核心优势产业和产业集群，实现制造业“存量变革”和“增量崛起”，在此基础上，与现代服务业，尤其是以金融服务、科创服务、节能环保服务、商务服务为代表的生产性服务业形成协同互动、融合发展、互促互进的良好局面，推动制造业服务化。

3. 以品牌质量提升拓展中高端市场

实施质量强省战略，开展品牌建设工程是产业提质增效、推动迈向产业中高端的必要手段。在质量提升方面，将质量作为供给侧结构性改革的重要抓手，按照“产品质量提升、质量技术创新提升、质量标准体系提升、企业质量主体地位提升”的思路，围绕重要工业品、农产品和食品药品开展产品质量提升工程，提振消费信心，建立质量创新公共平台，建设

① 黄群慧：《论新时期中国实体经济的发展》，《中国工业经济》2017 年第 9 期。

一批企业创新中心和质量创新示范基地，推进新兴产业和传统产业的标准研制与提升，研制一批具有云南特色的产品和服务标准。在品牌建设方面，加大品牌的培育、引进、认证、保护和奖励力度，培育一批地理标志保护商品（商标）、驰（著）名商标、云南名牌、老字号、“三品一标”农产品等，严格品牌评选、推介和管理，增强“云品”国际国内竞争力，推动产业集群品牌化建设。

（四）以信息化为支撑，促进产业融合发展

省内资源型与重型工业除存在内部自我循环的特征外，还存在割裂国内产业关联，依赖跨国资源配置的外循环特征，具体体现为：集中锁定在全球产业链中的加工制造环节，通过“两头在外”与国外的生产和需求紧密联系，但却逐步脱离了与国内其他产业之间的联系和国内消费者的需求满足[①]。云南省在“央企入滇”、国内企业的兼并重组等战略的实施过程中逐渐融入全球产业链，但也导致外循环的生产方式始终存在，这既不利于省内产业综合竞争力的提升，也违背和不符产业融合化、信息化、国际化的大趋势。消费需求的改变是影响现代化产业体系的重要因素，以生产与管理等方面技术与方法支持的产业体系实为满足消费者需求的生产服务体系，因而省内现代产业体系的构建要以市场需求为导向，增强产业联动，并以产业联动融合发展强化需求导向，在通过产业链进一步延伸整合，做大做强做优产业集群的同时，也要顺应产业融合发展和战略性投资的趋势，以信息化为支撑和重点内容，推动互联网、大数据、人工智能和实体经济的深度融合，推动作为八大重点产业之一的信息产业发展迈向新台阶，借力数字经济发展机遇，进一步推动大数据、云计算、互联网、物联网等新一代信息技术基础设施建设，发展信息产业。信息产业对传统产业的提升、金融产业对实体产业的渗透、现代与生产性服务业对实体产业的支撑、现代农业对现代制造业的支持、互联网与金融业的对接，已成为产业间联动融合发展的重要新表征。

---

① 梁双陆、李娅等：《云南优化经济结构转变发展方式研究》，社会科学文献出版社，2017，第31～32页。

（五）以绿色化为根本，推动产业可持续发展

长期以来，资源型、重工业的产业结构特征决定了云南省高耗能的生产方式，而政府主导型的经济运行机制一定程度上也强化了粗放型发展方式，二者综合作用导致经济发展对资源生态环境造成严重压力和破坏，与绿色发展理念背道而驰。现代产业体系强调生态、经济、社会效益三者的统筹兼顾和协调均衡，注重发展目标的可持续性，绿色、低碳和循环发展是其内在要求和重要动力。加速现行产业体系转型至现代产业体系所进行的结构性调整，其中一个重点内容就是以绿色循环、低碳发展重塑产业生态，除去能耗高、污染高的产业以及依附于其的加工组装环节，或是关停并转，即严重污染环境的企业直接不让其生存发展；或是根据企业状况限时进行转型改造，使之符合标准，构建科技含量高、资源消耗低、环境污染少的生产方式，围绕打造世界一流“绿色能源牌”“绿色食品牌”“健康生活目的地牌”，实现产业发展、资源利用和环境保护的有机统一。另外，除了关注传统产业的高能耗、高污染问题，对新兴产业潜在新污染的综合控制和防范，也是构建现代产业体系需要思考的重要问题。

二 云南省构建现代产业体系的重点任务

在工业化、信息化、城镇化、市场化、国际化深入发展的新形势下，产业发展面临的竞争越来越激烈，要使云南省在产业发展上形成较强的竞争力，必须在做强做大和改造升级传统产业的同时，以全球眼光和战略思维谋划云南省的现代产业体系建设，着重从“增量”和“存量”两方面入手，促进增量提质，实现实体经济与互联网、大数据及人工智能的深度融合，开拓中高端消费市场，通过寻求新增长点提升供给质量，提高人力资本积累与创新实力，实现绿色低碳发展。同时，也要以技术改造为核心促进存量优化，瞄准国际标准提高水平，支持传统产业转型升级。现阶段的重点包括如下几方面。

（一）协同推进传统产业、重点产业和战略性新兴产业的联动发展

战略性新兴产业、现代服务业和高端制造业正处在供给形成和供给扩

张的阶段，目前，生物医药和大健康产业、旅游文化产业、信息产业、现代物流产业、高原特色现代农业产业、新材料产业、先进装备制造业和食品与消费品制造业构成了云南省八大重点产业，传统的烟草、冶金、能源、建材、石油化工和建筑业等优势产业亟待改造升级以增强对经济的增长动力，与此同时，以新一代信息技术、高端装备、新能源汽车和新材料、生物产业、节能环保和新能源、数字创意和航空产业为代表的战略性新兴产业方兴未艾，成为经济增长新引擎①。

1. 改造提升七大传统产业

围绕实施重大工业技术改造升级工程、积极稳妥化解过剩产能和拓展产业发展新空间三大重点任务，推动信息化与工业化深度融合，云南省七大传统优势产业的改造升级重点如下。

（1）烟草。加大品牌整合力度，开发生态安全型卷烟产品，进一步提高一、二类烟比重，加快“走出去”步伐，大力发展烟用辅料、烟草机械、包装印刷等烟草配套产品，打造“两烟”及配套产业集群。

（2）冶金。聚焦精细化管理，延伸产业链、严控产能盲目扩张、加快技术进步，推动绿色发展三大核心内容，重点发展超薄铝箔、宽幅铝材板、锡材、锡化工等精深加工产品，培育打造铜、铅锌、锡产业链，主动承接建设水电铝一体化的清洁载能产业基地，建设氧化铝基地及镍、铜等资源接续地。大力推进建筑钢材升级换代和多元化产品发展，加大高强度抗震钢和钢结构建筑推广应用。

（3）化工。发展推广缓控释肥、专用肥、水溶性肥等新型肥料，打造磷及精细磷化工产业链，稳妥推进昭通褐煤资源综合利用。

（4）建材。优化产业结构，控制水泥总量。以发展节能环保型建筑材料为导向，大力发展特色天然石材、新型绿色环保建材，打造先进陶瓷基地。

（5）能源。扩大云电云用，拓展西电东送，稳妥推进金沙江、澜沧江干流水电开发建设，争取怒江干流水电开发并做好后续工作。支持和服务

---

① 《云南省产业发展规划（2016—2025 年）》《云南省国民经济与社会发展第十三个五年规划纲要》。

好大中型水电开发建设，积极做好库区移民搬迁安置工作。协调有序发展新能源，提高电力系统调节能力。加快推进资源枯竭矿井的退出，加大小煤矿的关闭退出力度，淘汰煤炭落后产能，提高煤炭清洁生产水平。加强煤层气、页岩气、常规油气资源勘探开发。

（6）建筑业。大力推进信息、科技在建筑业生产、管理、服务等方面的应用、渗透和融合，促进建筑业转型升级，提升产业国际竞争力。培育一批具有较强竞争力的大型企业集团。支持企业实施“走出去”战略。

（7）非烟产业。大力发展茶、酒、糖、油、核桃、咖啡、果蔬 7 类过百亿元的云南特色食品加工业，以及茶叶、花卉、水果、蔬菜、坚果、咖啡、中药材、肉牛八大绿色食品优势产业。加大功能性食品、保健品、天然香精香料、绿色有机生物资源性生活必需品等大健康产品开发和产业化步伐。积极发展橡胶制品，形成由种植、加工向橡胶制品延伸发展的橡胶产业链。与旅游文化产业融合，形成一体化发展的特色工艺品产业链和聚集区。建设家具产业聚集区，大力承接家纺、纺织服装、鞋帽、塑料制品、玩具、五金等出口导向型产品制造，打造产业集聚区。

2. 培育壮大八大重点支柱产业

以制造业固本强基为重点，实施制造业强省战略，推动产业园区化、集群化、高质量发展。

（1）生物医药和大健康产业。以新药创制和资源二次开发为重点，整合全省生物医药领域创新资源，提升新药研发水平，推动重大药物产业化，加强质量控制体系建设。加快推进中医现代化，深入挖掘民族民间医药文化资源，构建集健康、养老、养生、医疗、康体、体育健身于一体的大健康产业体系，加快建设天然药物和健康产品优质原料基地、产品研发和生产基地、医疗康复服务基地和生物医药和大健康产品商贸基地。

（2）旅游文化产业。按照全域旅游发展思路，向复合型旅游转变，充分发挥和释放旅游产业的综合带动功能，深入推进“旅游革命”，以全面提升“一部手机游云南”为抓手，加快线上线下高度融合，促进旅游产业全面转型升级。拓展旅游发展空间，积极发展医疗、养老、康体、工业、体育等新兴旅游，大力发展跨境旅游。巩固旅游市场秩序整治压倒性态势成果，优化旅游发展环境，提升旅游服务质量。推动旅游与文化深度融合，以“南博会”“旅交会”为重点加快会展业发展，拓展旅游文化新业态。

（3）信息产业。以新一代信息技术、信息通信服务、电子信息制造、软件和信息服务、移动互联网和物联网、区域信息内容服务六大领域为重点，力争形成龙头带动、集群发展、产业配套的特色产业集群。全面落地实施“云上云”行动计划和“互联网+”行动计划，聚焦数字经济新业态，以资源数字化、产业数字化和数字产业化为主线，构建数字经济体系，围绕世界一流“三张牌”，打造产业发展的数字引擎。

（4）现代物流产业。结合城市功能定位和产业布局，依托干线铁路、公路以及机场、港口、口岸，统筹规划建设物流基地、物流中心、物流示范园区，着力突破物流基础设施瓶颈。围绕物流专业化、社会化、智慧化和国际化发展方向，重点发展冷链物流、跨境物流、智慧物流、电商物流、城乡配送等，大力发展多式联运。建设物流公共信息平台，实现供需精准对接。

（5）高原特色现代农业产业。坚持用工业理念发展农业，以市场需求为导向，以完善利益联结机制为核心，以制度、技术和商业模式创新为动力，以新型城镇化为依托，厚植农业农村发展优势，加大创新驱动力度，延伸农业产业链，拓展农业多种功能，发展农业新型业态，发展多种形式适度规模经营，大力培育农业“小巨人”，健全现代农业科技创新推广体系，推动农村三次产业融合发展。

（6）新材料产业。按照高端化、国际化和集聚化的目标要求，推进贵金属合金功能材料、电子信息材料等贵金属新材料迈向中高端。加快基础金属产业升级改造，打破国际技术壁垒，培育稀有金属新材料，重点突破磷化工、石油化工等产业新材料精深加工技术，加快发展化工新材料，瞄准新材料产业前沿，超前部署石墨烯功能材料、3D打印材料、液态金属材料等前沿新材料的基础研究和产品开发。

（7）先进装备制造业。围绕新能源汽车和乘用车，配套汽车零部件部署，打造汽车全产业链。加快发展智能化生产线、数字化车间、智能工厂等人机协同的智能制造系统，提升装备制造业智能化水平，着力发展装备配套产业，发展壮大一批配套企业集群。

（8）食品与消费品制造业。加快“云品”特色食品加工业发展，以沿边、节点城镇和开放载体为支撑，布局建设承接产业转移集聚区，推动特色消费品制造业转型升级，聚焦旅游消费品制造业、日用化学品制造业和绿色消费品、家具制造，实施“增品种、提品质、创品牌”战略，加快消费品工业迈向中高端。以“一部手机云品荟”为抓手，拓展应用功能，实现云南特色产品“一站购买”“诚信服务”。

3. 加快发展六大战略性新兴产业

遵循“国内有需求、技术有前景、云南有基础”的原则，把发展战略性新兴产业作为引领先进制造业和现代服务业发展的主导力量，现阶段以新一代信息技术、高端装备制造、新能源汽车和新材料、现代生物产业、节能环保和新能源、数字创意、航空产业这六大战略性新兴产业为突破口，集聚创新资源，提升产业技术创新能力，对外引进和自主培育龙头企业、骨干企业并重，加强基地建设和配套产业、基础设施建设，打造一批战略性新兴产业集群，推动高效集聚发展。

（二）积极探索现代服务业与先进制造业的融合互动

现代产业体系的结构是服务业制造化、制造业服务化的融合结构，服务型制造是提升产业效率、实现产业升级的关键要素。因此云南省在从产品、企业和产业三个维度推动制造业供给侧结构性改革的同时，还需要加大现代服务业（生产性服务业、生活性服务业）的政策倾斜和资金支持力度，尤其是资本密集型服务业，实现产业融合发展。

1. 多措并举实现制造业固本强基

一是以提高制造产品附加值和提升制造产品质量为基本目标，以激发企业家精神与培育现代工匠精神为着力点，全面加强技术创新和全面质量管理，提高制造产品的供给质量；二是以提高企业素质和培育世界一流企业为目标，积极有效处置“僵尸企业”、降低制造企业成本和深化国有企业改革，完善企业创新发展环境，培育世界一流企业。政府要积极建立有利于各类企业创新发展、公平竞争的体制机制，努力创造公平竞争环境、促进各类所有制的大中小企业共同发展；三是以提高制造业创新能力和促进制造业产业结构高级化为目标，积极实施《中国制造2025》云南行动计划，提高制造业智能化、绿色化、高端化、服务化水平，推动新一轮技术改造促进工业转型升级[①]。

2. 协同推进生产性服务业和生活性服务业双轮驱动

推动传统服务业向现代服务业转变，着力推动生产性服务业向专业化和价值链高端延伸，生活性服务业向精细化和高品质转变。在生产性服务业方面，以产业转型升级和效率提升需求为导向，围绕产业链、价值链的高附加值和核心环节，重点发展金融业、现代物流、科技服务、信息服务业、商务服务业和会展业。在生活性服务业方面，着力打造以服务消费、信息消费、绿色消费、时尚消费、品质消费和农村消费为重点的提升型消费，重点发展旅游业、文化产业、健康服务业、教育培训服务、房地产服务和商贸服务。与此同时也要看到，受行政性垄断、行业和开放度的限制以及体制机制的制约，金融、保险、邮电、铁路运输和航空运输等行业市场准入限制多、门槛高。为此，增加现代服务业有效供给的关键是要开放现代服务业市场，打破服务市场的行政垄断，放开市场准入，加快开放电力、电信、邮政、市政公用等行业的竞争性服务业，推进金融、教育、文化、医疗等领域有序放开，构建统一开放、公平竞争的现代服务业市场体系。

3. 推动制造业与现代服务业融合发展

以制造业服务化为抓手，通过优化生产组织形式、运营管理方式、商业发展模式，增加服务要素在投入和产出中的比重，从以加工组装为主向“制造 + 服务”转型，从单纯出售产品向出售“产品 + 服务”转变。建设贯穿全产业链的研发设计服务体系和以制造业企业为中心的网络化协同制造服务体系，鼓励发展服务外包，发展供应链管理专业化服务。

（三）建立完善支撑技术创新与产业创新的长效机制

在科技竞争加剧和低成本竞争优势减弱的国际形势下，必须发展动态演进的现代产业体系，动态演进的核心是强大的技术进步与产业创新能力。面对新工业革命与技术重大进步的历史机遇，通过科技创新促进新兴

① 黄群慧：《论新时期中国实体经济的发展》，《中国工业经济》2017 年第 9 期。

产业与传统产业核心技术的创新，通过产业创新培育有全球竞争力的新产品、新服务，形成基于创新能力、创新效率的内生比较优势，突破目前现行产业体系的结构性陷阱，是实现经济高质量发展的必然选择，创新驱动的内生式路径也是建设现代产业体系的核心路径。为此，云南省需要建立鼓励支持技术创新和产业创新的长效机制，加快推动创新型云南建设，构建以企业为主体、市场为导向、产学研深度融合的技术创新体系，使企业真正成为研发投入和自主创新的主体，不仅要通过建立激励机制，促进创新要素的分配与流动，而且要在立足于自主创新的同时，引进技术并加强消化、吸收、再创新。

（四）着力营造激发市场主体活力的良好外部环境

破除体制机制障碍和利益固化的藩篱是激发市场主体活力，促进人力资本积累的基础和前提，现代产业体系的建设与动态发展依赖于公平竞争的市场环境和有效的市场机制。一是要强化服务型政府建设。极力打造具有高效市场机制、灵活市场主体及适度宏观调控的经济体制，进一步弱化目录指导、市场准入、项目与供地审批、贷款核准等政府干预措施。要创新行政管理方式，进一步清理政府审批权限，加强行政审批标准化建设，赋予市场主体更充分的自由。推动商事登记制度改革及其配套监管制度完善，以相关制度和外部环境为保障，加大事中监管和事后监管的力度，发挥信用监管的作用，提高商事登记和市场监管的公信力，规范市场行为。要强化政府服务职能，以信息化手段改进政府运作流程，以互联网思维促进政府服务效率提升和职能作风转变。推进政务服务效能提升，推动行政无为问责、绩效面谈等制度常态化。建立工作流程信息化动态监管、任务督办等工作平台，探索建立行政行为调整、纠错机制。二是积极倡导和促进公平竞争。高效整合竞争政策与产业政策，实现产业政策公平性与竞争性审核的标准化。建立并健全知识产权保护及侵权处罚机制，巩固行政执法与司法间的联系，强调知识产权综合行政执法的重要性，及时改进并完善知识产权维权体系。建立健全市场统一的监管体系，及时革新垄断行业价格，实现市场公开公正。要平等对待各类投资主体，及时调整或清除具有所有制歧视的政策规程，做到在工商登记、项目与土地审批、投资补贴与贷款、税费征收、供水供电、人才引进等方面对国民实行同等待遇①。

第三节 大力实施乡村振兴战略

基于我国社会主要矛盾的转变以及城乡发展的客观现实，党的十九大明确提出实施乡村振兴战略。在2017年12月中央农村工作会议和2018年一号文件中又对乡村振兴战略的实施进行了具体阐述，2018年9月，中共中央、国务院印发《乡村振兴战略规划（2018—2022年）》，在指导思想上明确要求“坚持农业农村优先发展，按照产业兴旺、生态宜居、乡风文明、治理有效、生活富裕的总要求，建立健全城乡融合发展体制机制和政策体系，统筹推进农村经济建设、政治建设、文化建设、社会建设、生态文明建设和党的建设，加快推进乡村治理体系和治理能力现代化，加快推进农业农村现代化，让农业成为有奔头的产业，让农民成为有吸引力的职业，让农村成为安居乐业的美丽家园”。

云南省地域多样性、气候多样性、物种多样性、产品多样性的比较优势造就了其农业大省地位，为高原特色现代农业的发展提供了大有可为的广阔空间，但同时也面临着脱贫攻坚任务重、资源环境约束趋紧、农业产业结构和空间布局失衡、农业社会服务体系滞后、土地流转和适度规模经营受限、农业从业人员素质普遍较低、增收和职业转型难度较大、基层治理困难、农村污染严峻等问题，是云南实现跨越式发展必须竭力补足的“短板”。

乡村振兴的实质和标准就是要实现农业农村农民的现代化②，也是未来农村发展的总目标。现阶段在着重厘清和统筹协调好城市（镇）与乡村（城乡融合）、农民与土地、农民个人财产权益与集体财产权益、农村三次产业、小农户与现代农业③、新型职业农民与进城务工农民工、乡村振兴

① 顾乃华、唐荣：《构建与现代化经济体系相适应的协同发展产业体系》，《暨南学报》（哲学社会科学版）2017年第12期。

② 李长学：《论乡村振兴战略的本质内涵、逻辑成因与推行路径》，《内蒙古社会科学》（汉文版）2018年第5期。

③ 彭海红：《实施乡村振兴战略：理论依据、现实要求与实现路径》，《经济研究参考》2018年第37期。

与脱贫攻坚这几大关系的前提下，按照党的十九大提出的乡村振兴战略总要求，云南省需在提升农业竞争力、农民发展能力和乡村内生动力上重点发力，深入推进农业供给侧结构性改革，通过提升农业竞争力，转变农业生产经营方式；通过提升农民发展能力，培育壮大新型经营主体，促进农民增收和职业转型；通过提升乡村内生动力，实现农村社会全面、绿色、可持续发展，通过体制机制创新和政策支持，构筑乡村振兴的制度保障。

一 面向农业现代化，提升农业竞争力

云南省需立足农业发展的比较优势和资源优势，以高原特色农业现代化为总抓手，坚持质量兴农、品牌强农、科技支农，加快构建现代农业产业体系、生产体系、经营体系，转变农业发展方式；以补足农业基础设施短板为重点，夯实农业发展基础；提升农业对外开放水平；以科学技术创新推动农业发展质量变革、动力变革、效率变革。

（一）着力构建三大体系

1. 构建现代农业产业体系

拓展农业多种功能是新时期农业生存、发展和壮大的必然要求，绿色农业、循环农业、生态农业、休闲农业和乡村旅游等新业态和新模式应运而生，并保持强劲发展势头。要坚持以资源禀赋为基础，以市场实际需求为农业生产的导向，优化调整农业产业结构，提升农业资源在时间和空间两方面的配置效率，加快农业产业的转型升级。具体来说，首先，优化产业布局，实行区域化布局、专业化生产，推动优势、特色农产品向优势产区集中，形成一批优势农产品产业带、一批现代农业示范园区、一批特色产业专业城镇，做强做大做优生猪、牛羊、果蔬、花卉、茶叶、核桃、中药材、咖啡、食用菌等重点特色产业。其次，促进粮经饲统筹和农林牧渔结合，更加合理高效利用各种农业资源，围绕稳定粮食生产、夯实高原粮仓、做精特色经作、壮大山地牧业、做大淡水渔业、提升高效林业，推进农业产业内部协调发展。再次，延伸农业产业链，发展农产品的精深加工和综合利用，提高农产品的附加值和农业的综合效益，提升价值链、完善利益链、打造供应链、强化营销链，逐步构建布局合理，大、中、小企业

并举，初、深、精加工搭配，优质农产品基地建设、科研开发、生产加工、营销服务一体化的农产品加工体系，并通过采取就业带动、保底分红、股份合作、利润返还等多种形式，让农民合理分享全产业链增值收益。最后，推动农业与第二、第三产业交叉融合发展，拓展农业多种功能，挖掘农业生态、文化、休闲和非农价值，推动农村实施休闲农业和乡村旅游提质升级行动，建设一批特色旅游示范村镇和精品线路，打造乡村健康生活目的地，并以此探索发展乡村共享经济、创意农业和特色文化产业。创新发展具有民族和地域特色的乡村手工业，深入挖掘一批乡村能工巧匠。

2. 构建现代农业生产体系

转变农业发展方式，即从主要追求数量增长转到数量质量效益并重上来，从主要依靠物质要素投入转到依靠技术创新和提高劳动者素质上来，从主要依靠拼资源、拼消耗的粗放经营转到可持续的集约发展上来，走产出高效、产品安全、资源节约、环境友好的现代农业发展道路①，是现阶段发展现代农业的主要任务和基本路径。基于此，首先，围绕农业科技化、机械化和信息化目标，强化农业科技支撑，发展现代种业，壮大良种产业，完善现代农业科技创新与推广体系，着力抓好新品种、新技术、新模式和新机制推广，大力推进良种、良法、良壤、良灌、良制和良机配套，尤其是要重视生物技术、信息技术成果在农业中的应用，实施普洱茶、橡胶、花卉等一批重大农业科技攻关工程和项目，支持绿色高效技术的研发与推广，向以楚雄国家级农业科技园区为代表的一批重点园区给予政策、资金、人才倾斜；强化农业技术装备能力建设，研发和推广适宜山区和半山区的农机设备和节水农业设备，提升病虫防治、设施农业、冷链物流等装备水平和马铃薯、水稻、玉米、甘蔗等机械化水平；推进农业信息化进程，开展“互联网 + 现代农业”行动，推进物联网、大数据、云计算和农业智能装备在高原特色农业产业链和供应链中的应用，构建高原特色现代农业大数据中心，建立农业数据共享和交换平台，发挥农村电子商

---

① 高启杰：《在乡村振兴背景下审视农业与农村发展》，《新疆师范大学学报》（哲学社会科学版）2019 年第 3 期，第 1 ~ 12 页。

务的强大作用。其次，聚焦世界一流“绿色食品牌”，开展农业标准化生产，大力培植优质、安全、绿色的有机农产品，充分利用物联网、供应链和区块链技术，建立从田间、市场，最后到餐桌的食品安全标准体系和质量安全监管追溯体系，确保农产品产地环境生态安全，使农产品的质量安全全程得到保证。最后，致力于生态循环农业、节水农业的发展，严格保护耕地，严控化肥农药零增长，规范农药使用，推进畜禽粪污、秸秆、残膜等农业废弃物资源化利用，准备打好农业面源污染治理和外源污染防控的持久战，推行农业的清洁化生产。

3. 构建现代农业经营体系

转变农业经营形式，以打造集约化、专业化、组织化和社会化新型农业经营体系为目标要求，以发展多种形式的适度规模经营和培育壮大新型农业经营主体为重点任务，辅以农村土地和集体产权等配套改革。在推进适度规模经营方面，引导农户在稳定承包经营权的基础上，通过家庭农场、专业合作、转包、出租、互换、转让、入股、托管等方式，向新型农业经营主体流转承包地。引导鼓励社会资本发展适合企业化经营的现代种养业，加强社会资本租赁农地监管和风险防范，严防“非农化”和撂荒。依托于农业产业化示范区、现代农业示范区等平台，推进农业高效集聚集群发展。

在新型农业经营主体方面，现代农业生产经营与服务体系中不但包括专业大户、家庭农场、农业龙头企业、农民合作社等新型农业生产经营主体，还包括提供农业社会服务的各类主体，例如，农村集体经济组织、专业化农业服务组织、服务型农民合作社等具有一定能力、可提供有效稳定服务的市场主体①。因此，一方面需要广泛开展普及性培训、农民创业培训、职业农民培训等，大力培育新型农业经营主体和职业农民，除了对家庭农场、种养大户、农民合作经济组织、农业骨干龙头企业、农业“小巨人”等经营主体给予重点关注以外，亦须紧盯返乡创业的农民工、大学生和退伍军人，培育一批生产经营型、专业技能型和社会服务型新型职业农民。另外，农垦作为云南省高原特色现代农业的一部分，以保障天然橡胶

① 高启杰：《在乡村振兴背景下审视农业与农村发展》，《新疆师范大学学报》（哲学社会科学版）2019 年第 3 期。

战略地位和重要农产品有效供给为核心，以推进垦区集团化、农场企业化改革发展为主线，创新管理体制和经营体制，增强农垦发展的内生动力、发展活力和整体实力①；另一方面也要加强农业生产社会化服务，利用服务的规模化引领生产的规模化。

（二）全面提升农业品牌质量

走质量兴农、品牌强农之路，关键是使当前的农业由以增产为导向，逐步转变为以提质为导向，通过增强农业综合竞争力和提高农业全要素生产率，使云南由农业大省向农业强省转变。

核心是持续推动农业的绿色化、优质化、特色化、品牌化②。绿色化既涵盖农产品生产流通环节，也强调农村环境；优质化既要建立健全农产品产地环境、生产过程、储存、运输、销售全过程的质量标准体系，也要不断完善农产品质量安全保障体系，加强农业投入品和农产品质量安全追溯体系建设；特色化则以“一村一品、一县一业”为代表，推进特色农产品“云品出滇”行动，抢占国内外农产品高端市场；品牌化需统筹推进农业品牌宣传、农业品牌知识培训、农业品牌培育制度完善、农业品牌市场督导、名品名企市场推介。发展无公害农产品、绿色食品、有机食品，强化农产品地理标志“三品一标”认证管理，规范包装标识。开展农产品品牌推介营销和社会宣传活动，加大涉农商标保护力度，持续打造“高原特色”绿色有机农产品“云系”整体形象和“云品”国际品牌，助力实施产业兴村强县行动，巩固提升云南烟叶领先优势地位，围绕茶叶、烟草、花卉、果蔬、核桃、咖啡和三七等特色品种，推动区域品牌、企业品牌、产品品牌集聚发展，严格品牌评选、推介和管理。

（三）有力推动开放农业建设步伐

随着“一带一路”倡议的深入发展和实施，云南农业发展要统筹考虑和综合运用国际国内两个市场和两种资源，“引进来”和“走出去”相结

① 《云南省高原特色农业现代化建设总体规划（2016—2020 年）》。

② 曾福生、卓乐：《实施乡村振兴战略的路径选择》，《农业现代化研究》2018 年第 5 期。

合，培育竞争优势，建设一批外向型优质优势特色农产品生产基地、出口加工物流园区和种子种苗繁育生产基地。云南省要以打造“云品”国际品牌为重点，在主动融入和对接国家战略的同时，积极开展面向周边国家和地区的农业技术推广及合作，建设境外农业园区、农业科技示范园或示范基地。争取国家支持，有序推动境外替代种植向替代养殖、替代加工发展。

（四）高效促进小农户与现代农业有机衔接

小农户与现代农业的关系是实施乡村振兴需重点解决和协调的关系，小农经营模式所固有的粗放生产、农业经营者老龄化、妇女化和农业兼业化，长期以往严重制约传统农业向现代农业的转化进程。因此，亟待将小农户纳入农业现代化进程之中，一是提升小农户的组织化程度。一方面，尽快解决以往农民专业合作社存在的作用小、“空壳化”、带动疲软的问题，将提高农民合作水平作为切入点，使农户在合作、联合中共同受益；另一方面，建立利益联合分享机制，透过要素流动、股份合作、保底分红、利润返还等多元形式，使小农户真正分享到现代农业全产业链的发展成果。二是推动农业服务全程化。支持各类农业社会化服务组织发展，以帮助农民解决个人无力办好办到之事，为小农户彻底消除“后顾之忧”①。

（五）着力夯实农业发展基础

1. 持续强化农田水利基础设施建设

构建高标准农田建设新机制，在畅通骨干排灌渠系的基础上，实行水、电、路、渠、林等综合治理，重点实施土地平整、排灌沟渠、机耕路、农田林网等配套建设，开展耕地质量保护和提升行动，实施中低产田地改造、滇中粮仓高标准基本农田建设、土地整治和耕地质量建设工程。加快推进山区“五小水利”和中小河流治理，扎实推进高效节水灌溉水网建设，加快灌区水利设施配套建设，深化农业水价综合改革和灌区管理机制创新。

---

① 曾福生、卓乐：《实施乡村振兴战略的路径选择》，《农业现代化研究》2018 年第 5 期。

2. 建立完善农业技术创新与推广体系

现代农业的发展与科学技术的创新和应用是相伴相生、相互促进、互动依赖的关系。依靠创新驱动，发展现代农业需要继续改革农业科研和推广体系，培育新型职业农民，打造高素质现代农业生产经营者队伍，提高创新成果的采用效果和覆盖范围。同时，加强产学研合作，完善科研单位、高校、企业等各类创新主体的协同攻关机制，在现代农业发展的前沿领域尽快取得一批突破性科研成果①。

3. 持续强化社会服务体系建设

围绕农产品供应物流体系、新型农业服务主体、服务供需对接，探索建设集农技推广、动植物疫病防控、农产品质量监管、农村经营管理、农村信息服务、农业基础设施维护等于一体的乡镇农业公共服务中心，构建以公共服务机构为依托、农业合作经济组织为基础、龙头企业为骨干、其他社会力量为补充、公益性服务和经营性服务相结合、专项服务和综合服务相协调的新型农业社会化服务体系，提升服务主体的多元化、专业化和运作市场化。

二　立足农民现代化，提升农民发展能力

乡村振兴，农民是主体，新型农业经营主体和新型职业农民既是技术创新成果的直接应用者和实际推广者，也是现代农业生产经营体系和服务体系的直接参与者和建设者。农民现代化，既是促进农民身份向职业转换的过程，也是增强农民自身生存适应能力和发展能力的过程。

（一）促进农民身份向职业转型

农村劳动力结构不合理和农民兼业化的弊端日益凸显，发展现代农业需要一批有文化、懂技术、会经营、善管理的新型职业农民，尤其针对继续留守农村社区的农民群体。职业农民的孕育过程，就是农民由身份向职业转变的过程，促进农民由身份向职业的转型，关键在于培育新型职业农

① 高启杰：《在乡村振兴背景下审视农业与农村发展》，《新疆师范大学学报》（哲学社会科学版）2019 年第 3 期。

民。因此要重点关注农村青壮年劳动力、返乡下乡创业人员、各类新型农业生产经营与服务主体的带头人、有一技之长的农业专业技术人员、各类农业职业经理人、有兴趣和能力投资农业的其他人员这六类人群，将其作为新型职业农民的重要储备和发展对象，实施现代青年农场主精准培育计划。深度挖掘和培育一批“中坚农民”①，极大发挥其组织发展小农、对接国家政策性项目资源以及多元经营主体的利益联结纽带作用。

（二） 加快农业转移人口市民化

除了继续留守农村社区的群体，对于进入城市务工的农民工的增收问题、基本公共服务平等享有问题仍不容忽视，需要在农民进城落户意愿和进城落户能力两个层面综合发力，久久为功。通过让进城就业的农民享受到城市的公共服务，并通过产业发展保证就业的稳定性，使其真正在城市安家落户，才能为农民退出承包地、宅基地创造条件，为乡村振兴创造更好的空间和条件。解决问题的根本在于推行以人为核心的新型城镇化，一是加快农业转移人口市民化，重点是深化户籍制度改革；二是建立农业转移人口市民化的激励机制，提升落户意愿；三是完善有利于农民进城的公共服务和社会保障制度，最大限度消除农民进城后顾之忧；四是建立健全农村土地流转机制、退出机制和补偿机制，保障财产权利的实现。

（三） 强化新型职业农民教育培训

快速发展的工业化、信息化、城市化、市场化和全球化趋势，对农业经营主体的素质能力提出了更高的要求，加之现代农业的经营管理方式也与传统的依靠经验、盲目从众、自给自足等生产特质迥然不同，更迫切需要进一步提升农业从业人员的发展能力。因此，除了继续创造条件增加农民收入、维护农民各种合法权益外，更应关注农村人力资源的开发和人力资本的积累。通过加强对农民的教育培训，把农村人力资源变成人力资本，使农民具有持续发展的能力。

---

① 杨磊、徐双敏：《中坚农民支撑的乡村振兴：缘起、功能与路径选择》，《改革》2018 年第 10 期。

短期内可因地制宜地将农村青壮年劳动力、返乡下乡创业人员、各类新型农业生产经营与服务主体的带头人、农业职业经理人等作为重点培育对象，在进行培训需求分析的基础上，以提升生产技能和经营管理能力为主要内容，对其进行有计划、有组织的职业农民培训，除此以外广泛开展针对不同的主体、内容的专业性培训，包括以农业实用技术和田间地头手把手为重点的普及性培训、以青年农民和有志于农村创业的大学生为主的农民创业培训、依托于现有农业农村科技人才培训项目的基层农机人员培训。依托高等教育、中等职业教育资源，实施农民继续教育工程，健全完善集规划引领、项目筛选、咨询培训、平台搭建、跟踪服务、风险监测预警、政策扶持于一体的农村创业服务体系。

（四）培育壮大新型经营主体

聚焦家庭农场、合作组织、农业“小巨人”三大主体，坚持以农户为基础，着力培育一批产业特色鲜明、经营管理规范、综合效益好、示范带动强的家庭农场。规范农业合作社建设管理，鼓励采取“公司＋基地＋合作社＋农户”“合作社＋基地＋农户”“合作社＋农户”多种经营模式，大力发展种养专业合作。以增强原料保障、推进技改扩能、加快市场拓展、鼓励创新融资、完善科技支撑、推动产业聚集为重点，培育壮大农业“小巨人”。

三　立足农村现代化，提升乡村发展活力

乡村振兴，治理现代化是关键，生活富裕是目的，生态宜居是基本要求。通过提升乡村治理能力实现农村的可持续、高质量发展，需要重点解决农村基层民主政治建设滞后、公共服务事业发展缓慢和供给不足、生态环境污染严重、村容村貌亟待提升优化四大问题，近期还需做好实施乡村振兴战略与打好精准脱贫攻坚战的有机衔接，把提高脱贫质量放在首位。

（一）构建乡村治理新体系

由于政府以社区发展的主体自居且权力越位，村民参与社区管理能力、意识和条件欠缺，村民只好关注自己的利益，由此在城市化和非农化导致村庄社会原子化的基础上，又进一步加剧了乡村社会的原子化。结果

是，很多农村基层组织缺乏战斗力、凝聚力和号召力，更不用说在乡村治理中发挥积极性、主动性和创造性。要从根本上扭转基层治理疲软、涣散、悬浮的局面，需构建多元共治、自治、法治、德治相结合的新型乡村治理体系，这是一个涉及政府（中央、地方、基层）、市场（企业、合作社、农户）和社会（非政府组织、农村社区、公众）等多元主体的复杂系统，势必触及利益固化的桎梏。现阶段，围绕"政经分离"改革和发展壮大新型农村集体经济两条主线，一方面要理顺"村两委"和农村集体经济组织、农村股份合作经济组织及各类农村社会组织的关系，深化"政经分开"改革，剥离"村两委"对集体经济的经营管理职能，避免"村两委"对集体经济组织进行直接管理和干预；另一方面则要明确农村集体经济组织成员资格认定，加快农村集体产权制度改革，破除认识藩篱，不能将集体视为独立于农民的个体，也不能将集体产权看作超越于农民的产权，将农村集体资产产权明确赋予农民集体和个人①。与此同时，制度创新、制度完善和制度落实三管齐下，完善农村基层民主政治建设的制度环境。

（二） 完善基本公共服务供给

教育、医疗、养老和农村基础设施建设在乡村振兴背景下更加凸显其"短板"效应和紧缺供给的现实，农村社会的发展以及现代农业的转型迫切需要基本公共服务的支撑。在教育方面，在继续改善农村义务教育条件、加强乡村教师队伍建设的基础上加大非正规校外教育的供给，为新型职业农民和外出务工人员增进知识、提高技能、改变观念与行为提供更好的条件；在医疗方面，要加大对农村医疗体系建设的支持力度，提高城乡居民基本医疗保险筹资水平，完善统一的城乡居民基本医疗保险制度和大病保险制度，推进城乡居民医保制度整合、基本医保全国联网和异地就医结算；在养老方面，完善覆盖城乡的社会保障制度，要依靠商业保险，建立多层次、多元化的农村社会保障体系。从保障内容来看，不仅要包括住房保障、医疗保障、养老保障，还要逐步扩大到失业保障、农业生产保

① 高启杰:《在乡村振兴背景下审视农业与农村发展》,《新疆师范大学学报》（哲学社会科学版）2019 年第 3 期。

障、工伤意外伤害保障。逐步实现从家庭养老和社区养老为主向社会养老保障为主的转变。在农村基础设施方面，重点关注“水、电、路、网”等级低、维护差和“最后一公里”问题、仓储物流严重不足问题，一方面持续加大财政支农资金投入，建立涉农固定资产投资财政投入稳定增长机制，创新财政支农资金利用方式；另一方面吸引民营资本和企业家投资兴建农业基础设施，采取差异化政策，分门别类支持农村公益性基础设施（农村道路、农田水利为主）、半公益性基础设施（农村供水、污水垃圾处理等）、经营性基础设施（农村供电、网络通信等）建设①。

（三） 加快农村人居环境综合整治进程

农村生态文明建设要以建设美丽宜居村庄为导向，以农村垃圾、污水治理和村容村貌提升为主攻方向，开展农村人居环境整治行动，全面提升农村人居环境质量，包括扩大实施“千村示范、万村整治”工程，积极推进农村综合文体广场、文化室、农家（社区）书屋建设，为群众提供公共活动场所，丰富精神文化生活，推进农村危房改造和抗震安居工程建设，提高农村人居安全水平和防灾减灾能力，加快农村环境整治，加快农村亮化工程和以村庄路、院、塘为主的绿化美化工程，深入实施厕所革命，因地制宜采用科学合理的技术处理农村生活垃圾和污水，消除农药化肥引致的白色污染。大力实施乡村生态保护与修复重大工程，完善重要生态系统保护制度，促进乡村生产生活环境稳步改善，自然生态系统功能和稳定性全面提升，生态产品供给能力进一步增强②。

（四） 合理规划和优化村庄布局

遵循体现农田保护、生态涵养、基础设施、产业发展的村庄功能合理布局的目标要求，将村庄风貌、历史文化、民俗和民族文化等资源融入村庄布局建设。依托易地扶贫搬迁、农村危房改造、灾后重建、库区移民、矿山环境治理等工程项目实施，把滑坡泥石流地带、生存环境恶劣地带、

---

① 陈东琪：《通向新增长之路——供给侧结构性改革论纲》，人民出版社，2017，第203页。

② 张瑞娟、惠超：《全面解读〈乡村振兴战略规划（2018—2022年）〉》，《农村金融研究》2018年第10期。

库区淹没地带的山区和半山区的农户搬迁到交通沿线、城镇周边、城市周围以及基础设施条件好的区域安置。重视特色村寨建设，挖掘保护并举，有机融入森林景观、民俗文化等特色元素。

（五）培育乡村和谐文明新风尚

围绕公共文化供给、思想道德素质提升和优秀传统农耕文明的保护、创造性转化、创新性发展三大核心内容，以“文化保护性开发”为着力点，重视良好家风的培育以及传统陋习、腐朽文化的摒弃①，持续加大对农村教育事业的支持力度。

（六）打好精准脱贫攻坚战

以迪庆、怒江为代表的深度贫困地区真正实现脱贫，全区域在2020年达到消除绝对贫困的目标，云南省乡村振兴战略的实施才能向纵深推进，精准脱贫攻坚战的实施效果，对于乡村振兴战略有基础性影响。现阶段，云南省需要采取更加有力的举措、更加集中的支持、更加精细的工作，聚焦精准帮扶和深度贫困地区集中发力。通过发展生产、易地搬迁、生态扶贫、发展教育以及社保兜底等多种方式，激发贫困人口脱贫的内生动力。同时，将扶贫同扶志、扶智相结合，提升贫困人口的精神面貌，消除“等靠要”的思想意识，真正让贫困人口摆脱贫困落后的根源。扎实推进易地扶贫搬迁、产业就业扶贫、生态扶贫、健康扶贫、教育扶贫、素质提升、农村危房改造、贫困村脱贫振兴、守边强基、迪庆怒江深度贫困脱贫“十大攻坚战”。聚焦全省27个深度贫困县、3539个深度贫困村集中发力，确保新增脱贫攻坚资金项目主要投向深度贫困地区，新增建设用地指标优先保障深度贫困地区基础设施建设和产业发展用地需要，增加金融投入对深度贫困地区的支持。以贯彻乡村振兴“产业兴旺”总要求为重要抓手和契机，有机衔接实施乡村振兴战略与打好精准脱贫攻坚战，实施产业精准脱贫行动。坚持产业进村、扶持到户，实施贫困地区“一村一品、一县一

① 李长学：《论乡村振兴战略的本质内涵、逻辑成因与推行路径》，《内蒙古社会科学》（汉文版）2018年第5期。

业”产业推进行动，建立完善企业、合作社与贫困户联动发展机制。

四　立足要素流动，构筑乡村振兴的支撑保障条件

大量高素质人才外流、资产不活、流转受限、增收不高、资金来源单一，导致人才、土地、资金等关键性要素存在总量不足、质量不高、流转不畅的突出问题，成为制约乡村振兴的主要障碍。“人、地、钱”三大要素是构筑乡村振兴支撑保障的基础，需要以激活各要素、主体活力为导向，从行政体制机制改革、制度创新、农村市场经济体制改革、政策供给、环境优化等多方齐头并进，确保人才“引进来、留得住”，土地“有序确权、规范流转”，资金“渠道多元，保障得力”。

（一）强化人才支撑，激发人才活力

随着以人为核心的新型城镇化的推进，人才的问题可以通过城乡双向流动解决，即农村过剩人口向城市转移，获取稳定的工资性收入，城市具有涉农相关知识和技术的高层次人才向农村流动，实现人的要素优化配置，同时可采取就地培养和引进人才相结合的手段缓解人才短缺。因此，需要在“引进来”和“留得住”两方面下功夫，针对“引进来”，一是制定完善返乡下乡创业扶持政策，营造良好的创业环境和发展平台，提高返乡下乡创业的吸引力①；二是完善社会保障制度，解决引进人才的“后顾之忧”；三是通过加强人事管理，提高福利待遇、表彰、晋升等措施，继续推进大学生村官和选派驻村第一书记、“三支一扶”计划、志愿服务西部计划；四是联系专业科研单位与高校，立足产业发展，为返乡创业人员提供“知识输出”与后续跟踪服务；五是以金融支持、用地保障、财政扶持、税收优惠减免等措施，降低创业成本和风险；六是结合资源禀赋和产业优势，采取精准策略制定人才引进政策②。针对“留得住”则强调对留守农村社区的新型职业农民的教育培训，要从挖掘培养与多元激励两方面发力，一是加大中高等教育对“三农”领域内人才的培养力度，创新培训

① 曾福生、卓乐：《实施乡村振兴战略的路径选择》，《农业现代化研究》2018 年第 5 期。

② 关浩杰：《乡村振兴战略的内涵、思路与政策取向》，《农业经济》2018 年第 10 期。

机制，培育新型职业农民、专业人才、信息科技人才，依靠现代农业知识和现代科技信息化成果改造传统农业，建立高校、科研院所等事业单位专业技术人员到乡村和企业挂职、兼职和离岗创新创业制度，培育一支懂农业、爱农村、爱农民的“三农”工作队伍；二是建立良好的人才激励与竞争机制。

（二）深化土地改革，激发土地活力

进一步赋权，改革农村土地制度和集体产权制度，建立健全农村产权制度和交易市场依旧是农村改革的主线和重点之一①，是降低农业生产成本，盘活农民资产，赋予农民更多财产权利的重要手段，也是发展新型农业经营主体，促进农业适度规模经营的基础条件。因而，针对农村土地归属、使用和权益分配问题持续进行制度改革与创新，明确权责和利益分配，特别是要处理好资本进入农村土地市场后资本增殖与农民利益的关系问题，防止农村土地过度资本化②，将是现阶段农村土地改革的常态任务。

1. 完善承包地“三权分置”制度

明确赋予、平等保护所有权、承包权、经营权三项权利，规范土地经营权流转市场。集体所有权重点是落实好集体经济组织在占有处分方面的权能，发挥集体在平整和改良土地方面的主导作用，在建设农田水利等基础设施方面的组织作用，在促进土地集中连片和适度规模经营方面的桥梁作用。而土地经营权在流转情况下才独立于土地承包权，属于第三方经营者的一种债权，有必要进行物权化。

2. 建立健全农民承包地退出制度

伴随着新型城镇化下进城务工农民与承包地的“人地分离”现象，可探索建立农民承包地退出制度，赋予进城农民退出承包地的选择权。当前对农民退地要设置门槛，长远则需健全农民社保体系，探索退出补偿机制，充分发挥农村产权流转交易平台的作用。

---

① 张云华：《农业农村改革40年主要经验及其对乡村振兴的启示》，《改革》2018年第12期，第1~13页。

② 李长学：《论乡村振兴战略的本质内涵、逻辑成因与推行路径》，《内蒙古社会科学》（汉文版）2018年第5期。

3. 深化宅基地制度改革

立足于宅基地闲置浪费，农民宅基地财产权无法实现，农村公共建设趋于凋敝的现实，加快推进宅基地使用权确权登记颁证，以放活宅基地使用权流转和建立农村宅基地交易市场为突破口。探索宅基地所有权、资格权、使用权“三权分置”，落实宅基地集体所有权，保障宅基地农户资格权和农民房屋财产权。

4. 推进征地制度改革

虽然征地补偿标准和补偿内容不断提高，但整体而言，征占土地规模较大，公益性征地和经营性占地界定不清，土地增值收益分配不合理，农村集体和农民话语权较小等问题依然存在。实施乡村振兴，需要在已有实践的基础上，进一步完善和改进征地制度及补偿机制。首先，改革现存的政府强制征地制度，通过明确界定“公共利益”来缩小土地征用的范围，工业化和城镇化的发展绝不能以农村土地为代价；其次，调整现存的土地征用补偿计算方法，土地补偿标准应兼顾土地市场价值；最后，规范土地征用程序，将解决失地农民的就业问题放在首位，建立失地农民社会安全保障网。

（三） 加大资金投入，激发资本活力

农业补贴、财政投入、农村金融、社会资本以及农业主体的自由经营收入构成了支持乡村振兴的主要资金来源渠道，构建多元化的投入保障机制不可或缺。

1. 健全乡村振兴财政投入保障机制

健全财政支出优先保障和持续增长机制，在持续加大农业补贴和各类财政支农投入力度的同时，提高资金使用的精准性和示范性，提高农业补贴政策的指向性和精准性。加快建立与转变农业发展方式相适应的补贴政策体系，推动新增补贴向新型农业生产经营主体和主产区倾斜，加快建立以绿色生态为导向的农业补贴制度体系，健全粮食主产区利益补偿、耕地保护补偿、生态补偿制度，提高农业补贴政策效能。另外，优化财政供给结构，创新财政支农方式，推进行业内资金整合与行业间资金统筹相互衔接配合，并发挥财政资金的引导作用，撬动金融和社会资本更多投向乡村

振兴领域。

2. 构建层次多样、覆盖广泛的农村金融服务体系

一方面，增加面向农业农村的金融服务供给，通过完善金融支农组织体系、创新金融支农产品和服务、健全金融支农政策等方式，引导更多金融资源配置到农村经济社会发展的重点领域和薄弱环节，以改善当前农村金融供求失衡的现状。健全激励与约束并重的机制，鼓励支持农村商业银行、农村合作银行、村镇银行等银行业金融机构加大信贷支持力度，为农产品生产、加工、流通等环节提供多元化金融服务。另一方面，通过创新提高农村金融服务水平。

3. 激励和规范社会资本向“三农”领域流动

一方面，引导资本向农村投资适合企业化经营的精深加工业、种养业、旅游业和休闲养老等产业；探索建立政府和社会合作或公共服务政府采购机制，吸引社会资本进入农村生活服务业。另一方面，始终坚持农民主体地位，尤其是加强对工商企业租赁农地的监管，切实防范土地“非粮化”“非农化”和大量圈地风险。加快制定合理引导社会资本参与乡村振兴事业的指导意见，促进社会资本与农民通力合作，带动农民真正实现就业、增收。

深化农业供给侧结构性改革贯穿于乡村振兴战略实施全过程，落实到实现农业、农村、农民现代化的各项分解目标任务之中，体现在优化农业结构、降低农业成本、补齐农业短板等具体实践过程之中，比如优化农业结构强调提高农产品品质、合理布局农产品产区；降低农业成本要求开展适度规模经营、深化农村土地改革、加快农村金融创新、完善财政补贴和财政支农政策等。除此以外，农村市场经济体制改革依然在乡村振兴中扮演重要角色，乡村振兴战略本身具有的全面性和长期性特征，内在地决定了必须主要依赖健全的市场机制不断推进，因此仍需持续沿着农业农村市场化改革方向，改革粮食最低收购价制度，健全完善以市场为取向的粮食价格形成机制和收储制度。

需要强调的是，新型城镇化背景下坚持城乡融合发展，促进城乡要素双向流动，形成工农互促、城乡互补、全面融合、共同繁荣的新型工农城乡关系是实施乡村振兴需要坚持的八大原则之一，关于城乡融合发展之路的具体内容详见本章第五节。另外，针对优化产业结构的产业融合问题是乡村振兴中发展现代农业的核心内容，现代农业产业体系的一个重要特征就是三次产业融合发展，将在本章第四节详细阐述。

第四节　推动农村三次产业融合发展

落实乡村振兴战略总要求，产业兴旺关乎全局，产业发展是核心。2018年9月26日，中共中央、国务院正式印发了《乡村振兴战略规划（2018—2022年）》（以下简称《规划》），《规划》明确要求要坚持以完善利益联结机制为核心，以制度、技术和商业模式创新为动力，推进农村三次产业交叉融合，在融合发展过程中同步升级、同步增值和同步受益。这为云南省推动产业融合助力乡村振兴提供了指导原则和需遵循的思路方向。本节将结合云南实际，坚持因地制宜、循序渐进的原则，重点围绕农村三次产业融合发展的路径选择和配套政策两方面内容展开阐述。

一　农村三次产业融合发展的路径选择

农村三次产业融合发展的路径选择，可从产业融合类型和融合方式的探讨中得到启发，形成理论层面的路径分析。

产业融合类型的判断可从两个维度展开。第一，从融合方向的维度看，产业融合分为纵向融合与横向融合，纵向融合的代表性行为是沿着产业链的纵向一体化行为；横向融合的代表性行为则是围绕产业的多功能性开发的融合行为。第二，从融合结果的维度看，产业融合可分为吸收型融合和拓展型融合。吸收型融合指原来的两个或多个产业之间实现融合，形成一个共同的产业。吸收型融合产生的融合产品，往往能实现原有产品功能的集成、扩大和延伸，具备了新的技术特性、新的品质和功能①。

---

① 苏毅清、游玉婷、王志刚：《农村一二三产业融合发展：理论探讨、现状分析与对策建议》，《中国软科学》2016年第8期。

产业融合的方式则可分为三种①。一是产业渗透。产业渗透往往发生在高科技产业和传统产业的产业边界处，由于高新技术往往具有渗透性和倍增性的特点，高新技术可以无摩擦地渗透到传统产业中，并会极大地提高传统产业的效率，也可延长传统产业的产业链。二是产业交叉。产业交叉通过产业间的功能互补和延伸实现产业间的融合，发生交叉的产业往往并不是全部融合，而只是“部分的合并”，原有的产业继续存在。因此这也使得融合后的产业结构出现了新的形态。三是产业重组，这一方式主要发生在具有紧密联系的产业之间，同时这些产业往往是某一大类产业内部的子产业。

（一）理论层面的融合路径

将这“两维度、三方式”的作用场景转换至农业农村发展领域，农村三次产业的融合路径大致可包括以下类型②。

（1）第一产业与第二产业融合。利用工业上的工程技术、装备、技术、设施等改造传统农业，采取企业化、机械化、自动化控制与管理方式，发展工厂化、集约化的高效农业。

（2）第一产业与第三产业融合。一是服务业向农业渗透。利用农业景观资源和生产条件，开发为市民观光、休闲、旅游等服务的休闲农业；二是依托互联网等现代信息技术和农村物流，发挥互联网的扩散优势，发展提高农产品销售量的农产品电商服务业；三是以农业和农村发展为主题，发展以论坛、研讨会、博览会、交易会、节庆活动等内容形式展现的会展农业。前两个路径是产业渗透方式的典型代表。

（3）三次产业融合。以龙头企业、种粮大户、家庭农场、专业合作社等新型经营主体带领示范形成适度规模经营，三次产业联合作用赋予传统农业科技、文化、教育、环境等多重价值功能，开发利用农村生态休闲、旅游观光、文化传承、教育体验等多种功能。这属于横向融合类型。典型业态有农产品物流、智慧农业、种业、食品加工厂观光、酒庄观光等，以及以产业集

---

① 吕岩威、刘洋：《推动农村一二三产业融合发展的路径探究》，《当代经济管理》2017年第10期。

② 陈俊红、陈慈、陈玛琳：《关于农村一二三产融合发展的几点思考》，《农业经济》2017年第1期。

群形式发展的“一村一品”、“一乡（县）一业”和特色村镇等。

（4）第一产业内部融合。一是产业链前延后展，以农业为中心，向产前和产后延伸链条，尽可能把种子、农药、肥料供应以及农产品加工、销售等环节纳入农业生产体系内部，提升农业价值链；二是农业内部种植业、养殖业、畜牧业等子产业在经营主体内或主体之间建立起产业上下游之间的有机关联，形成相互衔接、循环往复的发展状态。这是产业重组方式的体现。

（5）第三产业内部融合。一是通过挖掘农村生态、历史遗产、地域人文、乡村美食等资源，将其与自然、文化、社会等要素进行创意性配置组合，形成以创意促农村产业发展的模式；二是通过深化农村集体经济产权制度改革，创新多元化资产经营方式和机制，实现农村集体资产保值增值，保障农民集体收益分配。

上述5条融合路径以产业链延伸、产业范围拓展和产业功能转型为表征，以技术融合和体制机制创新为动力，通过实现农业、农产品加工业、农资生产和流通业、农业和农村服务业在农村的融合渗透与交叉、重组，形成新技术、新业态、新商业模式，实现产业跨界融合、要素跨界流动和资源集约配置。国内学者姜长云①借鉴相同的思路，结合国内外实践经验，也将农村三次产业融合发展路径归纳为5条。

一是按顺向融合方式延伸农业产业链，即立足农业，沿着农产品加工业和农村服务业延伸。该路径使得农村三次产业的融合发展进程更易与农民参与能力的成长进程相适应，巩固农民的主体地位。

二是按逆向融合方式延伸农业产业链，即由农产品加工或流通企业出发，凭借其在资本、技术、市场、管理、营销等方面的综合优势，建立农产品原料基地，为企业提供优质、稳定的原料保障，强化覆盖全程的农产品质量保障体系。

三是农业产业化集群融合，即以农业产业化集群或产业区为依托，形成农村第一、第二、第三产业空间叠合、集聚集群和网络发展的形态，一般以农业产业化的龙头企业或农业产业链上的核心企业为主导，农产品加

① 姜长云：《推进农村一二三产业融合发展的路径和着力点》，《中州学刊》2016年第5期。

工企业、农资与农产品流通企业、涉农服务企业等市场主体协同合作，高度配合，紧密联系。

四是农业功能拓展型融合，即通过发展休闲农业和乡村旅游等形式，激活农业的生活、生态功能，赋予农业环保、科技、教技、文化、体验等内涵，转型提升农业的生产功能和经济价值。

五是服务业引领型融合，即一方面成立平台型企业，推动农产品生产和加工企业向农业综合服务商转型，另一方面依托互联网、物联网、大数据等，发展农村电子商务，实现线上线下有机结合。

（二） 实践层面的融合路径

随着乡村振兴战略的深入推进，各地区因地制宜探索出一批各具特色、形式多样的融合发展方式，如全产业链融合模式、技术主导融合模式、产业集聚融合模式、产业链延伸融合模式、循环型产业融合模式、产城融合模式等。

（三） 云南省推进农村三次产业融合发展的现实可行路径

云南气候类型丰富多样，区域差异和垂直变化十分明显，物种丰富，是全球生物多样性最为典型的地区之一，独特的地理、气候、物种、生态、开放等优势正逐步转变为产业优势和竞争优势，许多山区甚至“一山分四季，十里不同天，五里不同调”，得天独厚的自然资源禀赋为高原特色农业发展提供了无限可能，具备生产优质高端化、精品化稀缺农产品的优势和基础条件[①]。但囿于高山峡谷和山间坝子地形地貌的约束，交通不便，山地农业特征明显，小城镇与周边一定范围内的广大农村之间形成相对立体、分割和独立的空间经济联系[②]，虽有农产品品种多样、质量优等内在优势，但单类连片种植较小，并不适合农业规模化经营和产业化发展。相对封闭和独立的经济系统，也使这些区域经济社会发展相对落后，深度贫困和集中连片贫困是普遍现象。作为云南省脱贫攻坚的前沿阵地，

---

① 吕素芬：《以新理念引领云南高原特色农业发展》，《学术探索》2017 年第 11 期。

② 梁双陆、李娅等：《云南优化经济结构转变发展方式研究》，社会科学文献出版社，2017，第 70 页。

如何实现该类地区农村三次产业融合发展，助力精准扶贫精准脱贫是一个亟待解决的现实问题。

随着消费升级趋势不断加强，消费者对农业的关注日益由农产品价格逐渐转向产品质量品质、健康安全、绿色生态，饮食健康、消费体验，甚至传统的饮食文化和农产品新鲜度也日益受到重视。在此背景下，农业的多重功能和价值的开发迎来了广阔的市场前景和可观的收益空间，也为云南前述特殊地区的三次产业融合发展提供了路径选择。

1. 推进农业产业内部融合发展

农业内部结构优化融合着力改变以往只重视粮食种植业而忽视了经济作物种植业、牧业、副业、渔业的状况，立足云南省资源优势和扭转种植业、畜牧业、渔业等农业结构失衡的现实要求，重点发展高原粮仓、特色经作、山地牧业、淡水渔业和高效林业①。

（1）夯实高原粮仓。严守耕地保护红线和粮食播种面积底线，实施藏粮于地、藏粮于技战略，推进农田水利、土地整治、中低产田地改造和高标准农田建设，强化科技增粮措施，深入实施粮食百亿斤增产计划，重点推进粮食产能县、市区基地建设，改进和完善粮食储备制度。

（2）做精特色经作。推动蔬菜、花卉、中药材、茶叶、水果、咖啡和食用菌等特色优势产业集群发展，在不断扩大规范化、标准化和规模化特色经作种植基地的同时，延伸产业链，以精深加工为突破口，改造提升橡胶、烤烟等传统优势产业，加大野生植物培育利用。

（3）壮大山地牧业。以打造全国重要的南方常绿草地畜牧业基地、生猪生产基地和畜禽产品加工基地为目标，加快畜禽良种繁育体系建设，加大优良奶水牛、奶山羊等优势资源的保护和开发利用力度，健全现代饲草料产业体系，大力推广标准化养殖综合配套技术，提高标准化饲养水平，强化动物防疫体系建设。

（4）做大淡水渔业。加大以“六大名鱼”为主的土著鱼类保护性研究和开发利用，加快发展罗非鱼、鲟鱼、鳟鱼等特色养殖。充分利用大型电站库区，大力推进健康养殖，发展标准化网箱养殖，提高渔业标准化、集

---

① 《云南省高原特色农业现代化建设总体规划（2016—2020 年）》。

约化、规模化、产业化程度，加快形成水产品养殖、捕捞、加工、物流、商贸业相互融合的一体化发展格局，以鱼片、鱼籽酱等加工为突破口，延长产业链。

（5）提升高效林业。全面深化林业改革和集体林权制度改革，在条件适宜地区大力发展核桃、坚果、油橄榄、油茶、青刺果、花椒、印奇果等特色经济林，推进木本油料产业精深加工。加快林下经济和绿色特色产业示范基地建设，推进国家储备林基地建设，推动珍贵林木、观赏苗木、森林旅游等产业发展，提高森林资源综合利用率。

2. 推动农村三次产业纵向融合发展

顺向和逆向并重延长拓展农业产业链。以农产品精深加工为核心，促进农业由单纯的种养生产向农产品加工、流通等领域拓展，提高农业附加值。推动加工转型升级，围绕市场需求，借力“旅游革命”实施成效，充分利用旅游大市场，坚持质量标准，突破精深加工，实施品牌战略，开发云南原生态特色优质农产品，提高对农产品加工副产物的综合利用率。加大对农产品加工龙头企业扶持和农业招商力度，建设一批以农产品加工为支撑的农业产业化集群，并依托龙头企业和产业集群，逆向参与农产品原料基地建设，与农民建立长期稳定紧密的农产品购销关系，实现种养加、产供销、贸工农一体化。

3. 推动农村三次产业横向融合发展

通过整合地方的农业环境、自然景观优势、民族特色、历史特色、地域特色等，拓展农业的生活、生态、教育、休闲、体验等非农功能，以生态文化产业园、现代农业园区、农业庄园、特色产业基地、新农村、特色村寨、特色小镇等为载体，将发展农业生产的传统劣势转为发展休闲农业、乡村旅游、生态保护、文化传承、健康养老等新业态、新模式的优势，大力发展休闲农业、观光农业、体验农业、养生农业、乡村旅游和生态农业，走农业功能拓展型融合路径。

4. 探索打通产城融合新路径

乡村振兴的过程同时也是实现城乡一体化发展的过程，要弱化工业对农业、城市对农村资源要素的“虹吸”效应，均衡配置工农之间、城乡之间的农业发展要素，探索农村产业融合发展与新型城镇化建设有机结合的有效路径是必然要求。云南的城乡一体化只能以人口聚集到小城镇的方式实现[①]，异于平原地区就地享受城市公共服务的方式，因此解决小城镇的就业岗位是推进城乡一体化，实现广大农村人口真正转移至小城镇的首要问题。走产城融合之路，引导农村第二、第三产业向县域重点乡镇及产业园区集聚，既可解决就地就业问题，也可吸引周边的农村人口向小城镇聚集，以及为农民工返乡创业创造机遇平台，实现农村新型社区与农村产业园区的建设同步推进，这为云南省农村三次产业融合发展提供了另外一条思路。

二　云南省推进农村三次产业融合发展的配套政策

科技创新、需求变化、制度变革、信息化、服务化发展带来的机遇，成为驱动农村三次产业融合发展的重要动力[②]。2016 年云南省人民政府出台《关于推进农村一二三产业融合发展的指导意见》，将充分发挥新型农业经营主体作用、调整优化高原特色现代农业产业结构、积极培育农业新产业新业态、实行产城融合、产村融合和精准脱贫融合发展模式、创新产业链和农户利益联结机制、坚持走绿色生态低碳发展路子作为融合发展的着力点，围绕农业农村基础设施建设、切实落实包括财政金融、土地供给、人才引进、教育培训等在内的各类优惠政策，积极开展试点示范等，营造良好的发展环境，尤其是争取“百县千乡万村”试点示范工程，推进陆良、弥勒、澄江、祥云、腾冲等 5 个县、市国家农村产业融合发展试点示范。结合美丽宜居乡村建设、脱贫攻坚、全域旅游行动、农村综合改革，鼓励各地积极开展试点，在产村融合、产城融合、精准脱贫融合等多种发展路子和模式上，探索可复制、可推广的经验，建设一批具有历史、地域、民族特点的“特色旅游村镇”“乡村旅游示范村”“产业扶贫示范村”。2017 年，又相继出台了《云南省高原特色农业现代化建设总体规划（2016—2020 年）》，推进三次产业融合示范工程是转变农业发展方式重大

① 梁双陆、李娅等：《云南优化经济结构转变发展方式研究》，社会科学文献出版社，2017，第 70 页。

② 陈俊红、陈慈、陈玛琳：《关于农村一二三产融合发展的几点思考》，《农业经济》2017 年第 1 期。

工程之一，强调依托农村绿水青山、田园风光、民族文化、民俗文化、乡土文化等资源，加强重要农业文化遗产发掘、传承、保护和利用，推进农业与旅游、教育、文化、健康等产业深度融合。新时代，持续推进农村三次产业融合发展，云南省需在明确发展思路、总结实践经验、巩固实践成果、强化要素支撑的基础上，重点做好如下配套工作。

一是统筹推进“四链”融合①。实现从农田到餐桌的全产业链融合，建设全方位的质量追溯体系；实现从生产到生态的全生态链融合，坚持农业绿色、安全、可持续发展，形成资源利用高效、生态系统稳定、产地环境良好、产品质量安全的农业发展新格局；实现从线下到线上的全供应链融合，加快发展“互联网 +”农业，以农村电商为重点，线上关注营销，线下强调物流，持续强化物流及配套基础设施建设，做大做强农村物流业，建设县村一体化的物流配送体系，构建服务引领型融合新局面；实现从农民个体到新型经营主体的全利益链融合，结合各区域实际，广泛开展劳动就业型、土地出租型、合同订单型、土地、资金、技术等入股合作型、复合型组织联盟型②机制单一运作或交叉并行试点，完善各参与主体间的利益协调机制和激励相容的利益联结机制。

二是着力建设“四大平台”。搭建农村综合信息服务平台、农业科技创新平台、农村创业平台和农村产权流转交易平台③，并依托于此加强宣传教育、培训和实践指导，提高农村产业融合的社会认知。

三是持续深化“三大改革”。着力解决农村三次产业融合升级的要素制约问题，通过深化农村土地制度改革，有效盘活土地要素；深化农村金融体制改革，合理配置资本要素；深化农村集体产权制度改革，有力巩固农民的主体地位，维护农民合法权益，实现传统要素改造升级；通过优化环境、严控项目、拓展融合深度等手段，增强吸纳先进要素的能力。

四是充分激活“六大动能”。即在推进农村三次产业融合发展过程中，

---

① 姜晶、崔雁冰：《推进农村一二三产业融合发展的思考》，《宏观经济管理》2018 年第 7 期。

② 李乾、芦千文、王玉斌：《农村一二三产业融合发展与农民增收的互动机制研究》，《经济体制改革》2018 年第 4 期。

③ 姜晶、崔雁冰：《推进农村一二三产业融合发展的思考》，《宏观经济管理》2018 年第 7 期。

坚持绿色方式推动、科技创新驱动、质量效益拉动、品牌引领带动、产业融合互动、新型主体联动。

第五节　构建大中小城市和小城镇协调发展新格局

以城市群为主体形态推进城镇化，是新型城镇化建设的目标导向和基本要求之一。城乡协调发展是实施区域协调发展战略需首要解决的问题，新时代云南省实现跨越式发展，深入推进新型城镇化，促进城乡一体化发展是一大战略重点，在集“边疆、民族、山区、贫困”四位一体、经济欠发达的基本省情下，如何找准突破口，统筹推进乡村振兴、新型城镇化协调发展，实现城乡一体化进程换挡升级，提质增效，是摆在云南省面前的重大现实问题。

城市群作为实现区域一体化发展的载体，通过各城市之间形成定位准确、分工明确、功能互补的城市群落，其覆盖面广、纵深度高的梯度格局，为构建现代化产业体系提供了良好的空间支撑，同时也有利于推动新型工业化、信息化、城镇化、农业现代化同步发展。因此，可以通过发挥利用城市群要素集聚功能与配置功能的合力来加快推进新型城镇化，这是一大重要突破口，也契合以城市群为主体形态，加快构建科学合理的城镇化战略格局，促进城镇化宏观布局与资源环境承载力相协调的规划要求。

一　发挥城市群辐射带动作用推动新型城镇化建设

围绕发挥城市群在城镇功能定位和产业经济发展方面能够合作共赢、在公共服务和基础设施体系建设方面能够共建共享，在资源开发利用和生态环境建设方面能够统筹协调的辐射带动作用，从功能定位和空间结构入手，重点协调好三个方面的关系：一是处理好城市群与城市群之间的关系，重点发展滇中城市群，加快发展滇西和滇东南城镇群，培育发展滇东北、滇西南、滇西北城镇群；二是处理好城市群内部大中小城市与小城镇之间的关系，关注产业空间组织方式的转换趋势，合理赋予、布局和发挥不同规模城市（镇）的职能作用；三是处理好城市群区域范围内的城乡关系。

（一）准确把握功能定位

六大城镇群是“四化”同步发展，集聚人口和各类生产要素的核心区，但在功能定位上有所区别，滇中城市群为全国城镇化格局中的重点城市群，全省集聚城镇人口和加快推进新型城镇化的核心城市群；滇西城市群为国际著名休闲旅游目的地，是支撑构建“孟中印缅”经济走廊的门户型城镇群；滇东南城市群为面向北部湾和越南，开展区域合作、扩大开放的前沿型城镇群和全省重要经济增长极；滇东北城镇群为长江上游生态屏障建设“示范区”，云南连接成渝、长三角经济区的枢纽型城镇群；滇西南城镇群为全国绿色经济试验示范区、云南省最具民族风情和支撑构建“孟中印缅”“中国—中南半岛”经济走廊的沿边开放型城镇群；滇西北城镇群为国家重要的生态安全屏障区、联动川藏的国际知名旅游休闲型城镇群①。

（二）合理优化空间布局

一方面着重强化昆明核心作用，提升昆明中心城市功能，促进与滇中新区融合发展，在此基础上围绕基础设施一体化、产业发展一体化、市场体系一体化、城乡发展一体化、公共服务与基础设施一体化、生态环保一体化筑牢滇中城市群经济圈的支撑作用，提升滇中城市群对全省经济社会发展的辐射带动作用；另一方面推动城镇群内部各城镇之间互动发展，建设由省域中心城市、区域性中心城市、州市域中小城市（中心城市）、县域小城镇构成的四级城镇体系，加快特色城镇建设步伐。以缓解城市人口压力、降低农业转移人口成本、优化产业布局、创造就业岗位、践行绿色低碳发展理念、保护生态环境等为目标要求，加强中小城市和小城镇基础设施和公共服务的建设与供给，有效提升城镇群内部各层级之间基础设施共建共享水平、公共服务统筹协调水平，依靠产业集聚引导人口集聚，吸引农业转移人口就近在中小城市及小城镇投资和就业。着力发展县域经济，促进各区县分工合理和优势互补，打造提升一批民族文化型、生态自

① 《云南省国民经济与社会发展第十三个五年规划纲要》。

然型沿边口岸型小城镇，将特色城镇和小城镇置入区域城镇化网络格局中通盘考虑，作为乡村发展、农村地区城镇化的空间载体和网络节点，增强吸纳就业集聚经济能力，逐步形成“一核、多中心、网络化、开放型”的新型城镇化体系①。

二 统筹推进乡村振兴与新型城镇化协调发展

新型城镇化和乡村振兴是城乡一体化发展的重要载体和有力支撑，实施乡村振兴战略仍应坚持乡村振兴与新型城镇化化“双轮驱动”，将推进乡村振兴高质量发展与全面提高城镇化质量有机结合起来，通过加快城镇化发展方式转变，将以人的城镇化为核心、有序推进农业转移人口市民化同以城市群为主体构建大中小城市和小城镇协调发展的城镇格局、推进大中小城市网络化发展等有机结合起来②。在统筹推进的过程中重点妥善处理好或解决好如下几对关系或问题：一是统筹协调城乡生产、生活、生态空间布局问题，尤其关注小城镇与特色小镇的建设；二是从推动新型城镇化的视角挖掘和培育实现农业农村现代化的路径，协调农业供给侧结构性改革与城乡居民消费升级、消费分化之间的关系；三是城乡一体化发展与延续保持乡村独有文化特色、独有民俗特色、独有地域特色、独有竞争力的关系，拓展农业多种功能和价值；四是提升以城带乡能力与培育乡村振兴的内生动力之间的协调，避免城镇化“单轮拉动”，乡村振兴“被动跟动”。

乡村振兴要求农民职业的转型，集中精力对留守农村的人员开展教育培训，在形成新型职业农民和新型农业经营主体的同时，也需要关注进城务工人员的基本生存和利益保障问题，解决人的自由流动和享受平等公共服务权益至关重要。乡村振兴过程中以工促农、以城带乡不仅限于基于供需满足、协调的产业分工、业态分工，更强调要素下乡，与此同时现代农业产业体系、经营体系、生产体系也需要有力的要素支撑，因而解决城乡要素双向流动通道是否畅通是实现农业农村现代化的首要问题。乡村振兴

① 《2019 年云南省政府工作报告》。

② 姜长云：《准确把握乡村振兴战略的内涵要义和规划精髓》，《东岳论丛》2018 年第 10 期。

必然会产生人员的流动，新型城镇化本质是人的城镇化，发挥城市群对乡村振兴的辐射带动作用也主要体现在人口吸纳、集聚上，故如何实质性推进农业转移人口市民化进程？如何合理布局、优化城镇空间、规模和产业结构，增强对农村转移人口的吸引力和接纳能力是统筹推进乡村振兴和新型城镇化的关键问题。基于对上述问题的考虑，以统筹推进乡村振兴和新型城镇化协调发展为主要目标，云南省推动新型城镇化务必要在以下五方面着力下功夫。

（一）深化户籍制度改革，加快农业转移人口市民化

以中小城镇就近就地城镇化，在城镇稳定就业和生活的人落户城镇，以棚户区、城中村改造改善居住条件实现城镇化为总抓手，多措并举加快农业转移人口市民化。一是持续深化户籍制度改革，充分尊重城乡居民自主定居意愿，实行来去自由的返农村原籍地落户政策。完善居住证制度，推进居住证制度全面覆盖未落户城镇常住人口。二是建立健全农业转移人口市民化机制，健全财政转移支付同农业转移人口市民化挂钩机制、建立城镇建设用地增加规模同吸纳农业转移人口落户数量挂钩机制、建立财政性建设资金对城镇基础设施补贴数额与城镇吸纳农业转移人口落户数量挂钩机制。

（二）城乡均衡配置公共资源，实现基本公共服务均等化

通过实施城乡规划、产业布局、基础设施、公共服务、就业社保、社会管理的“六个”一体化，着力解决与农业人口息息相关的基本公共服务均等化问题。推动基础设施向农村延伸，实施农村饮水健康工程，努力实现城乡供水同水源、同管网、同水质、同服务，同步配套污水收集管网，在村庄卫生、河塘清洁、垃圾收运、饮用水安全、畜禽粪便处理等方面建立长效机制。同时完善覆盖城乡的综合交通运输体系，围绕发展镇村公交实施公路提档改善，推进城乡客运一体化。

（三）建立均衡协调的城市层级体系，优化城镇化布局和形态

城市群的辐射带动对乡村振兴的作用主要是依托当前存在的城市群，

使大中小城市与小城镇稳步并协调地共同发展，将农村人口适度地向中小城市和小城镇引流。因此完善县城的基本功能，加快县城基础设施建设，培育和扶持中小城市的发展，建立一批产业“特而强”、功能“聚而合”、形态“小而美”、机制“新而活”的特色小镇[①]，实现当地农业转移人口就地就近城镇化是当务之急。云南省城镇空间分布呈现“T”形集聚性，中多边少、东密西疏。“T”形南北向城镇集聚轴主要覆盖昆明、曲靖、玉溪、楚雄、昭通、红河、文山、德宏等州（市），涉市城市比重在70%以上，总体呈现滇中地区城市多、周边城市少的基本格局[②]。把城镇群作为云南城镇化的主体形态，在已完成的城市规划布局和主体功能区布局的基础上，通过规划的引领，推动大中小城市和小城镇、城市群科学布局、合理分工、集约发展。一要提升中心城市综合功能和城镇群主体地位，围绕云南省滇中城市群、滇西城市群、滇东南城市群、滇西南城市群、滇西北城市群和滇东北城市群建设，突出产业集聚功能和就业吸纳能力建设；二是突出小城镇的专业性和聚集力，推进小城镇差别化发展，结合当地的产业基础和产业特色，形成一业为主、多业经营的模式，积极发展山地小城市，节约有限的坝子平地资源。边缘地区的小城镇要突出“一镇一业”的发展路径，重点围绕当地农产品开发形成品牌；三是启动“美丽县城”建设，加快对老城区、老社区、老厂区、老街区改造升级再利用，以地下综合管廊、海绵城市和“厕所革命”为重点，完善基本功能，美化生态环境，扩容提质，推动县城形成最美丽省份重要支撑、全域旅游重要目的地、县域经济发展重要载体。

（四）发展小城镇轻工业，提升小城镇就业吸纳能力

云南特殊的地理空间特征决定了云南的城镇化不同于平原地区或丘陵地区的城镇化模式，高山峡谷和山间坝子的地形地貌使得小城镇与周边一定范围内的广大农村形成相对立体、独立和分割的空间经济格局，实现就地城镇化面临着公共基础服务设施资金投入大、建设难度高的问题，因

---

① 曾福生、卓乐：《实施乡村振兴战略的路径选择》，《农业现代化研究》2018年第5期。
② 李晓南：《从发展理论看云南跨越发展之路》，云南人民出版社，2015，第109页。

此，城乡一体化的实现只能依靠周边农村人口集聚到小城镇实现。解决转移人口的就业需求，提高小城镇的就业吸纳能力很大程度上决定是否能够真正实现农村人口的转移。基于此，小城镇需要根据资源特点、产业基础和发展潜力，形成专业化的产业集聚区，通过产业成长带动农业人口转移，与此同时，使得基础公共服务与社会保障供给与人口规模相适应。结合云南的产业结构问题，发展乡镇轻工业是一个重要驱动力，各地可选择本地具有种养业优势和一定农产品规模的农产品加工业或其他轻工业作为主导产业①。

（五）发挥政府与市场合力，推动城乡要素双向流动配置

城乡由于不同功能定位和不同产业发展重点，所需的要素资源也不尽相同。农村剩余劳动力在市场利益驱动下向城镇非农产业转移的通道基本上是顺畅的，需要着力推动的是将城镇基本公共服务覆盖这部分农村转移人口。但相反，城镇人力资源要素下乡却困难重重，资本亦表现出相同特征②。因此，打通城镇人力资源和城镇资本下乡渠道是实现城乡要素双向流动的关键，在现阶段旧制度障碍尚未完全消除、新制度供给尚不充足的背景下，囿于资本的逐利性、农村基础设施环境的薄弱性和农村市场主体的弱质性，需要发挥政府与市场合力。在人力资源方面，完善农业转移劳动力返乡创业就业、大学生回乡创业机制是重点；在资本方面，财政资金的扶持示范、金融资本的普惠性、工商资本的主导性，尤其体现在推进农村三次产业融合发展过程中的主导地位，需要统筹兼顾。除此之外，对影响城乡要素双向流动的制度环境、基础设施建设等动力要素，支撑环境的夯实完善亦须尤为重视，这些是前提基础和保障要求，重点包括：一是农村土地制度改革，在巩固农民土地承包权基础上解决农村土地流转与优化配置问题，稳定承包权，放活经营权，城乡人力资源与资本只有与土地相结合才能发展乡村产业；二是完善乡村生活性基础设施建设，提升气、

---

① 梁双陆、李娅等：《云南优化经济结构转变发展方式研究》，社会科学文献出版社，2017，第71页。

② 蔡秀玲、陈贵珍：《乡村振兴与城镇化进程中城乡要素双向配置》，《社会科学研究》2018年第6期。

网、运、医等基础设施水平，满足乡村美好生活需求，完善乡村生产性基础设施建设，包括农田水利工程、旅游、农产品加工、包装、物流、冷链、仓储、支付等；三是建立多种形式、更为紧密的利益联结机制，多措并举提高农民收入水平。

第六节　全力打好三张绿色牌

打造世界一流“绿色能源牌”、“绿色食品牌”和“健康生活目的地牌”这三张牌，是2018年云南省政府工作报告中立足云南省跨越发展的现实需要，针对产业发展现状和资源禀赋优势而提出的一大战略举措，是发展生物医药和大健康产业等八大重点产业的突破口，也是高质量跨越发展所依托的重要平台。现阶段，需要保持战略定力，聚焦目标导向和问题意识，在已取得的阶段性成效的基础上，不断深化认识，优化目标，久久为功，确保实现重大突破性进展。因此，本节将具体围绕如何实质性推进三张牌打造及重点任务展开系统阐述。

“绿色能源牌”紧扣把绿色能源产业打造成云南省重要支柱产业的目标，拓展省内外和境外电力市场和新能源汽车市场，加快形成完整的绿色能源产业链；“绿色食品牌”把高起点发展高原特色现代农业作为今后一个时期传统产业优化升级的战略重点，致力打造具有云南特色、高品质、有口碑的农业“金字招牌”和“云南名品”；“健康生活目的地牌”立足云南的蓝天白云、青山绿水、特色文化优势，将云南打造成高层次创新创业人才和国内外游客休闲度假的聚集地，并有力带动旅游产业全面转型升级。

一　全力打造世界一流“绿色能源牌”，做强做优绿色能源产业

遵循由资源开发型向市场开拓型转变、由“建设红利”向“改革红利”转变、由单一型向综合型产业转变的绿色能源发展思路，瞄准“两基地一枢纽”的发展定位，即建成国家重要的水电基地、国家石油炼化基地

和国际能源枢纽[①]，紧扣把绿色能源产业打造成云南省第一支柱产业的目标，围绕综合利用绿色能源资源禀赋优势和延展绿色能源产业链两大核心，统筹谋划推进绿色能源开发、就地消纳、全产业链发展，培育壮大包括新能源汽车、新能源在内的战略性新兴产业，改造提升传统能源行业，提高能源发展质量和效益，构建清洁低碳、安全高效的现代能源体系。

（一）综合开发利用绿色能源资源禀赋优势

以水电、页岩气、天然气（支线管道及配套设施）开发利用为重点，推进省内电网、西电东送通道、境外输电项目等能源配套基础设施建设，优化提升能源消费水平，积极拓展电力市场。

1. 强化能源基础设施建设

一是加强电源点建设，加快推进金沙江下游世界第二大的白鹤滩水电站和千万千瓦级的乌东德水电站建设和澜沧江上游苗尾、黄登、大华桥、乌弄里、里底水电集群建设任务；二是加快电网建设，完善省内网架，加强薄弱环节，推进西电东送骨干网建设；三是加快天然气支线管道及液化天然气生产厂、压缩天然气母站、天然气卫星站、加气站等配套设施建设；四是加快昭通页岩气勘探开发利用；五是多措并举实现中石油云南炼油项目达产，大幅提高原油使用量。

2. 着力拓展电力市场

一是扩大云电云用，着力解决“弃水、弃电”等固有老问题，转变长期“发电—送电”的模式，提高自用电比例，以大幅提高工业用电量，扩大城市居民用电和围绕以电以气代柴，深挖农村用电潜力，加快培育省内市场；二是拓展西电东送，按“稳广东、进广西、入华东、联黔渝”的目标要求[②]，以云电送赣为依托，积极开拓华中、华东电力市场，推动云贵水火互济，促使送电重庆，融入京津冀，开辟送电入京市场[③]；三是围绕

---

① 《绿色能源力破“三大转型”考验》，云南网，http：//finance. yunnan. cn/html/2018 - 02/05/content_5073655. htm。

② 《云南省产业发展规划（2016—2025 年）》。

③ 《绿色能源力破“三大转型”考验》，云南网，http：//finance. yunnan. cn/html/2018 - 02/05/content_5073655. htm。

建设国际能源枢纽，深化国际能源合作，推进中老越、中老泰、中缅、中缅孟电力联网工程，使能源成为建设面向南亚东南亚辐射中心的主要构成。同时，以能源互联互通基础设施建设、境外能源资源合作开发、扩大能源贸易为重点，支持能源企业“走出去”和“引进来”。

3. 深化能源体制改革

一是继续深化电力体制改革，完善电力市场，扩大交易范围，使一般工商业用户参与市场化交易，做好列入国家试点项目的10个增量配网推进。进一步调整完善优价满发电价政策，推进增量配电业务改革①；二是推动石油天然气体制改革，继续扩大能源市场向社会资本开放。

（二）延展绿色能源产业链

立足于解决长期存在的“弃水、弃电”问题，重点发展新能源汽车、新能源、水电铝材、水电硅材一体化、石油化工等。在新能源汽车方面，充分利用省内清洁能源优势，以纯电动和混合动力为主攻方向，大力引进新能源汽车整车和电池、电机、电控等关键零配件企业，尽快形成完整的产业链。支持新能源汽车推广应用和充电桩基础设施建设；在新能源方面，建立适应分布式能源、电动汽车、储能等多元化负荷接入需求的智能化供需互动用电系统，建成适应新能源高比例发展的新型电网体系，适时开展分布式新能源与电动汽车联合应用示范，推动电动汽车与智能电网、新能源、储能、智能驾驶等融合发展②。在保护环境的前提下，推进水电铝材、水电硅材一体化发展，培育和引进技术装备先进、研发能力强的行业领军企业，着力发展新材料、改性材料和材料深加工，延长产业链；建设铝工业工程研究中心、硅工业工程研究中心，占领行业制高点③。在石油化工方面，依托中缅油气管道项目，采用清洁先进技术，加快发展石化深加工产业链。

---

① 《2019年云南省政府工作报告》。

② 《云南省产业发展规划（2016—2025年）》。

③ 《云南省2018年政府工作报告》，云南省人民政府网站，http://special.yunnan.cn/feature15/node_81740.htm?0.47297346330479395。

二 全力打造世界一流“绿色食品牌”，做大做强绿色食品产业

坚持以“工业化理念”推进“绿色食品牌”，按照“大产业+新主体+新平台”的发展思路，坚持政企联动，以茶叶、花卉、水果、蔬菜、坚果、咖啡、中药材、肉牛八大重点优势产业为重要抓手，围绕农产品加工业跨越发展目标，强化落实“抓有机、创名牌、育龙头、建平台、占市场、解难题”六大举措，力争农产品加工业产值与农业总产值之比实现跃升。

（一）抓有机，夯实绿色发展基础

以改变生产方式、有机产品认证和生产基地建设为总抓手，提高质量管理水平，确保农产品质量安全。首先，加强无公害农产品、绿色食品、有机食品、农产品地理标志“三品一标”认证管理，规范包装标识。健全从“农田到餐桌”的农产品质量安全全过程监督体系和追溯体系，强化质量、安全、环保、卫生、能耗等标准体系建设，鼓励企业开展治理管理、食品安全控制、质量安全追溯等体系认证①。其次，改变传统生产方式，实施化肥、农药零增长（减量）行动，倡导有机肥使用，确保化肥减量提效，农药减量控害。推进秸秆、农田残模、畜禽粪污等农业废弃物资源化利用和生态治理。最后，发展绿色有机生产基地，开展标准化生产。

（二）创名牌，提升产业核心竞争力

聚焦区域品牌、企业品牌和产品品牌集群发展目标，在品牌培育建设和品牌推介营销宣传两方面下功夫。一方面，制定特色农产品区域品牌生产技术规程和产品质量标准体系，构建农产品全过程质量安全可追溯体系，建立完善质量品牌管理制度，提升标准化生产能力、全程化质量控制

---

① 《云南省人民政府办公厅关于促进农产品加工业跨越发展的实施意见》，云南省人民政府网站，http://www.yn.gov.cn/zwgk/zfgb/2018/2018ndssq_1461/szfbgtwj_1464/201808/t20180828_145963.html。

能力、品牌培育创建能力①以及涉农品牌保护力度，强化农产品地理标志和商标保护，打造茶叶等八大重点产业特色农产品区域公用品牌；另一方面，充分利用“一部手机云品荟”平台，推动名企、名品评选、推介、宣传常态化，持续于每年“中国农民丰收节”表彰“十大名茶、十大名果、十大名花、十大名菜”为代表的“10 大名品”、“10 强企业”及“20 佳创新企业”，以名企效应发挥绿色企业的“领头雁”作用。

（三） 育龙头，实现聚合示范带动

按照“一村一品，一县一业”发展要求，围绕茶叶等八大产业，优化农产品加工业布局，形成一批优势农产品主产区，并推进加工业向优势产区集中布局，形成生产与加工、科研与产业、企业与农户相衔接、相配套的上下游产业融合格局。以此为目标要求，一手抓本土优质企业的扶持，扶优扶强，强化金融、财政、用地和税收政策支持；一手抓大型知名企业的引进，优化招商环境，开展精准、定向、专项招商活动，积极引进国内外农业产业化龙头企业、关联企业、配套企业和研发机构来滇投资。对企业新增种植、养殖、加工、冷链物流等生产性投资按照一定金额比例给予一次性奖补。

（四） 建平台，促进产业全链发展

着力打造国际一流的科研支撑平台、交易平台、认证服务平台和追溯平台，培育新动能、带动新发展②。当前的重点任务是高水平建设云南绿色食品国际合作研究中心，加快中国普洱茶中心建设，科学谋划建设一批绿色食品交易中心。

（五） 占市场，拓展产业发展空间

国际国内并重拓展市场销售渠道，国内市场以北、上、广、深等一线

---

① 《云南省人民政府办公厅关于促进农产品加工业跨越发展的实施意见》，云南省人民政府网站，http：//www. yn. gov. cn/zwgk/zfgb/2018/2018ndssq _ 1461/szfbgtwj _ 1464/201808/t20180828_145963. html。

② 《阮成发在省打造世界一流“绿色食品牌”工作领导小组第九次会议上强调坚持“一大两新”思路 坚决落实六大措施政企联动全力打造世界一流“绿色食品牌”》，云南省人民政府网站，http：//www. yn. gov. cn/ywdt/hyxx/szfhy/201811/t20181129_140845. html。

城市和港澳市场为重点，扩大云南农产品中高端市场销路；国际市场以中东市场开拓为切入点，不断扩大云南农产品国际高端市场[①]。同时，加紧市场营销基础设施建设，线上线下相结合，包括全链化、网络化、标准化、智能化、可追溯、高效率的农产品现代化物流体系、覆盖全省主要产地和销地的冷链物流基础设施体系以及农村电商发展。

（六）解难题，激发微观主体活力

从切实解决绿色食品企业融资难、用地难等显著难题出发，坚持政企联动，形成政府部门、金融机构、绿色食品企业等多方共治的良好局面，优化提升营商环境，最大限度激发、调动起微观主体的积极性和主动性。在强化金融服务支持方面，一方面加大信贷投入力度，在严控风险的前提下尽可能满足绿色食品企业信贷需求；另一方面，落实信贷担保政策和风险补偿政策，充分发挥财政资金的引导和放大作用，提高企业的融资能力。在优化用地保障机制方面则重点关注设施农业用地政策落实、建设用地指标优先保障和农村存量土地盘活三项内容。与此同时，持续扎实推进“放管服”改革，提高服务水平，建设更加高效、公平、便捷的营商环境。

三　全力打造世界一流“健康生活目的地牌”，做大做强康养产业

“健康生活目的地牌”以云南丰富的自然资源、良好的气候环境和浓郁的民族特色为载体，通过做好“云南人”和“到云南来的人”两篇文章，致力于真正实现“让想创新创业的人到云南来”，是集“大健康、全域旅游、康养、特色小镇”于一身的大产业链系统。

（一）推动大健康产业实现突破发展

瞄准八大重点产业之一的生物医药和大健康产业，大力发展从“现代

① 《阮成发在省打造世界一流“绿色食品牌”工作领导小组第九次会议上强调坚持“一大两新”思路　坚决落实六大措施政企联动全力打造世界一流“绿色食品牌”》，云南省人民政府网站，http：//www. yn. gov. cn/ywdt/hyxx/szfhy/201811/t20181129_140845. html。

中药、疫苗、干细胞应用”到“医学科研、诊疗”，再到“康养、休闲”全产业链的“大健康产业”，重点发展高端医养、生物制造、仿制药、生物化工等产业，支持中药材规范化种植加工和中药饮片发展。按照“世界一流”的标准打造国际医疗健康城和建设昆明大健康产业示范区，创新合作模式，引进国际一流高端资源和管理模式，建设集医疗服务、医学教学、医学科研和成果转化于一体的医疗综合体。同步推进建设一批集健康、养老、休闲、旅游等功能于一体的健康养生养老基地。

（二）推动旅游产业全面转型升级

坚持以“云南只有一个景区，这个景区叫云南”的理念打造“全域旅游”，以“游客旅游自由自在”“政府管理服务无处不在”为目标建设“一流旅游”①。首先，紧紧围绕“市场整治、品质提升、产品供给、管理创新”持续深化“旅游革命”，坚持重拳整治旅游市场秩序不放松，巩固旅游市场秩序整治压倒性态势成果；其次，将“一部手机游云南”作为旅游产业转型升级新引擎和智慧旅游的标杆，持续优化完善“游云南”App功能，充分用好“一部手机游云南”平台，加快线上线下高度融合；最后，以一批全域旅游示范区，一批高A级旅游景区，一批国家、省级旅游度假区，一批生态旅游示范区，一批自驾游、徒步精品旅游线路，一批旅游综合体，一批旅游名镇建设（创建）为重点，加快汽车营地、厕所等旅游公共服务基础设施建设。另外，大力推动省内文化与旅游深度融合互动发展，提升旅游发展文化内涵，大力培育发展体育旅游、医疗健康、航空旅游、文化旅游等新产品、新业态。

（三）推动特色小镇高质量高标准建设

特色小镇是打造健康生活目的地的重要平台，依托多彩的民族风情、深厚的历史文化、众多的古城古镇、绝妙的自然景观、良好的生态环境、鲜明的特色产业等元素，在“特色、产业、生态、易达、宜居、智慧、成

① 《云南省2018年政府工作报告》，云南省人民政府网站，http://special.yunnan.cn/feature15/node_81740.htm?0.47297346330479395。

网”七大要素上精准发力。在特色方面，打造田园牧歌、民族风情、历史文化、特色产业、绝妙景观等不同类型的特色小镇，避免盲目模仿，千镇一面；在产业方面，根据资源禀赋发展“特而强”产业，促进三次产业融合发展，实现以产立镇、以产强镇、以产富镇，并通过特色小镇聚集高端要素；在生态方面，坚持绿色发展，牢固树立“绿水青山就是金山银山”的理念，严守生态保护红线、环境质量底线、资源利用上线管控要求，以绿色低碳的理念建设特色小镇；在易达方面，立足特色小镇现有区位和交通条件，因地制宜，加快推进特色小镇与外界连接的公路、铁路、航空、水运等交通基础设施建设，打通“最后一公里”，提高特色小镇对外交通联系通达性和便捷性；在宜居方面，完善城镇功能，补齐特色小镇道路、供水、供电、污水、生活垃圾等公共基础设施和教育医疗、商业娱乐、文化体育等公共服务设施方面短板，完善防火、防汛、防涝、抗震等安防设施，建设精品酒店、民宿、特色餐饮等综合配套服务设施，打造宜居宜业的生活环境；在智慧方面，全面接入“一部手机游云南”平台，推动特色小镇中名景、名店、名馆、名品等资源全要素上线，实现直播、导游导览、一码通等在特色小镇的全覆盖；在成网方面，从更大区域范围，以更宽广视野，统筹考虑特色小镇与周边特色小镇、周边景区景点、周边城镇的互联互通、产业选择和功能定位等问题，坚持错位竞争、差异发展，避免产业趋同、同质化竞争，力争在全省范围内构建形成定位清晰、功能互补、有机联系、成网一体的特色小镇发展格局①。

（四）合理规划利用区域生态空间和地理区位

按照“让想创新创业的人到云南来”的目标要求，提高对云南独特自然生态环境优势的开发利用质量和效益，突破发展旅游、养老产业或是一般性的房地产开发的传统模式，将其作为吸引集聚高层次人才的要素。鉴于此，各区域需要合理优化城镇规划，进一步明确自身发展定位，在满足刚需前提下，惜地如金，把最好的生态空间和地理区位用于聚集高端人才，建设人才

---

① 《云南省人民政府关于加快推进全省特色小镇创建工作的指导意见》，云南省人民政府网站，http：//www.yn.gov.cn/zwgk/zfgb/2018/2018ndesyq/szfwj_1496/201810/t20181026_146025.html。

公寓，打造创新创业园区，努力把生态优势转化为发展优势。

四　统筹推进数字经济全面融合发展

打造世界一流三张牌，离不开云计算、大数据、物联网、移动互联网、人工智能、区块链等新一代信息技术的支撑和保障。而抢抓数字经济机遇作为云南省当前的一大迫切重点工作，统筹推进世界一流三张牌与数字经济全面融合发展，正是产业数字化的实践要求和具体表现。首先，打造绿色能源的数字引擎，建设区域性国际电力交易平台、能源大数据平台，发展智慧用能、绿色能源交易等新模式、新业态，区块链技术在去中心化、协同自治、市场化和智能合约四个特征上与能源互联网高度契合①，强化区块链技术在能源互联网中的运用；其次，打造绿色食品的数字引擎，可借助物联网、供应链、区块链技术等构建绿色食品质量安全全过程监管追溯体系，通过引进区块链技术②，实现供应链创新融合发展。逐步推进农业生产流程数字化升级，并向数字集成化、高度自动化和数字农业定制化方向发展。围绕“一部手机云品荟”，助力云南特色产品宣传推介，拓展市场销售渠道，实现“一站购买、诚信服务”；最后，打造健康生活目的地的数字引擎，“一部手机游云南”系列是打造智慧旅游的突破口，推动生活性服务业数字化发展则是服务业内部融合发展的关键，需加紧“互联网 +”概念项目和行动计划在精准医疗、智慧旅游、智能生活等领域落地实施。

---

① 张宁、王毅、康重庆、程将南、贺大玮：《能源互联网中的区块链技术：研究框架与典型应用初探》，《中国电机工程学报》2016 年第 15 期。

② 区块链技术的唯一性特征满足供应链溯源要求；安全性特征契合供应链高效交易的需要；公开性特征对接供应链信息共享的需求；为供应链金融深层次挖掘信息价值。

第七章

新时代云南实现跨越式发展的根本保障

要实现云南经济社会的高质量跨越式发展，必须变压力为动力，化挑战为机遇，用积极进取的精神和开拓创新的举措，破解各种瓶颈制约，把习近平总书记的发展思想同云南具体省情紧密结合起来，闯出一条具有中国特色、云南特点的跨越式发展之路。要在思想、组织、人才等方面保障跨越式发展的实现。

第一节　思想认识保障

云岭大地进一步解放思想，是抢抓机遇实现云南跨越式发展的首要问题。只有不断地把思想发动起来，积极主动地不断研究新情况、解决新问题、创造新经验、探索新路子，才能完成时代赋予云南省的历史使命。

在大变革的时代，解放思想永无止境。破除迷茫等靠情绪，树立苦干实干的意识，破除封闭保守思想，树立自我革新意识，破除安于现状的惰性，树立不甘落后意识，破除“靠山吃山”的思维定式，以新发展理念推动工作，把握变革方向，在新一轮竞争中赢得优势。

一　确定思想解放的原则和基础

解放思想是认识论与价值观的统一，需要始终坚持和运用马克思主义的立场、观点、方法，这是解放思想必须遵循的根本原则。解放思想必须结合云南省情和经济社会进步趋势，既不能被眼前困难所束缚又不能好高骛远，必须坚持习近平新时代中国特色社会主义思想的指导，进一步强化问题意识，聚焦着力点，为跨越式发展做出理论指导。首先，思想的再解放必须着力于社会主要矛盾新变化的理性思考。解放思想，必须深入劳动和资本、干部和群众等深层次利益格局之中，深刻把握政府与市场的关系、公平与效率的关系、中央与地方的关系等几大关系均衡，运用马克思主义立场观点方法认知利益关系调整问题。只有不断提升广大干部群众的积极性、主动性、创造性，思想的解放才能达成真正意义上的马克思主义理论创新，才能有助于为云南跨越式发展提供理论支撑。其次，思想的再解放必须着力于云南各地实际的探索创新。要充分认识云南省边疆、民族、山区、贫困四位一体的基本省情，紧扣发展不够快、不充分、不协调、不平衡的现实省情，着眼潜力巨大、特色突出、优势明显、前景广阔的发展省情，明确云南省民族团结进步示范区、生态文明建设排头兵、面向南亚东南亚辐射中心“三大定位”，抢抓新时代发展机遇，牢记树立富裕美丽云南的时代使命。把握好改革发展稳定之间的关系，进一步推动政府决策的科学化、民主化。最后，思想的再解放必须强化全球视野和辩证思维。要将云南建设面向南亚东南亚辐射中心这一重大任务放在全球经济环境中、世界经济格局中、新科技革命与全球产业变革中思考、探索、创新，更要在中国发展的历史进程中掌握主动，做时代的引领者。

二　开展解放思想大讨论

广泛开展以“更加解放思想、推动跨越发展”为主题的解放思想大讨论活动，通过开通领导小组信箱、举办高端论坛、有奖征文、举办报告会和演讲比赛、召开党员干部群众座谈会等形式，号召全省广大党员和干部群众踊跃加入解放思想的大讨论，积极献计献策，广泛征求社会各界人士对云南跨越式发展的意见建议。要充分利用电视、网络、橱窗、电子显示屏等各种宣传载体，开辟专栏专题，组织系列报道、跟踪报道、网络评论和在线访谈，全方位、立体式、多渠道宣传大讨论活动的目的意义、方法步骤和阶段性成果，确保大讨论氛围浓厚、深入人心、影响持久。要加强正面引导，及时发现、培养树立和宣传先进典型，总结推广好的经验做法。树立“开拓创新、抢抓机遇、创先争优、包容合作”的新思想、新意识。坚持发扬民主、集思广益，深入基层开展调查研究，组织引导广大干部群众最大限度地参与大讨论活动，集中群众智慧，拓展解放思想大讨论活动的广度和深度。把云南跨越式发展的目标变成全省上下的广泛共识，形成云南跨越式发展的强大气场。

第二节 不拘一格引育人才

云南实现高质量跨越式发展，最大的短板是人才。首先要通过教育为经济发展提供优质人力资本积累。要建立富有活力的人才竞争机制，更大力度引进高层次急需紧缺人才。鼓励企业、高校、科研院所、社会组织、个人等有序参与人才资源开发和人才引进。优化人力资本配置，清除人才流动障碍。完善人才评价激励机制和服务保障体系，营造有利于人人皆可成才和青年人才脱颖而出的社会环境和政策体系。

一 完善人才选拔机制

要想改进高层次科技人才选拔制度，就要改变评审专家的挑选机制，扩大评审专家的选择范围，不过度依赖已入选为云南省高层次科技人才的专家，要增加小单位、小学科的专家比例，避免高层次科技人才培养过度集中在部分单位和部分学科的局限性。在专家的选取上，采取轮换制度，每年都选取不同的专家参加高层次科技人才评审，同一个专家不能连续担任人才评审会议的评委，避免专家成见或者专家小团体的形成，为高层次科技人才的选拔营造更加公平合理的环境。

二 健全高层次科技人才激励机制

要健全高层次科技人才激励机制，注重物质激励机制和精神激励机制的结合。需要建立健全人才薪酬、激励和保障机制。逐步在各个层次形成人才表彰奖励体系，让人才有地位、受尊重，进而调动科技人才的积极性、主动性和创造性。同时，制定人才创新创业扶持政策，通过加大政策、税收、资金等方面的扶持力度，鼓励科技人才带项目、带成果进行科技创业，进而实现科研成果的转化。大力促进基层科技人才发展，并给予职称、职务和福利待遇上的保障，鼓励更多的科技人员进入基层工作。管理部门在注重优化物质待遇的同时，更要注重优化政务环境，为一切有志之才提供展示才华、施展抱负的广阔舞台，从根本上改变过去“求才渴，待才冷”的局面。针对云南急缺的工业化、城市化、工程技术类、规划类、语言类人才，要采取灵活的措施，专项设置，引进相关人才。一是要加大物质激励力度，吸引这类人才，激发人才工作绩效。建立以绩效为依据的分配制度，人才凭能力竞争上岗，提高绩效奖酬占人才收入的比重，调动人才工作的主动性和创造性。二是要从政府公共权威的角度重视精神激励机制的作用，以政府公共权威性的奖项荣誉平台鼓励激励人才。通过各种激励手段鼓励高层次科技人才在技术创新上做出成绩。

三　营造良好的人才引育环境

优化人文环境的关键，是各级政府要坚持正确的舆论导向，着力优化人才发展环境，发展创新文化，倡导追求真理、勇攀高峰、宽容失败、团结协作、追求卓越的创新精神。营造科学民主、学术自由、严谨求实、开放包容的创新氛围，形成尊重劳动、尊重知识、尊重人才、尊重创造的社会环境。宣传党和国家人才发展的方针政策，宣传云南的高层次科技人才选拔工作，吸引更多优秀人才入滇。最大限度激发高层次科技人才的创新激情和活力，并鼓励科技人员为科技经济和社会发展建言献策。

四　加强人才培养和交流

遵循“走出去，引进来”的思路，强化人才培养和交流机制。通过人才培训班、学术交流会、挂职培训、内地交流学习、出国考察、科技资源共享等形式加强与西部其他省区市、东部先进地区乃至世界各地的人才培养和交流。通过政策创新和环境优化，进一步消除人才流动的体制性障碍，促进人才合理有序流动，打通各类人才在不同行业、部门、所有制之间流动的“绿色通道”，建设优秀人才脱颖而出的“快速通道”，让各类人才在流动中优化配置，升值增效。

五 完善人才引进规划体系

应结合云南省学科分布、行业布局和经济社会发展的需要，制订出各学科专业和行业领域两类人才的控制性指标，进一步优化人才队伍的结构，保证人才分布的合理性。尤其要注重引进云南跨越发展重点布局的生物医药和大健康产业、旅游文化产业、信息产业、现代物流产业、高原特色现代农业产业、新材料产业、先进装备制造业、食品与消费品制造业等八大产业相关的人才。

加快改善科学基础条件，培养科技人才综合素质，提升人才的科技实力和自主创新能力，完成从“输血”到造血的蜕变。要用好用活人才，建立更为灵活的人才管理机制，统筹加强高层次创新人才、青年科技人才、实用技术人才等方面人才队伍建设，最大限度支持和帮助科技人员创新。“千军易得，一将难求”，要大力造就世界水平的科学家、科技领军人才、卓越工程师、高水平创新团队。

六 加快职业技术人才培养步伐

高质量发展最缺的是工匠精神和高技能人才。现代职业教育是职业教育与普通教育的融合，旨在培养具有创新能力和创业精神的高技能人才。教育资源共享。要树立产学研相结合的理念，培养实用型技能人才，加强职业技能培训。一是要牢固确立职业教育在国家人才培养体系中的重要位置，促进形成崇尚一技之长、不唯学历凭能力的社会氛围，激发年轻人学习职业技能的积极性。二是创新职业教育模式，扩大职业院校在专业设置和调整、人事管理、教师评聘、收入分配方面的自主权。引导一批普通本科高校向应用技术型高校转型。三是提升人才培养质量，专业设置要符合产业需求，课程内容和职业标准相匹配，教学过程与生产过程相结合。使学生获得学历证书和职业资格双证，学以致用。校企联合招生，联合培养现代学徒制试点，鼓励中外合作。鼓励企业工程技术人员、高技能人才兼职教师。四是引导支持社会力量兴办职业教育，尝试多种模式，探索公办、民办共同发展的职业教育培养方式。

第三节　建立强有力的组织保障

当前，全省发展正处于转型升级、爬坡过坎的关键阶段，要在新时代展现新气象、干出新作为，开创新局面、谱写新篇章，离不开坚强的党组织，离不开高素质的干部人才队伍，离不开良好的政治生态。要旗帜鲜明讲政治，坚持把党的政治建设摆在首位，坚决维护习近平总书记核心地位、坚决维护党中央权威和集中统一领导，争做习近平新时代中国特色社会主义思想的坚定信仰者、忠诚实践者；坚定正确政治方向，严明政治纪律和政治规矩，守护好云南政治生态的绿水青山。要以组织体系建设为重点，推动各级党组织形成强大组织力，巩固党执政的政治基础；突出政治功能，持续用力抓基层打基础，推动党的基层组织全面进步、全面过硬。要以建立素质培养体系、知事识人体系、选拔任用体系、从严管理体系、正向激励体系“五大体系”为着力点，统筹做好“选育用管”各环节工作，大力发现培养选拔优秀年轻干部，建设适应高质量跨越式发展要求、忠诚干净担当的高素质干部队伍。要坚持人才强省，深入实施云南“千人计划”“万人计划”等重大人才工程，拓宽选人用人视野，厚植人才成长沃土，创新人才体制机制，优化人才队伍结构，打造人才的新高地，助推创新型云南建设。要坚决贯彻新时代党的组织路线，准确把握新时代云南组织工作的方位、定位、站位，把思想和行动统一到中央的决策部署和省委的要求上来，始终围绕中心、服务大局，坚持不懈抓好组织部门自身建设，以科学的思维方法不断提升新时代组织工作质量水平，奋力推动新时代云南党的建设和组织工作开创新局面。

办好中国的事情，关键在党。实现云南跨越式发展，关键在于云南的各级党组织和广大共产党员。要全面推进党的组织建设，着力加强领导班子和干部人才队伍建设，着力增强党同人民群众的血肉联系，着力加强党的基层组织和党员队伍建设，扎实推进党的各项制度建设。积极行动，抓住重点，扎实工作，为跨越式发展进行必要准备，提供坚实保障。

一　加强学习型党组织建设，提升党员干部素质能力

坚持学以致用、学用结合，在学习中完善工作思路、措施和方法，不断提高解决实际问题的能力，促进社会和谐稳定。不断增强战略思维和辩证思维能力，在纷繁复杂的环境中牢牢把握政治方向。通过学习激发改革创新精神、积累改革创新基础、增强改革创新活力。使学习服务全省改革发展全局，为云南跨越式发展提供智力支持。同时通过学习型党组织建设，树立全新学习理念，形成高度的学习自觉，有效提升党员干部驾驭全局、领导发展、应对挑战和务实创新的能力。

二　增强基层党组织创造力、凝聚力、战斗力

坚持因地制宜、分类指导、有序推进。抓落实，全覆盖，纵向到底，横向到边，让每个党支部和党员都自觉参与进来。扎扎实实抓实事，解决突出问题，防止做表面文章，力戒形式主义。接近基层需求，回应党员需求，响应群众期盼。

一是进一步提升基层党组织战斗力，转化一批后进党组织，提升一批一般党组织，巩固扩大一批先进党组织。二是进一步提升基层党组织素质。拓宽选人渠道，加强教育培训，增强服务发展、服务民生和服务群众的能力。三是进一步提升党员队伍生机活力。提高党员质量，加强教育培训和管理服务，激励关怀帮扶机制完善。四是提升基层基础保障水平。投入经费，使工作信息化深入推进。五是进一步提升基层党建制度水平。保障党建活动规范化、经常化，决策民主化、科学化。

三　实行干部直接联系群众制度

群众路线是我们党战胜一切困难的优势和法宝。云南省能否实现跨越式发展，关键在于能否调动人民群众的积极性和主动性。引导广大党员干部深入学习马克思主义群众观，始终牢记权利来自人民，权力就是责任，干部就是公仆，领导就是服务。解决人民群众最关心的利益问题，千方百计改善民生，贯彻好党的惠民政策，自觉维护社会公平正义，把民生改善

视为最大政绩，真正让发展成果惠及人民。

加强群众工作教育，核心是探索新形势下群众工作的根本方式和科学方法。正确的方式方法是做好群众工作的重要保证。加强群众工作驾驭，引导广大党员干部研究和把握新形势下群众工作的特点、规律和要求，在总结运用成功经验和有效做法的基础上不断创新，综合利用法律、政策、经济、行政和教育等协商手段和疏导的方法，重视运用现代科技和传媒手段，提高群众工作的针对性和实效性；完善以党组织为主体的群众工作格局，组织协调工会、共青团、妇联和各种群众自治组织、社会组织共同做好群众工作，增强群众工作的整体合力；各级干部要带头学法、知法、用法、守法，提高依法办事、依法行政、依法解决群众利益矛盾和利益诉求的能力。群众工作中要耐心细致，做好纠纷调解和矛盾化解工作，坚决遏制简单、生硬、粗暴的工作作风和工作方式，促进干群关系和谐。

建立一系列直接联系群众制度，积极推进党员干部深入基层、深入实际、深入群众，妥善解决群众反映的困难和问题；紧紧依靠基层党组织和基层干部，帮助基层谋划发展思路，切实形成上下联动的工作格局。同时，党员干部切实向群众学习，努力在工作中加强磨炼，敢于担当，增长才干，从而造就一支能带领群众奋力跨越的领头人队伍。

四　全面加强党的建设

保持党的先进性、纯洁性，提高党的执政能力、巩固党的执政地位，必须坚持党要管党，把党的建设任务落到实处，关键要增强责任意识和服务意识，抓经济建设不能替代抓党的建设，党委主要领导要当好班长，发挥示范作用。要树立“重视基层、鼓励干事、注重廉洁”的用人导向，领导干部的选配要注重年轻化和专业化。要建立推动干部干事创业的激励机制，让有德者有名、有绩者有功、有能者有位。建立科学配套的选人用人机制。干部考核要公开透明，把创先争优作为干部实绩考核的重要内容。要正风肃纪，用清明的政治生态和严格的法治环境，营造激情干事的氛围。要全面开展腐败预警防控工作，努力营造党员干部干事创业的“安全区”。要利剑高悬，坚决惩治腐败。

参考文献

陈东琪：《通向新增长之路　供给侧结构性改革论纲》，人民出版社，2017。

《邓小平文选》（第三卷），人民出版社，1993。

国家行政学院经济学教研部：《中国供给侧结构性改革》，人民出版社，2016。

胡鞍钢、鄢一龙：《中国新发展理念》，浙江人民出版社，2017。

科斯、诺思、威廉姆森等：《制度、契约与组织——从新制度经济学角度的透视》，经济科学出版社，2003。

李晓南：《从发展理念看云南跨越发展之路》，云南人民出版社，2015。

梁双陆、李娅等：《云南优化经济结构转变发展方式研究》，社会科学文献出版社，2017。

马克思：《1844年经济学哲学手稿》，中共中央马克思恩格斯列宁斯大林著作编译局译，人民出版社，2002。

《十八大以来重要文献选编》（上），中央文献出版社，2014。

吴晓波，杜健等：《创新发展——浙江的探索与实践》，中国社会科学出版社，2018。

习近平：《决胜全面建成小康社会　夺取新时代中国特色社会主义伟大胜利——在中国共产党第十九次全国代表大会上的报告》，人民出版社，2017。

《习近平谈治国理政》（第二卷），外文出版社，2017。

《习近平谈治国理政》，外文出版社，2014。

习近平：《之江新语》，浙江人民出版社，2007。

赵宇：《深刻认识供给侧结构性改革的科学内涵和实践要求》，载《2016 年度文献研究个人课题成果集》（上），中共中央文献研究室科研管理部，2018。

《“治国理政新理念新思想新战略”研究丛书》，中国人民大学出版社，2017。

中共中央文献研究室编《习近平关于科技创新论述摘编》，中央文献出版社，2016。

中共中央文献研究室编《习近平关于全面建成小康社会论述摘编》，中央文献出版社，2016。

中共中央文献研究室编《习近平关于全面深化改革论述摘编》，中央文献出版社，2014。

中共中央文献研究室编《习近平关于社会主义经济建设论述摘编》，中央文献出版社，2017。

中共中央文献研究室编《习近平关于社会主义社会建设论述摘编》，中央文献出版社，2017。

中共中央文献研究室编《习近平关于社会主义生态文明建设论述摘编》，中央文献出版社，2017。

中共中央文献研究室编《习近平关于社会主义政治建设论述摘编》，中央文献出版社，2017。

中共中央文献研究室编《习近平关于协调推进“四个全面”战略布局论述摘编》，中央文献出版社，2015。

中共中央宣传部：《习近平总书记系列重要讲话读本》，学习出版社、人民出版社，2014。

中共中央宣传部：《习近平总书记系列重要讲话读本》，学习出版社、人民出版社，2016。

《马克思恩格斯选集》（第三卷），人民出版社，1995。

《马克思恩格斯选集》（第一卷），人民出版社，1995。

周天勇:《跨越发展的陷阱:推进经济中高速增长的突破性改革方案》,中国财富出版社,2017。

白暴力、王胜利:《供给侧改革的理论和制度基础与创新》,《中国社会科学院研究生院报》2017 年第 2 期。

蔡秀玲、陈贵珍:《乡村振兴与城镇化进程中城乡要素双向配置》,《社会科学研究》2018 年第 6 期。

陈俊红、陈慈、陈玛琳:《关于农村一二三产融合发展的几点思考》,《农业经济》2017 年第 1 期。

陈利君:《云南建设辐射中心的内涵与对策建议》,《云南社会科学》2015 年第 6 期。

陈燕、彭勇:《让解放思想落到实地》,《当代贵州》2010 年第 5 期。

程恩富:《论新常态下的五大发展理念》,《南京财经大学学报》2016 年第 1 期。

丁俊萍:《党的领导是中国特色社会主义最本质的特征和最大优势》,《红旗文稿》2017 年第 1 期。

董亚炜:《党的领导理论基本内涵与创新》,《求实》2017 年第 12 期。

方涛:《论坚持和加强党的全面领导》,《求实》2018 年第 1 期。

付保宗、周劲:《协同发展的产业体系内涵与特征——基于实体经济、科技创新、现代金融、人力资源的协同机制》,《经济纵横》2018 年第 12 期。

高长武:《解决“三农”问题的根本途径——学习习近平总书记关于推进城乡发展一体化的思想》,《世界社会主义研究》2017 年第 3 期。

高启杰:《在乡村振兴背景下审视农业与农村发展》,《新疆师范大学学报》(哲学社会科学版)2019 年第 3 期。

葛扬:《新时代中国社会主要矛盾转化后对基本经济制度的新认识》,《经济纵横》2018 年第 1 期。

公丕明、公丕宏:《新时代稳中求进工作总基调下创新宏观调控模式研究》,《理论导刊》2018 年第 10 期。

顾乃华、唐荣:《构建与现代化经济体系相适应的协同发展产业体系》,

《暨南学报》（哲学社会科学版）2017 年第 12 期。

关浩杰：《乡村振兴战略的内涵、思路与政策取向》，《农业经济》2018 年第 10 期。

何磊：《习近平关于建设现代化经济体系的重要思想》，《党的文献》2018 年第 4 期。

黄群慧：《论新时期中国实体经济的发展》，《中国工业经济》2017 年第 9 期。

黄群慧：《论中国工业的供给侧结构性改革》，《中国工业经济》2016 年第 9 期。

黄雯：《论坚持“以人民为中心”和“以经济建设为中心”两个指导方针的一致性》，《经济纵横》2017 年第 12 期。

姬超：《经济增长理论的要素供给及其政治经济学批判》，《经济问题探索》2017 年第 1 期。

戢晓峰、普永明、郝京京：《中国面向南亚东南亚辐射中心发展指数的测度方法》，《昆明理工大学学报》（社会科学版）2018 年第 1 期。

贾康、彭鹏、刘薇、余贞利：《实施供给侧改革战略方针需要基础性改革的支撑与配套》，《国家行政学院学报》2017 年第 6 期。

姜长云：《推进农村一二三产业融合发展的路径和着力点》，《中州学刊》2016 年第 5 期。

姜长云：《准确把握乡村振兴战略的内涵要义和规划精髓》，《东岳论丛》2018 年第 10 期。

姜晶、崔雁冰：《推进农村一二三产业融合发展的思考》，《宏观经济管理》2018 年第 7 期。

康云海：《云南融入长江经济带建设的思考》，《长江技术经济》2018 年第 4 期。

孔令桥、张路、郑华等：《长江流域生态系统格局演变及驱动力》，《生态学报》2018 年第 3 期。

李长学：《论乡村振兴战略的本质内涵、逻辑成因与推行路径》，《内蒙古社会科学》（汉文版）2018 年第 5 期。

李乾、芦千文、王玉斌：《农村一二三产业融合发展与农民增收的互动机制研究》,《经济体制改革》2018 年第 4 期。

李涛:《云南省在推进跨境经济合作区建设中的难点与突破》,《东南亚纵横》2013 年第 9 期。

林学俊:《以人民为中心的发展思想的内在逻辑解析》,《经济研究导刊》2018 年第 28 期。

刘志彪:《建设现代化经济体系:基本框架、关键问题与理论创新》,《南京大学学报》(哲学·人文科学·社会科学)2018 年第 3 期。

刘志彪:《建设现代化经济体系:新时代经济建设的总纲领》,《山东大学学报》(哲学社会科学版)2018 年第 1 期。

刘志彪:《理解高质量发展:基本特征、支撑要素与当前重点问题》,《学术月刊》2018 年第 7 期。

刘志彪:《深化经济改革的一个逻辑框架——以“政府改革”推进供给侧结构性改革》,《探索与争鸣》2017 年第 6 期。

龙艳、潘红玉、贺正楚、吴艳:《现代化经济体系建设目标、主线与路径的理解和把握——基于社会经济活动有机整体的视角》,《长沙理工大学学报》(社会科学版)2018 年第 5 期。

吕素芬:《以新理念引领云南高原特色农业发展》,《学术探索》2017 年第 11 期。

吕岩威、刘洋:《推动农村一二三产业融合发展的路径探究》,《当代经济管理》2017 年第 10 期。

吕有志:《全面准确把握习近平构建人类命运共同体思想》,《思想理论教育导刊》2018 年第 6 期。

冒佩华、王朝科:《“使市场在资源配置中起决定性作用和更好发挥政府作用”的内在逻辑》,《毛泽东邓小平理论研究》2014 年第 2 期。

裴广一、黄光于:《建设现代化经济体系视域下供给侧结构性改革:理论、经验与路径》,《学术研究》2018 年第 7 期。

彭海红:《实施乡村振兴战略:理论依据、现实要求与实现路径》,《经济研究参考》2018 年第 37 期。

权衡:《中国收入分配改革 40 年:实践创新、发展经验与理论贡献》,《中共中央党校学报》2018 年第 5 期。

芮明杰：《构建现代产业体系的战略思路、目标与路径》，《中国工业经济》2018年第9期。

斯劲：《现代产业体系的形成机理研究》，《经济体制改革》2014年第5期。

苏毅清、游玉婷、王志刚：《农村一二三产业融合发展：理论探讨、现状分析与对策建议》，《中国软科学》2016年第8期。

王国忠：《破解六大瓶颈制约与实现云南跨越发展》，《中共云南省委党校学报》2016年第1期。

王喆、汪海：《现代化经济体系建设与新一轮经济体制改革方略》，《改革》2018年第10期。

西部论坛：《"新常态"下长江经济带发展略论——"长江经济带高峰论坛"主旨演讲摘要》，《西部论坛》2015年第1期。

习近平：《关于〈中共中央关于全面深化改革若干重大问题的决定〉的说明》，《求是》2013年第22期。

徐宝明：《关于云南省技术创新体系建设的实践与思考》，《云南科技管理》2009年第1期。

严红：《内生增长——西部民族地区打破"资源诅咒"的路径选择》，《生态经济》2017年第9期。

杨承训：《党领导经济：习近平新时代中国特色社会主义经济思想要谛》，《红旗文稿》2018年第9期。

杨磊、徐双敏：《中坚农民支撑的乡村振兴：缘起、功能与路径选择》，《改革》2018年第10期。

曾福生、卓乐：《实施乡村振兴战略的路径选择》，《农业现代化研究》2018年第5期。

张江洋、钱敏：《基于资源错配理论的供给侧结构性改革制度红利研究》，《北京工业大学学报》（社会科学版）2018年第6期。

张瑞娟、惠超：《全面解读〈乡村振兴战略规划（2018—2022年）〉》，《农村金融研究》2018年第10期。

张云华：《农业农村改革40年主要经验及其对乡村振兴的启示》，《改革》2018年第12期。

赵春雨、朱承亮、安树伟：《生产率增长、要素重置与中国经济增长》，《中国工业经济》2011 年第 8 期。

陈豪：《贯彻五大发展理念推动跨越发展》，《云南日报》2016 年 1 月 9 日。

陈豪：《坚决打好国资国企改革攻坚战》，《云南日报》2017 年 4 月 11 日。

陈豪：《用习近平新时代中国特色社会主义思想武装头脑》，《人民日报》2017 年 10 月 25 日。

陈豪：《在全省城乡规划工作会议上强调努力提高城乡规划工作水平促进城镇化建设和城乡一体化发展》，《云南日报》2015 年 9 月 2 日。

《第八次全省信访工作会议强调坚持以人民为中心的发展思想，进一步把信访工作做到群众心坎上》，《云南日报》2017 年 8 月 16 日。

《更好地发挥地方权力机关作用》，《云南日报》2017 年 7 月 10 日。

《加快建设现代化经济体系——“深入学习宣传贯彻党的十九大精神，建设现代化经济体系”理论研讨会综述》，《云南日报》2017 年 12 月 21 日。

《坚持从严治党落实管党治党责任把作风建设要求融入党的制度建设》，《人民日报》2014 年 7 月 1 日。

《解读云南省人民政府关于促进经济持续健康较快发展 22 条措施》，《云南日报》2018 年 3 月 1 日。

《解读云南省人民政府关于促进经济持续健康较快发展 22 条措施》，《云南日报》2018 年 3 月 1 日。

李建平、黄瑾：《谱写新时代中国全面对外开放新篇章》，《光明日报》2018 年 11 月 5 日。

《立足我国国情和我国发展实践　发展当代中国马克思主义政治经济学》，《人民日报》2015 年 11 月 25 日。

《立足我国国情和我国发展实践　发展当代中国马克思主义政治经济学》，《人民日报》2015 年 11 月 25 日。

孟寻：《为推动云南跨越式发展提供智力支撑和人才保障》，《云南经济日报》2018 年 6 月 28 日。

南耀平：《打造对外开放新高地　纵论闯出一条跨越式发展的路子来上》，《昆明日报》2015 年 5 月 26 日。

《全力推动国有企业改革取得更大突破》，《云南日报》2018 年 11 月 12 日。

《树立发展新理念引领发展新跨越》，《云南日报》2015 年 11 月 24 日。

《推进新时代中国特色社会主义云南新实践（在习近平新时代中国特色社会主义思想指引下——新时代新气象新作为高端访谈）》，《人民日报》2018 年 4 月 9 日。

习近平：《把握“两个趋向”解决“三农”问题》，《人民日报》2005 年 2 月 4 日。

习近平：《弘扬丝路精神深化中阿合作——在中阿合作论坛第六届部长级会议开幕式上的讲话》，《光明日报》2014 年 6 月 6 日。

习近平：《新型城镇化不仅是住在城中》，《人民日报》2013 年 10 月 15 日。

《习近平在省部级主要领导干部学习贯彻党的十八届五中全会精神专题研讨班上的讲话》，《人民日报》2016 年 5 月 10 日。

《习近平主持召开中央深改小组第二十四次会议》，《人民日报》2015 年 11 月 25 日。

《以边合区为突破口云南将全面提升沿边开放水平》，《云南日报》2012 年 8 月 22 日。

《云南代表团分组审议政府工作报告时提出　精准加力补齐短板　稳中求进进中求优》，《云南日报》2017 年 3 月 7 日。

《云南代表团举行全体会议提出践行以人民为中心的发展思想抓好大会精神贯彻落实》，《云南日报》2017 年 3 月 15 日。

《云南跨境金融合作成就展亮相南博会》，《云南日报》2018 年 6 月 15 日。

《云南：全力打造“三张牌”推进高质量发展》，《云南日报》2018 年 1 月 28 日。

《云南以五大发展理念为指挥棒》，《云南日报》2016 年 1 月 30 日。

赵昌文：《论坚持稳中求进工作总基调》，《学习时报》2017 年 11 月 6 日。

《中共云南省委十届四次全会在昆举行陈豪作讲话》，《云南日报》2018 年 1 月 5 日。

《中共云南省委、云南省人民政府印发了〈关于营造企业家健康成长环境弘扬优秀企业家精神更好发挥企业家作用的实施意见〉》，《云南日报》2018 年 12 月 17 日。

《中共中央召开党外人士座谈会习近平主持并发表重要讲话》，《人民日报》2015 年 10 月 31 日。

《准确把握和理解共享理念的深刻内涵》，《光明日报》2016 年 6 月 19 日。

《陈豪：以乡村振兴战略　巩固提升脱贫攻坚成效》，云南新闻网，http：//www.yn.chinanews.com/news/2018/0605/31475.html。

《陈豪：勇于担当精准务实，坚决打赢脱贫攻坚硬仗》，云南省人民政府网站，http：//m.yn.gov.cn/c/2017－01－09/1679700.shtml。

《创造强劲竞争合力产业发展动作频频》，云南经济日报网，http：//jjrbpaper.yunnan.cn/images/2017－04/27/03/2017042703_pdf.pdf。

《大峡谷的腾飞之路——改革开放四十周年怒江傈僳族自治州交通发展变化纪实》，云南省交通运输厅网站，http：//221.3.143.66/Item/224751.aspx。

《党的十八大以来云南全面深化改革综述（上）》，人民网，http：//yn.people.com.cn/n2/2019/0113/c378439－32523424.html。

《敢啃硬骨头，坚定不移全面深化改革》，百度，https：//baijiahao.baidu.com/s? id=1611991530482685458&wfr=spider&for=pc。

《红河州发展和改革委员会对政协红河州十二届一次会议第 159 号提案的答复》，中国政府网，http：//www.hh.gov.cn/zmhd/jytabljg/2018njytabljg/2018nzxtabljg/201809/t20180927_302537.html。

《“坚持全面深化改革”的内涵和实质》，人民网，http：//theory.people.com.cn/n1/2018/0102/c40531－29739615.html。

《坚持稳中求进总基调　推进工作向纵深发展——云南省纪委召开上半年纪检监察工作汇报会议》，云南省纪委官网，http：//www. jjjc. yn. gov. cn/info－17－57232. html。

《坚持协调发展（深入学习贯彻习近平同志系列重要讲话精神）——“五大发展理念”解读之二》，人民网，http：//politics. people. com. cn/n1/2015/1221/c1001－27953067. html。

《科技人才为跨越发展提供有力支撑》，新华网，http：//www. yn. xinhuanet. com/live/2017/zflhm/index. htm。

《跨越发展关键在解放思想》，云岭先锋网，http：//ylxf. 1237125. cn/Html/News/2017/9/12/218946. html。

《昆明：打造少数民族流动人口管理服务“样本”》，云南民族网，http：//www. ynmzsb. cn/hp－nry. aspx？ id＝15133。

《2019年云南“营商环境提升年”将启动“四个零”行动》，云南省人民政府网站，http：//www. yn. gov. cn/yn_zt/2019gzbg/qwjd/2019mtjd/201901/t20190127_35613. html。

《千企帮千户　助力扶贫攻坚》，云南省非公经济组织党建网，http：//gsxt. ynaic. gov. cn/fgdj/publish/view_publish？ infoId＝8a7d7ea863ab42c60163b3f249ea0205。

《阮成发：凝聚智力促跨越奔小康》，搜狐网，http：//www. sohu. com/a/123446594_114731。

《习近平：对标重要领域和关键环节改革　继续啃硬骨头确保干一件成一件》，新华网，http：//www. xinhuanet. com/politics/leaders/2019－01/23/c_1124032835. htm。

《习近平：切实把思想统一到党的十八届三中全会精神上来》，新华网，http：//www. xinhuanet. com/politics/2013－12/31/c_11878746 3_2. htm。

《习近平在中央经济工作会议上发表重要讲话》，新华网，http：//www. xinhuanet. com//politics/leaders/2017－12/20/c_1122142392. htm。

《习近平：政府和市场各就其位》，新华网，http：//www. xinhuanet. com/politics/2013－11/25/c_118287219. htm。

《新时代如何解放思想?》，求是网，http：//www. qstheory. cn/zhuanqu/qsft/2018 -06/29/c_1123055470. htm。

《“一带一路”建设的云南作为》，云南省人民政府网站，http：//www. yn. gov. cn/yn_ynyw/201705/t20170515_29348. html。

《引领经济全球化健康发展——习近平主席在亚太经合组织工商领导人峰会上的主旨演讲引发国际人士热烈反响》，新华网，http：//www. xinhuanet. com/world/2018 -11/21/c_129999289. htm。

《营造民营经济高质量发展法治环境》，中华工商时报网站，http：//epaper. cbt. com. cn/epaper/uniflows/html/2018/11/12/05/05_44. htm。

《云南表彰2018年“10大名品”和绿色食品“10强企业”“20佳创新企业”》，人民网，http：//yn. people. com. cn/n2/2018/1129/c378439 -32344748. html。

《云南出台措施推进供给侧结构性改革“降成本”》，中国政府网，http：//www. gov. cn/xinwen/2017 -08/22/content_5219607. htm。

《云南：瞄准8大产业发力》，人民网，http：//yn. people. com. cn/news/yunnan/n2/2016/0414/c228496 -28144016 -3. html。

《云南省代表团陈豪：推进云南经济高质量跨越式发展　交出新时代合格答卷》，云南网，http：//yn. yunnan. cn/html/2018 -03/06/content_5110332. htm。

《云南省多举措推进民族宗教事务治理法治化》，云南省民族宗教网，http：//www. daoisms. org/article/sort028/info -32422. html。

《云南省商务厅关于赴马来西亚、新加坡、东帝汶开拓国际市场的通知》，云南省商务厅网站，http：//yunnan. mofcom. gov. cn/article/sjtongzhigg/201704/20170402566588. shtml。

《云南省外办认真学习领会省委主要领导调研时重要讲话》，云南机关党建网，http：//ynjgdj. yn. gov. cn/Home/mchn/2。

《云南：推进绿色能源全产业链发展大力引进先进铝材硅材企业》，世铝网，https：//news. cnal. com/2019/01 -29/1548729471531600. shtml。

《云南：推进面向南亚东南亚科技创新中心建设》，云南省科学技术厅网站，http：//www. ynstc. gov. cn/kjxc/201802080008. htm。

《云南脱贫攻工作打了“翻身仗”》，中国产业经济信息网，http：//

www. cinic. org. cn/xw/fp/430970. html。

《云南46亿助推精准扶贫》，国务院扶贫开发领导小组办公室，http：//www. cpad. gov. cn/art/2017/5/17/art_5_63145. html。

《在党的十八届五中全会第二次全体会议上的讲话（节选）》，人民网，http：//cpc. people. com. cn/n1/2016/0101/c64094 -28002398. html。

《中共云南省委关于深入贯彻落实习近平总书记考察云南重要讲话精神闯出跨越发展路子的决定》，云南省人民政府网站，http：//www. yn. gov. cn/yn_zwlanmu/yn_gggs/201504/t20150403_16675. html。

《中共中央召开党外人士座谈会 习近平主持并发表重要讲话》，新华网，http：//www. xinhuanet. com//2017 -12/08/c_1122082590. htm。

《中国共产党云南省第十届委员会第五次全体会议公报》，云视网，http：//www. yntv. cn/content/2018/10/325_596456. html。

《专访联合国秘书长古特雷斯："一带一路"有助实现互利共赢》，央视网，http：//news. cctv. com/2017/05/15/ARTIsmpkhAkatUeG7HpSkvMG170515. shtml。

《综合施策主动作为推进社会体制改革》，云南省人民政府网站，http：//www. yn. gov. cn/yn_ynyw/201610/t20161025_27312. html。

后　记

进入新时代的云南，正处在新的历史方位上。习近平总书记两次考察云南时的重要讲话精神，为云南省跨越式发展指明了方向；40 多年的改革开放，使云南省具备了跨越式发展的基础；云南省委、省政府持续稳定的发展战略，使云南省形成了跨越式发展的氛围。本书是在学习习近平新时代中国特色社会主义思想过程中，努力认识云南新省情的初步成果。本书是团队合作的结晶，在初稿的撰写过程中，吕文超完成了“新发展理念、比较优势重塑与云南跨越式发展”部分，刘英恒太完成了“在全面深化改革中推进云南跨越式发展”部分，郭甜完成了“在全方位开放中推进云南跨越式发展”部分，撒靓瑶完成了“按三个定位推进云南跨越式发展”部分，刘林龙完成了“新时代云南跨越式发展的后发动力”部分，张俊东完成了“新时代云南跨越式发展的战略重点”部分，陈思欣完成了“新时代云南实现跨越式发展的根本保障”部分，郑丽楠也完成了一个部分的写作，但在最终编辑过程中不得不将其删除。对大家的辛勤付出表示感谢。本书编写过程中，参考了学界的不少成果，也参考了政府部门的很多文件，在此一并表达感谢。感谢林文勋教授、杨泽宇教授、郑维川教授以及其他匿名审稿人对本书初稿提出的宝贵修改意见、建议，感谢云南大学社科处杨绍军处长、范俊副处长的支持和帮助，使本书能够得以出版。鉴于学习与认知的深度不够，本书尚有诸多不足，敬请读者批评指正。

梁双陆

2020 年 9 月 3 日

图书在版编目（CIP）数据

云南跨越式发展 / 梁双陆等著. -- 北京：社会科学文献出版社，2020.11
（新时代云南民族地区发展研究丛书）
ISBN 978-7-5201-7626-2

Ⅰ.①云… Ⅱ.①梁… Ⅲ.①区域经济发展-研究-云南 Ⅳ.①F127.74

中国版本图书馆 CIP 数据核字（2020）第 226709 号

· 新时代云南民族地区发展研究丛书 ·
云南跨越式发展

著　　者 / 梁双陆 等

出 版 人 / 王利民
组稿编辑 / 宋月华
责任编辑 / 罗卫平
文稿编辑 / 李吉环

出　　版 / 社会科学文献出版社 · 人文分社（010）59367215
地址：北京市北三环中路甲 29 号院华龙大厦　邮编：100029
网址：www.ssap.com.cn
发　　行 / 市场营销中心（010）59367081　59367083
印　　装 / 三河市东方印刷有限公司

规　　格 / 开 本：787mm × 1092mm　1/16
印 张：16　字 数：250 千字
版　　次 / 2020 年 11 月第 1 版　2020 年 11 月第 1 次印刷
书　　号 / ISBN 978-7-5201-7626-2
定　　价 / 148.00 元

本书如有印装质量问题，请与读者服务中心（010-59367028）联系